U0673192

商标抢注研究

Study on Trademark Squatting

宁立志　叶紫薇　著

人民出版社

前　言

　　商标法是知识产权法中与竞争法联系最密切的部门。我在研究竞争法的过程中，虽然不时涉及商标法，但专门关注商标抢注问题，却始于2017年的一次商标海外维权经历。

　　2017年8月4日，中华人民共和国驻伊基克总领事馆以"关于印度裔商人在智利抢注大量中国商标事"为电文标题，向原国家工商行政管理总局及外交部发来特急电报。电文称，一位智利籍印度裔商人在智利工业产权局（INAPI）将120多家中国玩具企业的厂名及商标以个人名义申请注册。大部分已经进入公示程序。一旦注册成功，所有被注册企业和贴有被注册商标的产品进入智利或通过伊基克转口到南美其他国家，均须得到该注册人的授权，否则将被认为是侵权产品。当地商人会停止采购被抢注过的商品，中国企业会因为客户和市场逐渐减少而蒙受巨大经济损失。

　　2017年8月31日，原国家工商行政管理总局商标局就中国玩具企业商标在智利遭抢注的情况在其网站发布"海外商标抢注预警信息"，提醒中国相关企业通过当地法律和行政程序依法主张自身权利，并向玩具企业较为集中的广东等4省工商局发函，要求其协助通知本省被抢注的玩具企业积极依法主张权利。

　　经多方努力，中国商标海外维权代表团得以成立。

　　也许是因为，商标抢注问题既是知识产权法问题，也是竞争法问题，与本人一向倡导的知识产权与竞争法交叉研究较为契合，我有幸成为该海外维权代表团法律顾问，与代表中国企业参与维权的南粤专利商标事务所所长余飞峰博士和翻译何玲女士一起，于2017年10月9日飞往智利进行商标维权。

经过多日艰难谈判，智利抢注人同意将其抢注的 130 余件中国商标以无偿转让的形式全部归还，并于 2017 年 10 月 16 日在智利首都圣地亚哥以英语和西班牙语两种语言签署了商标归还和转让程序安排的双方协议，协议随即开始履行。至此，中国此次商标海外维权行动大获全胜。

随着《中国知识产权报》、《中国工商报》、中央人民政府网站、《经济学人》等国内外媒体的报道和关注，我陆续受邀在部分高校和论坛对此次维权经历进行信息分享和学术总结。这个过程促进了我对商标抢注问题的系统化思考。这本书就是对这些思考进行细化和整理的结果。

本书第二作者叶紫薇博士是我指导的研究生。2017 年 9 月和 10 月，当时还是硕士研究生的紫薇同学，在中国维权代表团出征之前和抵达之后，为维权方案的设计和谈判内容的准备，进行了大量的法规翻译和后方资料支持。在我拟定了本书研究和撰写提纲后，已进入博士学程的紫薇同学也全程参与了整个研究和撰写过程。为了准备维权方案，参与翻译智利知识产权法律的还有武汉大学国际法研究所副所长聂建强教授指导的博士研究生朱梦云同学（现已入职华东交通大学）。

写这本书不是我非做不可的事情，主要是出于让竞争法与商标法更好地呼应和衔接的知竞交叉研究兴趣。没有刚性的交稿时间限定，所以撰写进展较为缓慢。期间还经历了我国《商标法》第四次修改和相关司法解释、行政指南等规范性文件的陆续修改。因此，本书也不断根据《商标法》和其他规范性文件的修改内容进行更新和调整，直到今年才最终得以出版。

今年是我国《商标法》颁布 40 周年，也是我们赴智利成功维权 5 周年。出版这本书，也许是对这两件事最好的纪念。

同时，国内未见专门研究商标抢注问题的专著。商标是一种十分重要的社会区分机制和价值归属机制，是"善有善报，恶有恶报"的前提条件。商标抢注会破坏这种机制，导致价值归属体系的紊乱，所以制度层面必须毫不留情地严厉打击商标恶意抢注。因此，从理论层面厘清商标抢注的概念、行为类型、生发机理，阐明商标恶意抢注的构成、认定、处置，探讨商标恶意抢注的多维应对和预防措施，整理相关成案等，对于制度的健全和商标非正常申请的打击都有重要意义，因此，商标抢注问题应该受到专门的关注。这也是我写这本书的考虑所在。

当然，作为学术研究人员，既要响应国家号召，把论文写在祖国大地上（如果我们那次维权也算的话），却又不能仅止于此。学者还需要把论文写在纸上，写成书，让更多人有机会分享我们的思考和心得。这也是我写这本书的一份角色驱动。

另外，还有一件事也强化了我写这本书的决心。金盾影视中心阎宇先生（著名艺术家阎肃之子）2018 年 6 月设法联系上我，表示希望将我们南美维权的案例拍成电视剧，并已着手剧本创作。在征得我同意的情况下，阎先生安排编导常乐女士来武汉对我进行采访。常女士特别向我提出，她不熟悉商标和法律，希望我为剧本和将来的台词把关，确保专业和准确。我问该剧拟拍多少集，她说打算拍 40 集。我心想：要把剧情编排这么长，那可能需要把整个维权谈判的全过程都搬上荧屏。如此一来，向创作和表演团队普及商标和法律知识的任务会十分繁重。我很快想到了一个简单的办法：把此案涉及的商标和法律问题写成准确的书面文字，交给演职人员自己看即可。这个想法强化了我写这本书的决心，尽管后来电视剧的拍摄因故暂时被搁置。

感谢伊基克总领事馆陈平总领事和他的夫人许可祝老师，是他们及时报告了中国商标被抢注的情况，并将被抢注的企业名称和商标一一抄录列表发回国内，他们对国际市场竞争秩序的关注和对祖国高度负责的职业使命感令人敬佩；感谢余飞峰博士和何玲女士，在从我国香港到达拉斯到圣地亚哥往返近 60 小时的漫长飞行过程中，他们对我照顾有加，书中很多论述是我们在圣地亚哥的街头、面馆甚至谈判桌上讨论过的话题，我们共度了谈判开始阶段的艰难，我们彼此以专业和冷静相互影响，最终一起亲历了谈判成功之后的喜悦，我们自我奖励的安第斯山自驾游，一路的欢声笑语和留在安第斯山顶厚厚积雪里的深深脚窝，令人至今难忘；感谢《中国知识产权报》"商标周刊"主编杨林平先生最早以官媒报道了我们南美成功维权的新闻，致敬杨先生对商标新闻的职业敏锐和诚挚投入；感谢提供资料翻译支持的朱梦云博士，帮我节省了大量的时间；感谢叶紫薇博士帮我把最初的想法变成一行行清晰的文字，特别是新冠疫情爆发初期因封城被困武汉，虽面临巨大不确定性，依然坚持研究和推进书稿撰写；感谢曾敬编审在本书出版过程中做了大量细致的工作。

由于我们水平有限，书中定有诸多不足之处，敬请各位同仁和广大读者不吝指正。

宁立志

2022 年 10 月 6 日于武汉南湖

目　录

第一章　商标抢注概述

第一节　商标抢注的概念

在研究商标抢注问题时，准确理解商标抢注的概念是首要之务，需要对商标抢注的内涵进行充分阐释，从"商标""注"以及"抢"三个方面对商标抢注的概念进行解构，以明晰商标抢注的概念。

一、商标抢注中的"商标"

商标，即商业标志。

商标是商标抢注研究中的重要基础概念。它既是被抢注的对象，也是商标抢注行为人申请注册的对象。作为知识产权体系中的重要保护客体之一，商标不仅仅是一种商业标志，更是一种无形财产，与经营者良好开展市场经营活动息息相关，宛若经营者的生命线，不可分割。因此，无论是商标抢注研究还是其他商标问题研究，都需要首先对商标的概念有清晰、全面的基础认知。

（一）商标与商标法律制度发展简述

尽管在商品经济发展至一定程度且商标注册制度被建立实施后，商标抢注现象才逐渐显露，但商标本身却并非现代产物，而是随着商品经济的发展自然出现。这是由于商业区分体系是市场经济活动正常有序进行的重要基础条件之一，而在商品上附着简明、独特的标志正是最直接、最简单且最有效地区分商品的方式，能够帮助交易者轻松筛选出符合其要求的商品，从而减少其搜索成本、提升交易效率，有利于维护市场经济活动的良好秩序和稳定发展。有证可考，早在唐宋年间，我国古代商人就已开始在商业广告中使用独特符号标志用以标记其所提供的商品，从而使之与其他商人提供的商品区别开来。[①] 并且随着社会技术的发展和市场经济的繁荣，商品流动性明显增强、市场经济活动规模逐渐扩大，无论是对于制造业还是对于服务业的经营者而言，在商品或服务上使用区分标志都变得愈加重要和必要。而如今，商标的功能早已在基础的商品来源区分功能上延展拓宽，兼具了品质保障、广告宣传等其他重要功能，这些功能价值使商标成了经营者劳动成果的结晶——商誉的载体，并成了经营者重要的无形资产而格外受到经营者的重视和保护，亦使商标权在知识产权法律体系中具有了和专利权、著作权等其他知识产权同等的法律地位。

若说商标的出现和使用萌芽于市场经济自然发展的过程中，商标法的制定则是由工业革命带来的市场经济发展变化所推动。19 世纪工业革命爆发后，社会生产完成了手工化向机械化的转变，而生产方式的巨大转变带来了社会生产力的急剧增长，对市场经济产生了深刻影响，市场经济的发展变化又催化了商标法律制度的形成。随着商业贸易规模的急速增长和地域范围的猛烈扩张，经营者的商业经营方式亦开始转变，使商标的区分功能变得愈发重要、商标的使用变得愈发频繁、商标所蕴含的价值变得愈发巨大。于是，通过立法明确商标权的必要性和重要性逐渐凸显，建立完善的商标法律保护制度成为大势所趋。

而由于工业革命首先爆发于西方，商标法律制度也最早萌芽于西方国

---

① 目前发现的中国古代最早并转为完善的商标是北宋时期的"济南刘家功夫针铺"所使用的"白兔儿"商标，这家针铺使用印有白兔图案的铜板印刷广告，并在白兔图案旁用文字标明"认门前白兔儿为记"以及"收买上等钢条，造功夫细针，不误宅院使用，转卖兴贩，别有加饶，请记白"的广告语。参见《商标典故：中国最早商标北宋"白兔捣药图"》，2016 年 3 月 13 日，见 http://www.biopatent.cn/bbs/article-629-1.html。

家。正如美国法官 Frankfurter 所言，"保护商标是基于法律对标记的心理功能的认可……商标是引导消费者选购其需要的物品时的一条商业捷径，商标所有人竭力通过商标唤起潜在消费者对商品的购买欲，如果有人企图偷猎商标的吸引力，商标所有人自然可以获得法律救济"。[①] 所谓"标记的心理功能"正是指同等条件下消费者更倾向于选购熟悉的品牌或知名度、美誉度更高的品牌，这种消费者心理可以为经营者带来无形的竞争优势，而这种无形的竞争优势需要通过有形的商业标记来转化为现实利益，即商标上承载的商誉可以为经营者带来现实利益，并且这种利益是正当合法的，应当制定专门的商标法对此予以保护。早期，英美法系国家商标法的法律渊源多为判例法，主要是通过假冒之诉（Passing Off）对假冒他人商标的不公平竞争行为予以规制。但随着商标侵权行为表现形式的翻新变化，单纯的假冒之诉已不再能给予商标所有人充足的法律保护。因此，英国于 1875 年制定了成文的商标法，在假冒之诉的基础上又确立了商标注册制度。而美国虽然一直坚持商标使用原则，但也在 1946 年颁布了《兰哈姆法》，通过成文法确立了联邦商标注册制度。而大陆法系国家早期主要适用民事侵权责任制度对商标予以保护。例如，1804 年的《法国民法典》就明确肯定了商标权在民法中的法律地位，而法国于 1857 年制定了世界上第一部商标法，随后又在 1964 年制定的新商标法中确立了商标注册取得制度。

我国的商标法律制度伊始于清末年间，现代法律意义上的"商标"雏形亦于此时才初步明确。首先，"商标"称谓实际上由来已久，最早可考于晚清时期康有为所撰的《大同书》中，[②] 从此书中可知"商标"一词并非本土产物，而是西方舶来品。在 1902 年的《中英续议通商行船条约》中，英国使用了"Trade Marks"一词以作商标之意，中方将其翻译为"贸易牌号"。[③]

---

① 　Mishawaka Rubber & Woollen Mfg. Co. v. S. S. Kresge Co.，316 U. S.203（1942）.

② 　《大同书》乙部第二章："然交通日繁，故邮政、电线、商标、书版，各国久已联通，特许专卖及博士学位之类，皆各国合一；欧、美先倡，日本从之。"康有为：《大同书》，上海古籍出版社 2009 年版，第 63 页。

③ 　《中英续议通商行船条约》第七款：英国本有保护华商贸易牌号，以防英国人民违犯、迹近假冒之弊，中国现亦应允保护英商贸易牌号，以防中国人民违犯、迹近假冒之弊。

而后，在 1903 年签订的《中美通商行船续订条约》中，美国使用了"Trademark（s）"一词，而中方将其翻译为"商标"，这也是"商标"一词第一次被正式使用于官方法律文件中。另外，在此后与日本、葡萄牙等国签订的条约中，中方还使用了"商牌""货牌"等不同词语以作翻译。[①] 由此可见，中国的"商标（贸易牌号、商牌、货牌)"称谓源自外文翻译，商标的英文称谓（Trademark、Trade-mark、Trade Mark[②]）对其中文翻译影响重大。直至 1904 年，中国历史上第一部商标法——《商标注册试办章程》出台，文本中采用了《中美通商行船续订条约》中的翻译方法，终于得以确定将商标（Trademark）称为"商标"。

从某种程度而言，我国第一部商标法的制定是被动且匆促的。19 世纪以后，国际贸易逐渐频繁，经过工业革命洗礼的西方国家彼时作为贸易更发达的一方，显然更容易受到商标侵害，故而具有更加迫切的获得商标法律保护的需要，于是诸多西方发达国家出于维护本国利益之目的开始积极为保护商标"出谋划策"。1901 年签订《辛丑条约》后，清政府迫于英、美、日等国的压力，为了保持与英、美、日等国的通商贸易，不得不开始制定专门的商标法"以防违犯、迹近假冒之弊"，才终于颁布了《商标注册试办章程》。新中国成立后，于 1950 年又制定了《商标注册暂行条例》对商标权予以保护。计划经济时期，又颁布了《商标管理条例》（1963 年）以实行强制注册原则。改革开放后，全国人大常委会又于 1982 年通过了《中华人民共和国商标法》（简称《商标法》），即现行商标法，在保留个别强制注册的例外情形的基础上确定了商标自愿注册的原则。

迄今为止，我国现行商标法历经了大大小小四次修改：

1993 年第一次修改，主要增加了服务商标和商标撤销制度方面的规定。

[①]　参见余俊：《商标法律进化论》，华中科技大学出版社 2011 年版，第 4—6 页。

[②]　商标的英文称谓并非一成不变，美国对商标的称谓经历了从 trade mark 到 trade-mark，再到 trademark 的变化。目前商标的英文主要有三种：以 WIPO 和美国为代表使用的 trademark（s），以英国为代表使用的 trade mark（s），以及以加拿大为代表使用的 trade-mark（s）。

2001 年第二次修改，完善了立体商标、地理商标、驰名商标和商标恶意抢注方面的规定。

2013 年第三次修改，强调了诚实信用原则，明确了在先使用权与商标注册的关系。

2019 年第四次修改，强调了商标注册时的使用意图，加重了违法责任，加大了对商标恶意抢注的打击力度。

由此可见，我国《商标法》的多次修改过程中均在不断加强对商标恶意抢注行为的打击力度，体现了立法者对商标恶意抢注问题的重视，也反映了我国商标注册制度实施以来存在商标抢注乱象的问题。这也间接表明，无论是在行政执法还是司法实践中，要有效预防和彻底打击商标恶意抢注行为仍存在一定难度，商标恶意抢注行为仍然在一定范围存在，其所带来的危害绝对不容小觑。因此，我国商标法律制度及其配套措施仍需不断完善，商标抢注问题也依然是商标法律实务和理论研究中需要重点关注并努力攻克的难题。

（二）商标内涵的多维探析

通常意义上，商标多指"商标标志"，商标法意义上的商标一般指能够用以区分商品或服务来源的标志。[①] 但实质上，商标一词的内涵远超商标标志本身，全然不拘于标志里的文字或图形的含义，其内涵跨越了多个维度：

1.信息符号本位

以符号学角度对商标予以观之，无论是由文字、图形、声音、气味、三维标志抑或任何其他要素构成的商标，究其本质，都是一种具有指向作用、可以承载和传递信息的符号。

符号学中一般可将商标所承载和指示的信息区分为能指和所指。结构主义符号学的代表人物——瑞士语言学家费尔迪南·德·索绪尔（Ferdinand

---

[①] 《中华人民共和国商标法》第八条：任何能够将自然人、法人或者其他组织的商品与他人的商品区别开的标志，包括文字、图形、字母、数字、三维标志、颜色组合和声音等，以及上述要素的组合，均可以作为商标申请注册。

de Saussure）认为，符号（Sign/Symbol）是二元的心理实体，可以划分为"能指（Signifier/Signification）"和"所指（Signified/Signal）"，并且二者之间的关系具有任意性（Arbitrary）。① 所谓"能指"是可以被感知的符号形式，"所指"则是由可感知形式所代表的特定心理概念组成。同时，以美国哲学家查尔斯·桑德斯·皮尔士（Charles Sanders Peirce）为代表的另一派学者主张三元论，认为符号是相对于某人在某个方面能代表他物的东西，除了二元论所强调的"能指"和"所指"，还有符号的"对象（Referent）"，即符号所代表的客观事物或抽象概念，也是符号的重要构成部分。②

对商标的能指和所指进行区分对理解商标内涵具有重要意义。作为一种符号，商标承载和传递的信息不仅包括商标自身符形，即商标标志的内容，还包括商品或服务来源和商品品质等其他关联信息。若将商标视为由能指和所指两个指向维度构成，则其能指显然是指可以被人们所感知到的有形的商标标志本身，所指则是人们通过商标能够联想到的商品或服务的提供者，以及商品或服务的品质等无形的特定心理概念。若采取三元符号论的观点，则商标的构成要素还包括对象。而本书认为，商标的对象并不是某一具体的物，譬如商标所附着的某件商品，而应是一种抽象概念，即商标所附着的商品或服务与其经营者之间的特殊联系。同时，也有学者将商标的指向区分为表征指向和内涵指向，主张商标的表征指向主要体现于其来源识别功能，即能够使人联想到商品或服务的提供者，内涵指向则主要体现于其品质象征功能，即商标背后所蕴含的商品或服务的品质如何。③ 而无论是表征指向的来源识别功能还是内涵指向的品质象征功能，实质都属于商标的所指范畴。

从商标法的调整范围和立法目的来看，商标法所保护的法益显然多归属于商标的所指而非能指。一方面，商标标志本身固然可以是具有独创性的作

---

① ［瑞士］F. de Saussure :《普通语言学教程》，Roy Harris 译，外国语教学与研究出版社2001 年版，第 65—67 页。

② Barton Beebe, The Semiotic Analysis of Trademark Law, UCLA Law Review. Vol.51, Issue 3，2004, pp.621–704.

③ 参见曹新明:《商标抢注之正当性研究——以"樊记"商标抢注为例》,《法治研究》2011 年第 9 期。

品，但若将该标志视为作品，则应当适用著作权法对其进行保护，即商标标志因具有独创性而具有的应受法律保护的利益不属于商标法的调整范围。另一方面，商标法的立法目的在于防止市场混淆以保护经营者和消费者利益，其所禁止的行为主要是可能混淆商品或服务来源、破坏他人商标与商品或服务之间特定联系的行为。由此可知，商标法所保护的法益是商标所指而非能指中的法益。以文字商标为例，有些商标仅由日常生活中常用的描述性词汇构成，如"苹果""心心相印""宝马"等，还有些商标虽然是经营者创造的臆造性词汇，但因为其过于简短，只是简单的文字组合，也并不具备著作权法意义上的最低限度独创性，如"洁柔""维达""娃哈哈"等。显而易见的是，上述商标标志的选择和创造无须经营者过多投入创造性智力劳动，但这些独创性程度较低的文字商标却均可作为商标法保护的客体，可见独创性程度高低并不影响商标是否能够受商标法保护，商标法保护的法益另有所在，即商标的所指——商标所指示的商品或服务来源以及商品或服务与经营者之间的联系等特定抽象信息。

由此亦可知，完全脱离商品或服务而存在的商标是欠缺实际意义和价值的。单独的商标仅能指向商标标志本身，只具有商标能指方面的意义。商标只有在与商品或服务结合并与之产生特定联系后，才能指示商品或服务来源，从而具有商标所指方面的意义，真正地成为商标法上具有实际保护意义和价值的法律客体。

2. 商业区分体系

在符号本位的基础上，若从社会功能的维度对商标加以考量，则商标是社会区分体系中的商业区分体系的重要组成部分，能够通过其符号传递的信息在市场中发挥区分识别作用。

商业区分体系是社会区分体系中不可或缺的重要组成部分，商标区分体系则是商业区分体系中不可或缺的重要组成部分。正如学校能够通过姓名、学号、年级、专业等身份信息区分不同的学生，消费者和经营者等社会公众亦能够通过商标、商品名称、商品包装等商业信息区分不同的商品或服务，尽管这些商业标志的区分角度和程度不尽相同，但均为商业区分体系的重要组成部分。同时，商标与其他商业标志也存在重要区别，即商标具有其他商业标志普遍难以具备的来源识别功能。因此，较其他商业标志而言，依靠商标建立的商业区分体系往往更加高效、稳定和可靠，并且这种商标区分体系已经在事实上为社会公众所熟悉、接纳并广泛使用，成了构建商业区分体系的坚固砖石。

（1）商标区分体系的现实基础

商标区分体系之所以能够成为商业区分体系的重要组成部分，是基于商标的显著性、商标区分的低成本以及商标符号资源的无限性等现实基础条件之上。

其一，商标的显著性为商标区分提供了现实基础。

显著性是指商标能够区分相同或类似商品或服务来源的特性，是商标最本质和最重要的特征。商标区分体系的实现正是立足于商标的显著性之上，依据商品或服务上不同的商标，社会公众可以凭此联想到提供该商品或服务的经营者，从而将之与其他经营者提供的商品或服务区分开来。

显著性既是商标的特征，也是某一商业标志能够成为商标的必要条件。

目前，学者们对商标的定义虽然在表达上略有不同，但都无法脱离强调商标的显著性特征。例如，有学者把商标定义为"用以将不同经营者所提供的商品或者服务区别开来的商业标志"，[1] 这种定义方法将使用商标的主体从"任何自然人、法人和其他组织"进一步明确为"经营者"，在强调商标主体的商业性时，也强调了商标的显著性。也有学者把商标定义为"商品或服务的提供者为了将自己的商品或服务与他人提供的同种类或类似商品或服务相区别而使用的标记"，[2] 同样强调了商标的显著性。同时，该种定义中还采用了"使用"一词，暗含了对商标使用的重视。尽管形式上，商标本身并不以"使用"为构成前提，即使某商业标志尚未被实际使用，只要该标志理论上能够被使用于商业活动中并起到区分商品或服务来源作用，即具有最低限

---

[1]　吴汉东主编：《知识产权法学》，北京大学出版社 2014 年版，第 193 页。

[2]　王迁：《知识产权法教程（第五版）》，中国人民大学出版社 2016 年版，第 391 页。

度的显著性，就可以被作为商标，而无须过问其是否已经真实地被使用或将要被使用，但"商标的生命在于使用"仍然是商标法中永固的真命题。未被使用的商标就像是刚刚侵入贝壳的砂砾，只有经过使用才能为其包裹上一层复一层的珍珠质，商标使用的范围越广泛、持续时间越长久，珍珠外表会愈发明亮美丽，商标所蕴含的商业价值也就会倍增，其所能够受到的法律保护程度和范围也就越大。

同时，商标的显著性强弱程度是参差不齐的，只有具有显著性的商标才是"适格"的、可以申请注册的商标，并且这种显著性既包括固有显著性，也包括获得显著性。商标的固有显著性主要取决于商标标志整体是否便于识别，以及商标与商品或服务之间的距离两个方面。一方面，标志本身具有强烈特征，便于社会公众识别、记忆的商标显著性相对较强。相同条件下，固有显著性较强的商标可以给社会公众留下更加深刻的印象，可以在一定程度上降低与其他商品或服务产生混淆的可能性，对经营者积攒商誉有着事半功倍的效果，因此，固有显著性强烈的优质商标是经营者的理智首选。另一方面，商标的固有显著性的强弱程度与商标和商品或服务之间的距离成反比，即商标与商品或服务本身联系越紧密，商标的固有显著性越弱，反之则越强。依照商标与商品或服务之间的联系，可由近到远地将商标大致划分为通用标志、描述性标志、暗示性标志、任意性标志及臆造性标志，其显著性程度则是由弱到强。其中，通用标志和描述性标志均属于缺乏显著性的情形，不能作为商标申请注册，如在热水器上使用"热得快"作为商标，就属于直接表示商品功能特点的描述性标志。同时，商标显著性是处于动态变化中的，会随着商标的使用而产生或正或负的改变，不具备固有显著性或者显著性较弱的商标，有可能通过使用获得显著性，[①] 从而具备较强的显著性，而固有显著性较强的商标，若使用不当，亦有可能丧失显著性。

---

① 《中华人民共和国商标法》第十一条：下列标志不得作为商标注册：（一）仅有本商品的通用名称、图形、型号的；（二）仅直接表示商品的质量、主要原料、功能、用途、重量、数量及其他特点的；（三）其他缺乏显著特征的。前款所列标志经过使用取得显著特征，并便于识别的，可以作为商标注册。

其二，商标区分的低成本为商标区分体系提供了现实基础。

商标能够通过指示商品或服务来源等信息而以较低的成本向消费者传递重要交易相关信息，[①] 能够有效节约交易成本、提高交易效率。

从经营角度而言，使用商标区分的相关成本主要来自前期对商标标志进行设计和挑选所产生的成本、将商标附着于商品或服务上所产生的成本以及后续商标管理、维护所产生的成本。首先，多数经营者，尤其是小微经营者，其实并不需要对前期的商标设计或选择投入过多时间和精力，且商标的本质是一种抽象符号，其所能容纳的创造空间一般是十分有限的，即使有些经营者在商标设计和挑选上"用心良苦"，相对于其主要经营业务成本，这种固定成本显然仍是微不足道的。其次，将商标附着于传统商品或服务上只需要由经营者承担少量印刷费用成本，并且商品本身也需要包装、装潢，将商标标志用于商品包装实乃顺水推舟之事，何乐而不为呢？故商标使用的这一变动成本是十分微小的，尤其是在电子商务模式中，甚至连印刷费用都不会产生。最后，对于注册商标权人而言，其还需要承担一定商标注册费用、变更费用和续展费用等管理维护成本，但上述手续费用也并不高昂。[②]由此可见，商标使用几乎不存在门槛，经营者只需要承担少许成本即可自由广泛地使用商标，而商标可能产生的商业价值却远超其使用成本，这种区分模式的低成本也促进了商标区分体系的实现和广泛应用。

从消费角度而言，作为市场流通的最终环节，消费者是商标使用成本的最终承担者。一方面，经营者使用商标的成本本身并不高，经由全部消费者分担后，最后单个消费者所承担的商标使用成本其实十分微小。另一方面，商标可以帮助消费者搜寻商品或服务，使用商标可以最大限度地减少其搜寻时间成本和精力成本。通过辨认商标，消费者能够更高效地发现商品并形成记忆，尤其是对于二次或多次购买者，运用商标区分体系是其快速识别和购

---

① Scandia Down Corp. v. Euroquilt Inc., 772 F.2d 1423, 1430（7th Cir.1985）.

② 依照我国现行商标注册收费标准，商标注册申请费用为 300 元 / 类，续展费用为 500 元 / 类，电子申请则按照标准的 90% 收费，参见《关于调整商标注册收费标准的公告》，2019 年 6 月 19 日，见 http://sbj.cnipa.gov.cn/gzdt/201906/t20190619302481.html。

买商品的关键。

综上，商标区分体系的运行具有低固定成本和低变动成本的特点，对交易成本的不利影响甚微，反而可以通过减少消费者的搜寻时间而极大地提高交易效率，这也促使了经营者积极使用商标从而形成庞大的商标区分体系。

其三，商标符号资源的无限性为商标区分体系提供了现实基础。

理论上讲，只要是可被公众感知、具有显著性的符号，都有成为商标的可能，因此，商标符号资源理应取之不竭、用之不尽。商标的构成要素包括文字、图形、颜色、三维标志以及声音等多种形式，仅就文字商标而言，其包含了中文、字母、数字等多种商标，不同文字可能组成的商标已是不计其数，更遑论还存在其他要素所构成的商标和不同要素之间组合产生的组合商标。因此，对于经营者而言，找到与其他经营者有区别的商标标志理论上并非难事。

同时，商标标志的分类保护和地域性保护也变相扩充了商标符号资源。依照商标分类注册和保护原则，经营者可以在不同类别的商品或服务上同时使用与他人相同的商标标志，而依照商标的地域性保护原则，不同经营者还可以同时在不同国家或地区使用同样的商标标志，即一个符号可分化成为多个符号而被不同商标主体同时使用。

另外，商标资源的回收循环也是符号资源取之不竭的重要原因。商标权人通过注册或使用取得商标专用权后，仍然需要履行一定的义务以维持商标权利，否则，注册商标权保护期届满后或商标被撤销、宣告无效后，商标的社会影响力逐渐消散，该商标中曾占据的符号资源将会自动回归到社会公共领域，可为后来的经营者所再次选择和使用。

（2）商标与其他商业标志的联系与区别

需要注意的是，商标并非唯一的商业区分体系，其只是商业标志中的一种，除商标之外，商业区分体系中还存在诸多非商标性质的商业标志，如企业名称、商品名称以及商品包装、装潢等。这些非商标性质的商业标志与商标常常因联系紧密而难以区分，如企业名称、商品名称中常常会包含商标中的文字，商品包装、装潢上亦常常会使用商标中的文字和图形。但商标与企业名称，商品名称，商品包装、装潢等其他商业标志仍存有重要区别。

首先，商标与企业名称存在一定联系与区别。企业名称的对象是市场主体，一般由行政区划、字号、行业、组织形式依次组成，[①]其中字号是企业名称中的核心要素，也是最具有识别性的部分。例如，"重庆长安汽车股份有限公司"，其中"重庆"属于行政区划，"汽车"属于其行业，"股份有限公司"属于其组织形式，而"长安"则属于企业字号，而字号"长安"作为企业名称中具有识别性的部分，亦可另行作为商标使用。但需注意的是，对企业名称的使用并不能当然构成商标使用。这是因为商标与企业名称在性质和保护方式上存在诸多不同：其一，企业名称的对象是市场主体，而商标的对象是商品或服务；其二，企业名称权是一种人身权，而商标权是一种财产权；其三，企业名称需要通过核准登记方可确定，而商标未经注册亦可使用，仅保护程度受限；其四，一个企业只能拥有一个企业名称，但却可以拥有无数商标。

其次，商标与商品名称也存在一定联系和区别。所谓物定于彼，非名不辨。商标与商品名称都有区分商品的功能，但商标所区分的是商品来源，而商品名称虽然在某些特定情形下也能起到一定区分来源作用，但其最主要的作用实际上是区分商品种类，将不同种类的此物与彼物区别开来。商品名称包括商品通用名称和商品特有名称。顾名思义，通用名称是指某一类商品通常使用的名称，如"板蓝根颗粒""维生素 C 咀嚼片""免洗洗手液"等，其属于公共领域资源，不适合亦不能作为商标。而特有名称则是经营者在其提供的商品或服务上所使用的特别的、独有的名称。具有一定知名度的商品特有名称往往也会具有区分来源的作用，但当其商标使用和维护不当时，商品特有名称也可能会转化为通用名称。例如，公众所熟知的抗炎药物"阿司匹林（Aspirin）"，最初其实是德国拜耳公司于 19 世纪末申请注册的商标和使用的商品特有名称，其真正的商品通用名称其实是"乙酰水杨酸"，但由于拜耳公司的商标使用策略不当，加上原本的通用名称"乙酰水杨酸"较为

---

① 参见《企业名称登记管理实施办法》第九条。

拗口难记，消费者更倾向于直接用"阿司匹林"指代该种抗炎药物，久而久之，"阿司匹林"便逐渐成了同类商品的代名词，即丧失显著性，沦为了商品通用名称。

最后，商标与商品包装、装潢也存在一定联系和区别。商品包装、装潢是指商品的包装造型和表面设计，包含了商品包装的形状、大小、材质、颜色，以及包装上所印刷的文字、图形等，印刷在商品包装、装潢上的商标文字、图案亦是商品包装、装潢的一部分。商品包装、装潢的作用既不同于商标也不同于商品名称，其主要作用在于美化和宣传商品，向消费者介绍商品的功能、特点、原材料等，从而吸引消费，提升消费者购买商品的概率。当然，商品包装也对商品起一定保护作用，便于运输、保管，便于分销和消费者携带等。商品包装、装潢一般并不具备区分商品来源的功能，但通过经营者的持续使用，某些知名或有一定影响的商品包装、装潢也可能会逐渐具备区分来源的功能。

综上所述，企业名称，商品名称，商品包装、装潢等其他商业标志与商标有着重要区别，非商标性的其他商业标志一般并不具有商品来源识别性，原则上不属于商标范畴。但部分企业字号、商品特有名称和知名商品包装、装潢的使用亦有可能具有来源识别性，这时，可以将其视为未注册商标，并予以相应程度的法律保护，经营者亦可直接将其申请注册为商标，即非商标性质的商业标志会具有转化为商标的潜在可能。

3.知识产权客体

商标的来源区分等功能使其蕴含了符号自身以外的经济价值，成为一种受知识产权法保护的无形财产。因此，从法律角度来看，商标是一种知识产权客体。

知识产权具有法定性、客体非物质性、专有性、地域性以及时间性等基本特征，商标权亦是如此。商标权人有对商标进行独占使用，或许可他人使用，或转让他人，或禁止他人未经许可在相同、类似商品上使用相同、近似商标的权利。但与专利权和著作权不同的是，商标权客体未必是人类创造或创作的具有创造性或独创性的智力劳动成果，而是经营者的经营劳动成果，其受法律保护的正当性基础在于自由、平等、消费者福利、效率这些人类基本价值和市场交易价值。① 换言之，商标法真正保护的对象是商誉，商标之所以能够成为知识产权客体，并非是由于其商标标志具有创造性或独创性，而是由于商标与商誉不可分割，既是凝聚商誉的重要载体，又是创造商誉的重要工具。

商誉的产生和积累离不开商标使用，"脱离了所使用的商业或贸易，商标本身没有财产"，② 单独的商标标志在商标法意义上是缺乏实际价值的，完整的商标应同时具备商标标志、商标主体及商标对象三要素，只有当经营者将商标附着于特定商品或服务，商标的来源区分功能才能得到实际发挥。并且只有当经营者提供的商品或服务品质一贯保持良好稳定时，才能逐渐积累起良好的商誉，当这种良好的商誉凝结于商标之中，经营者又可反过来通过商标使用创造竞争优势，将商誉转化为现实经济利益。因此，在商标使用取得制度下，商标权需要通过商标使用方可取得。

但在注册取得制度下，未注册商标所有人虽享有诸如在先使用权和禁止恶意抢注的权益，这些权益却并非具有绝对性和支配性的财产权，故未注册商标无法通过使用取得商标专用权。与此同时，通过申请注册，未经使用的商标也可取得商标权，其商标权人享有完整的实体和程序上的商标专用权。

二、商标抢注中的"注"

注，即注册。

商标权利取得主要有使用取得和注册取得两种模式，其中，商标注册取得制度为我国和其他多数国家所采用，同时这也是商标抢注行为产生的制度根源。

---

① 参见郑其斌：《论商标权的本质》，人民法院出版社 2009 年版，第 2 页。
② American Steel Foundries v. Robertson，269 U. S.372，380，381（1926）.

（一）商标注册制度的地位与作用

商标注册取得是指申请人通过法定商标注册程序获得注册核准从而取得商标专用权的权利取得模式，因此未注册商标原则上不受专有保护，而无论其是否经过实际使用。

在传统民法理论中，占有是民事主体取得财产所有权的重要途径。但商标权客体有别于传统有形物，属于无形财产，无法通过占有来实施控制和支配行为，必须通过具有公信力的权利公示制度确定权利归属，即商标注册制度。商标注册是包括申请、审查、初步审定公告、核准注册等一系列流程的行政程序，其价值主要体现为商标权利取得。申请人通过完成法律规定的公示方法——商标注册，可以获得法律拟制的"先占"效果，从而取得商标专用权。因此确切而言，商标注册取得应完整表达为商标专用权注册取得。

尽管商标注册制度仍存在一定缺陷，可能会导致商标恶意抢注、商标囤积、商标闲置现象的产生，也不利于对未注册商标的保护，但其具有商标使用制度无法替代的重要作用和意义。

首先，商标注册具有权利公示作用。其一，通过商标注册，商标权的权利归属能够得到预先确定，而无须等到商标争议发生时再由权利人举证证明；其二，商标注册对商标权转让、许可使用和设定质押亦均能提供公示基础；[①] 其三，商标权利取得时间可以明确界定为商标核准注册之日，其权利保护期限也可随之明确为核准注册之日起十年；其四，通过商标注册时提交的商标图样和注册类别，可以明确划定商标专用权的保护范围。

其次，商标注册的公示效力对于商标侵权认定具有重要意义。商标注册申请人在申请注册或实际使用商标前，可以查询是否已有他人使用相同或近似商标，以避免与他人商标权发生冲突，这大大降低了商标侵权的风险。同时，在侵害注册商标专用权的行为产生时，商标注册的公示效力还具备过错推定效果，可基于商标已经注册这一事实推定侵权人存在过错，将举证责任

---

① 吴汉东主编：《知识产权法学》（第六版），北京大学出版社 2014 年版，第 400—401 页。

转移至侵权一方，为商标侵权认定提供逻辑支撑点、简化认定过程。

最后，在商标权利归属明确、权利边界清晰的情况下，注册商标的权利稳定性可以得到极大提升，有利于经营者树立在市场活动中积极使用商标的信心，也为其他经营者和消费者提供商标信赖基础，为商标权交易或使用商标的商品和服务交易提供安全保障，从而发挥提高市场交易效率之效用，促进市场经济繁荣稳定发展。

（二）商标抢注中"注"的内涵

具体而言，商标抢注中的"注"是指在特定商品或服务类别上申请注册商标以取得该商标专用权的行为。

首先，商标抢注中的"注"是指"申请注册"而非"核准注册"。换言之，商标抢注并不以商标成功注册的结果为构成要件，在申请人提出注册申请的一刻起就已经有构成商标抢注行为之可能。同时，注册结果虽然不影响商标抢注行为的认定，但是会对侵犯他人在先权益或社会公共利益的商标恶意抢注行为的规制产生影响。对于仍处于申请注册阶段的商标恶意抢注，可由他人提出异议或由商标局直接驳回注册申请，而对于已经核准注册的商标恶意抢注，则只能通过商标撤销或无效制度予以规制。

其次，商标抢注中"注"的商品或服务类别可能与被抢注商标相同、类似或不同。商标注册申请应当遵循分类申请原则，即申请人在申请商标注册时，应当按照商品和服务分类表填报使用商标的商品或服务类别以及其名称。商标核准注册后，申请人原则上只能在核定的商品类别上享有商标专用权，若要在其他类别上取得商标专用权，则需另行提出注册申请。因此，对于未注册商标的抢注，可以是在相同或类似商品或服务类别上的申请注册，而对于已注册商标的抢注，则往往是在不同的商品或服务类别上的申请注册。

另外，商标抢注中"注"的对象不一定与被抢注对象完全相同，也可能仅仅是与之近似。商标权的价值是基于商标的来源识别功能以及由该功能所带来的其他价值，因此，商标抢注中"注"的对象并不一定要与被抢注对象完全相同，只要二者的显著性部分和整体上较为近似，就有造成相关公众混淆的可能。同时，商标法禁止在相同或类似商品类别上注册与他人已经注册或初步审定的商标相同或近似的商标，[①] 抢注近似商标也会阻碍被抢注对象的在后注册。所以，商标抢注中"注"的对象与被抢注对象近似时亦应视为是对该对象的抢注行为。

最后，商标抢注中"注"的效力受限于一定地域范围。由于商标法具有政策性，需要依靠国家强制力保证实施，商标法对注册商标权的保护具有地域性，在某一国家或地区申请注册的商标只能在该国或地区享有注册商标专用权。因此，商标抢注中"注"的效力仅限于注册所在国家或地区。

三、商标抢注中的"抢"

抢，即抢先。

商标注册制度中的在先申请原则是商标抢注的直接原因。在先申请原则是指当两个及两个以上申请人就相同或近似商标，在相同或类似商品、服务类别上申请注册时，申请在先的注册申请可以优先获得核准注册。同时，商标申请时间[②] 以"日"为最小单位，不计算具体的"时"和"分"，即同一天申请的便应视为同时申请。而基于在先申请原则，准确理解"抢"的含义、把握"抢"的性质、明确"抢"的对象，对商标抢注概念的明晰至关重要。

（一）商标抢注中"抢"的含义

从字面来看，商标抢注中的"抢"字有两种解释方法：一是解释为抢

---

① 《中华人民共和国商标法》第三十条：申请注册的商标，凡不符合本法有关规定或者同他人在同一种商品或者类似商品上已经注册的或者初步审定的商标相同或者近似的，由商标局驳回申请，不予公告。
② 我国《商标法实施条例》第九条明确规定了商标申请日的确定方法：直接递交的，以递交日为准；邮寄的，以寄出的邮戳日为准，其他快递递交的则以收寄日为准，以上日期不明的，以实际收件日为准；数据电文方式提交的，以进入电子系统的日期为准。

夺、硬拿、掠夺之意；二是解释为抢先、争先、赶快之意。

若采取第一种解释方法，将"抢"理解为"抢夺"，则似乎强调被抢注的商标原先应是有主之"物"，抢注行为人意图通过申请注册行为，凭借单方意志强硬地使"物"的归属发生转移，对原"物"主的利益必然会造成损害。

若采取第二种解释方法，将"抢"理解为"抢先"，则更倾向于表示"抢"可以是一种公平竞争行为。"抢先"强调的是注册申请时间上的先后，并不关注被抢注的商标原先是否一定是有主之"物"，其也可能只是存在于公共领域、尚无人"占有"的符号，则商标注册申请人可以依据在先申请原则，通过法律规定的"先占"方法正当地取得对该符号的控制和支配权利。

论及商标抢注，众人多会将其等同于商标恶意抢注，但实质上，在商标注册取得制度下，商标抢注并非全然是具有主观恶意的、违反诚实信用原则的违法行为，也可能存在善意的商标抢注行为，应当明确商标抢注与商标恶意抢注并非同一概念。因此，与"抢夺"等带有明显贬义色彩的解释相比，纯粹表明时间先后的中性词"抢先"更适合作为商标抢注中"抢"字的解释。

（二）商标抢注中"抢"的性质

1."抢"不当然具有违法性

"抢"仅意味着在申请时间上的抢先，并不当然具有违法性。事实上，在商标注册取得制度下，商标法对商标抢先注册行为所持态度是包容的，在先申请原则的存在更是对善意商标抢注行为的默许甚至鼓励。

若从最极端和最广泛的层面理解，所有的商标注册行为实质上都具有"抢先"性质，甚至可以包括注册商标权人对自身商标的"抢注"。例如，防御商标实质上就是一种善意的"抢注"行为，其目的是防止在未来的时间段，他人在不同商品或服务类别上注册相同或近似商标，而直接在他人申请注册前抢先进行申请注册以预防被他人抢注。

　　尽管一般意义上商标抢注的对象并不包括行为人自身所拥有的商标或其他标志，但仍旧不应将所有商标抢注行为一刀切地定性为恶意侵权行为。实质上，当两个申请人在相同类别上对相同商标标志提出注册申请时，若二者均尚未将商标投入实际使用，则初步审定并公告在先的申请就是最符合形式公平正义的合理选择。即使其中有一方申请人在先使用了该商标，也要视其他具体情形而定，只有申请时间相同时，才可以直接初步审定并公告使用在先的商标，而不能直接认定商标权归属于在先使用者。若将商标抢注直接等同于商标恶意抢注，那么商标注册制度中的在先申请原则和未注册商标的在先使用权就失去了其存在的意义和价值。

　　要而言之，商标抢注行为并非当然具有违法性，只有违背诚实信用原则的商标恶意抢注才是法律应当重点关注并规制的对象，在商标抢注研究中，不应在研究的开端就以偏颇的目光看待商标抢注，必须将善意的商标抢注行为和恶意的商标抢注行为加以严格区分。

　　2."抢"是一种故意

　　商标抢注中的"抢"还表明了行为人主观上的故意心态。需要明确的是，此处的故意是指商标申请人是有意识地抢先申请，不等同于侵权行为构成要件中的故意，更不等同于恶意。侵权行为构成要件中的故意是一种恶劣的心理状态，具有不正当性，是对损害后果的追求和放任，恶意则是一种严重的故意。而抢先申请注册与损害他人利益之间并非等号，因此，商标抢注与商标恶意抢注之间也并不能直接画上等号。

　　依据在先申请原则，若申请人希望自己的商标注册申请获得核准，则应当积极地、尽早地、抢先在其他申请人之前提出注册申请，甚至可以认为，但凡希望通过注册取得商标专用权的申请人，主观上都应当具有在先申请的故意。换言之，商标抢注行为人主观上应当预见到自己的商标注册申请时间早于他人的后果，即可能取得注册商标专用权，并且希望或放任这种后果发生。但发生在先申请的后果并不必然导致损害他人利益，因此，商标抢注中的"抢"本身并不一定构成侵权故意，只有当"抢"的对象涉及他人在先权益时才有构成侵权之可能，同时在此基础上，只有当行为违背诚实信用原则、具有不正当性时，才有进一步构成恶意抢注之可能。换言之，普遍意义上的商标抢注仅含有抢先申请的故意，若要证明商标抢注行为人具有主观上的恶意，必须要有其他违背诚实信用原则的证据予以另外证明。

（三）商标抢注中"抢"的对象

狭义的商标抢注行为对象是他人已经使用并有一定影响的商标，属于以不正当手段申请注册的恶意抢注行为，[①] 但广义的商标抢注对象并非仅限于此，其对象范围涵盖了他人在先使用的商标、他人其他在先权益相关标志以及公共符号。

1. 以他人在先使用的商标为对象

他人在先使用的商标不仅包括在先使用的未注册商标，还包括注册商标。以他人在先使用的未注册商标为抢注对象的情形无须过多解释，而注册商标之所以还会被抢注，则是由于商标注册遵循分类申请原则。对于注册商标而言，其难以在全部商品和服务类别上取得专有保护，仅在核定使用范围内享有专用权，若他人在核定使用范围以外的商品或服务类别上申请注册了该注册商标，则该注册商标实质上就成了其他类别上的未注册商标，依然有被抢注的可能。

2. 以他人在先权益相关标志为对象

除了他人在先使用的商标，他人其他在先权益相关标志亦可作为商标抢注的对象。在先权益的范围十分广泛，任何与在先权益相关并具有显著性、可以作为商标注册的文字或图形等标志都有被抢注为商标的可能，一般而言可能涉及的在先权益主要包括姓名权、名称权、肖像权、著作权、外观设计权以及商品化权等。

3. 以公共符号为对象

公共领域的符号属于可以供社会公众自由使用的公共资源，但经过商标

---

① 《中华人民共和国商标法》第三十二条：申请商标注册不得损害他人现有的在先权利，也不得以不正当手段抢先注册他人已经使用并有一定影响的商标。

注册，公共符号就会进入商标专用权的保护范围，成为私人财产——商标。因此，公共领域的符号资源亦可作为商标抢注的对象。一般而言，对公共符号的抢注并不会直接侵害他人在先权利或权益，但当某个单一主体所抢注的公共符号资源数量过大时，就会有侵占公共资源、损害社会公共利益之危害的嫌疑，即有可能构成特殊的商标恶意抢注情形——商标囤积。

四、小结

综上所述，狭义的商标抢注是指以不正当手段抢先注册他人已经使用并有一定影响的商标，属于商标恶意抢注行为的一种；而广义的商标抢注是指将他人在先使用的商标、他人在先权益相关标志或公共符号抢先申请注册商标的行为。相较而言，狭义的商标抢注概念显然过于狭隘，无法全部涵盖实践中已经发生的各种类型的商标抢注行为，忽略了商标权以外的其他在先权益和社会公共利益。而广义的商标抢注概念的界定更加全面，既考虑到了商标注册制度背景下抢先注册的合理性，也考虑到了商标抢注行为可能侵害的他人利益和社会公共利益，因此，对商标抢注采取广义解释更符合其应有之义。

换言之，商标注册制度背景下，商标抢注实质为中性概念，并非当然违法，既包含了商标恶意抢注也包含了商标善意抢注。商标恶意抢注则包含恶意地在相同或类似的商品或服务类别上，抢先申请注册与"他人在先使用的有一定影响的商标"或与"他人其他在先权益相关标志"相同或近似的商标的行为，以及不以使用为目的大量申请商标注册的商标囤积行为。而只要商标抢注行为未违背诚实信用原则，也不损害他人在先权益或社会公共利益，就应当被视为是合法、合理的正当竞争行为，即商标善意抢注行为。同时亦需承认，商标抢注中的恶意抢注行为具有明显的不正当性和社会危害性，应对商标恶意抢注给以重点关注，进一步明晰商标恶意抢注的内涵并加以有效规制。

第二节　商标抢注行为的类型

以是否违背诚实信用原则为标准，商标抢注行为可以首先大致区分为善意抢注和恶意抢注。前者是商标注册制度所默许的公平竞争行为，后者则具有手段和目的上的不正当性，违反了商标法基本原则，有对其进行进一步研究之必要。同时，由于商标恶意抢注行为的表现形式十分多样和复杂，首要之务是对其进行类型梳理。

一、针对特定或不特定主体的商标抢注

如图1所示，依据商标抢注对象的主体是否特定，可以将商标抢注划分为针对特定主体的商标抢注和针对不特定主体的商标抢注。前者是可能侵害他人在先权益的行为，后者则属于可能侵害社会公共利益的行为。

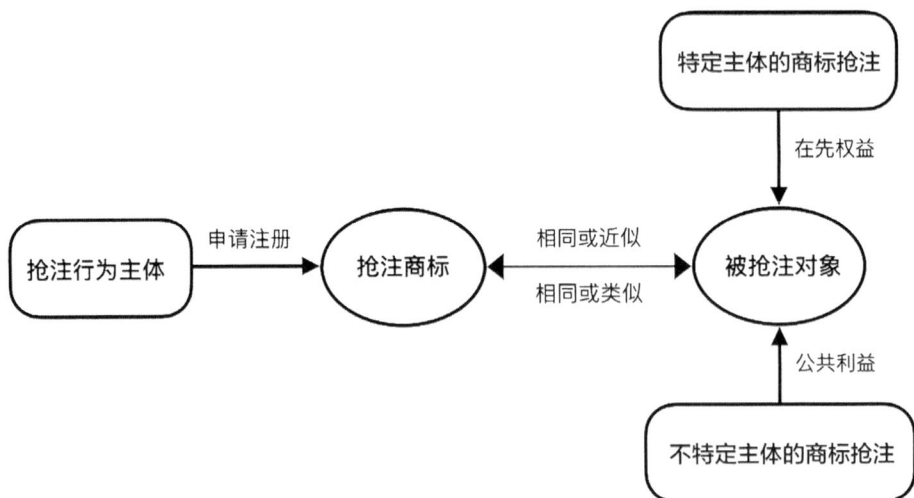

图 1　商标抢注关系

（一）针对特定主体的商标抢注

针对特定主体的商标抢注行为可能侵害的是特定主体的在先权益，包括他人在先商标权益和商标以外的其他在先权益。

1. 对他人在先商标权益的抢注

在先商标权益既包括注册商标权人的注册商标专用权，也包括未注册商标所有人对在先使用的未注册商标享有的合法利益。

（1）以被抢注商标是否注册为划分标准

依据被抢注商标是否注册，可以将商标恶意抢注划分为对注册商标的抢注、对尚未注册商标的抢注以及对期满未续商标的抢注。商标注册情形不同，其保护模式也会有所不同。

对于已注册商标，其商标权人享有商标专用权，有权禁止他人在相同或类似商品或服务类别上注册相同或近似的商标，因此，注册商标权人可以直接通过注册商标上的禁止权对抗他人抢注。而对于尚未注册商标，其商标所有人仅享有先用权，只有当其同时满足"在先使用"和"有一定影响"的条件下，才享有禁止抢注的权利，并且仅限"以不正当手段"进行的商标恶意抢注。而对于期满未续的商标，其实质上等同于未注册商标，但与未注册商标稍有不同的是，由于自其注销之日起一年内，任何人均不得申请注册与其商标相同或者近似的商标，[①] 期满未续的注册商标注销一年后，其所有人才会与尚未注册的商标所有人面临同样的商标抢注风险。

（2）以抢注商标适用的商品或服务类别为划分标准

目前，国际商标注册主要参照使用尼斯分类，[②] 其中规定了 34 类商品商标、11 类服务商标，共计 45 大类。依照抢注商标适用的商品或服务类别，首先，可以大致将其区分为对商品商标的抢注和服务商标的抢注；其次，依据抢注商标适用商品或服务类别与被抢注商标适用商品或服务类别的关系，

---

① 参见《中华人民共和国商标法》第五十条。

② WIPO: *Nice Classification*，https://www.wipo.int/classifications/nice/nclpub/en/fr/.

又可以进一步将商标恶意抢注行为细分为同类抢注、跨类抢注以及同类兼跨类抢注。

同类抢注是指在相同或类似商品或服务上申请注册商标的抢注行为；跨类抢注则是指在不相类似的商品或服务上申请注册商标的抢注行为；而同类兼跨类抢注则是指同时在相同、类似的和不相类似商品或服务类别上申请注册商标的抢注行为。由于商标保护遵循分类保护原则，无论是在先使用的未注册商标还是注册商标，原则上均只在相同或类似的商品或服务类别上享有禁止他人恶意注册的权利。同时，对于两个相同或近似的商标标志而言，其所适用的商品或服务类别越类似，造成相关公众混淆的可能性也就越高，抢注行为人主观上具有恶意的可能性也就相对越高。因此，相较而言，同类抢注的恶意更为明显，跨类抢注的违法性认定则相对比较复杂，需要结合其他具体情形加以综合判断。而同类兼跨类抢注则兼具了二者的特点，在这种情形中，由于所有类别上的抢注行为均由同一主体实施，同类抢注的存在可以作为跨类抢注的恶意认定的参考，即其主观恶意的考量具有一定整体性，但在进行具体的违法性认定时，仍需要先将不同商品或服务类别上的抢注商标分割开来，再个别进行认定。

（3）以被抢注商标的知名度为划分标准

依据被抢注商标的知名度梯度高低，可以将商标抢注划分为驰名商标抢注、知名商标抢注和普通商标抢注。[①] 驰名商标是指在全国范围内为相关公众广为知晓的商标；知名商标则是指知名度尚未达到驰名程度，但也在一定地域范围内（如省、市）为相关公众所知悉的商标；普通商标则是指知名度不高，尚未达到知名程度的商标。理论上，被抢注商标知名度越高，商标抢注行为人在注册前接触到该商标的可能性也就更大，其主观上具有恶意的可能性也就越高。同时，商标知名度越高，商标法对其保护的范围和强度也相

---

① 知名商标曾指由市级工商行政管理部门评选的在该市范围内具有较高知名度的商标，而省级工商行政管理部门所评选的在省级范围内具有较高知名度的商标则称为著名商标，但如今著名商标和知名商标评选活动已被取消。因此，此处的知名商标是指知名度介于驰名商标和普通商标之间的商标。

对更广泛和更强。

由于驰名商标知名度极高，商标法慷慨地给予了已注册的驰名商标跨类保护，使其可以有效地对抗不同类别上的商标恶意抢注。同时，商标法对未注册驰名商标给予了同类保护，即在对抗抢注方面，未注册驰名商标拥有与普通注册商标同等级的力量。至于知名商标，其虽因未达到驰名程度而难以获得跨类保护，但一般可以满足"有一定影响"的条件，即使未注册也仍旧有对抗恶意抢注的可能。而普通商标，尤其是知名度较低的普通未注册商标，若其尚未达到"有一定影响"的程度，则难以对抗恶意抢注。

2. 对他人其他在先权益的抢注

其他在先权益是指商标抢注申请日前他人享有的民事权利和其他合法利益，包括姓名权、名称权、肖像权、著作权、外观设计专利权以及商品化权等民事权益。

（1）姓名权、肖像权、名称权

自然人享有姓名权、肖像权，法人、非法人组织则享有名称权。[①] 现实中存在许多将他人姓名、肖像或名称申请注册商标的行为，属于非法使用他人姓名、肖像或名称，损害他人姓名权、肖像权或名称权的侵权行为。其中，公众人物姓名由于具有一定商业价值，更是极易成为商标抢注的对象。例如，在著名的乔丹商标纠纷案中，体育明星迈克尔·乔丹的姓名就曾被乔丹体育公司在中国申请注册为商标，而中国最高法院最后的判决认定乔丹体育注册的"乔丹"商标损害了迈克尔·乔丹的在先姓名权，违反了商标法。[②] 恶意抢注的姓名、肖像商标不仅会误导公众，使相关公众误认为该

[①] 《中华人民共和国民法典》第一千零一十二条规定，自然人享有姓名权，有权依法决定、使用、变更或者许可他人使用自己的姓名，但是不得违背公序良俗。第一千零一十三条规定，法人、非法人组织享有名称权，有权依法决定、使用、变更、转让或者许可他人使用自己的名称。第一千零一十八条规定，自然人享有肖像权，有权依法制作、使用、公开或者许可他人使用自己的肖像。肖像是通过影像、雕塑、绘画等方式在一定载体上所反映的特定自然人可以被识别的外部形象。第一千零一十九条规定，未经肖像权人同意，不得制作、使用、公开肖像权人的肖像。

[②] 参见最高人民法院（2016）最高法行再27号行政判决书。

商标所附着的商品或服务来源与该自然人有特定联系，还可能导致该自然人声誉受损或产生其他不良社会影响。

同时，姓名商标抢注的对象不仅限于自然人的正式姓名。除了自然人正式姓名，姓名权客体还有笔名、艺名、译名等其他指代本人的特定符号，司法解释中也已经明确规定，商标与自然人之间存在指代关系并容易导致混淆的即可认为损害了该自然人的姓名权。①

同样地，抢注的法人、非法人组织名称也并非仅限于组织名称的全称，若名称的简称具有一定知名度，并且与法人或非法人组织有稳定对应关系，则对名称简称的恶意抢注也应被视为是侵犯名称权的行为。另外，企业名称中的字号是企业名称中具有识别性的核心部分，但由于企业名称的保护范围一般仅限于登记机关管辖的地域范围和所属行业，② 只有当企业字号具有一定知名度和影响力，且申请注册与之相同或近似商标容易导致相关公众混淆时，未经许可将他人企业名称中的字号申请注册商标才可能构成对他人在先权益的侵害。③

另外，知名虚拟角色形象虽然不具有姓名权、肖像权等人格权，但其上却仍可能具有应当保护的商品化权益（Merchandising Right/ Right of Publicity）④，其持有者拥有对相关形象进行商业性使用的权利，也拥有禁止他人对相关形象进行商业性使用的权利。⑤ 广义的商品化权的保护对象还包括其他知名的标记、符号、作品片段和作品名称等。⑥ 因此，擅自将与知名虚构角色形象相关标志相同或近似的标志申请注册商标的，如虚构角色的名

① 参见《最高人民法院关于审理商标授权确权行政案件若干问题的规定》第二十条。
② 《企业名称登记管理规定》第六条：企业只准使用一个名称，在登记主管机关辖区内不得与已登记注册的同行业企业名称相同或者近似。
③ 参见《最高人民法院关于审理商标授权确权行政案件若干问题的规定》第二十一条。
④ 郑成思：《商品化权刍议》，《中华商标》1996 年第 2 期。
⑤ 商品化权，是指对知名真实人物形象或虚构角色形象进行商品化利用并享有利益的一种私权，其起源于人格权，但却有别于人格权。参见吴汉东：《形象的商品化与商品化的形象权》，《法学》2004 年第 10 期。
⑥ 参见刘春霖：《商品化权论》，《西北大学学报（哲学社会科学版）》1999 年第 4 期。

称、声音、特定造型等，属于侵犯他人商品化权的商标抢注行为。例如，在"邦德"商标纠纷案[①]中，"007""JAMES BOND"就属于具有商品化权益的电影人物名称。

（2）著作权、专利权

著作权客体是具有独创性的文学、艺术和科学领域的作品。未经许可将与他人在先创作的独创性作品相同或近似的商标申请注册的行为属于损害他人著作权的侵权行为。而对于仅将作品名称或作品中的角色名称申请注册商标的，则属于前述可能侵犯他人商品化权益的情形，需要进一步考察作品名称和角色名称的知名度，以及是否容易导致混淆，才能判断该商标抢注行为是否损害了他人在先权益。[②]另外，商标标志是否侵害著作权应当依照著作权侵权认定方法和标准进行，需要判断著作权人创作作品的时间是否早于商标注册申请日、商标标志与作品是否构成实质性相似以及商标注册申请人是否有接触作品的可能性。

而专利权客体包括发明、实用新型和外观设计。其中，发明和实用新型是具有创造性的技术方案，不具有申请注册商标的可能，而外观设计是对工业产品外观上的形状、颜色、图案的设计，其构成要素与商标具有一致性，具有成为商标的可能性。因此，未经许可，在相同或类似商品或服务类别上，将与他人在先享有的外观设计相同或近似的标志申请注册商标的，将会侵害其独占实施权，即损害他人在先外观设计权。

同时，需要注意著作权和外观设计权的法定保护期限的有限性，保护期限届满后，作品和外观设计将进入公有领域，权利人原则上也就无权禁止他人将其申请注册为商标。

（3）他人其他在先权益

除姓名权、名称权、肖像权、著作权、外观设计权以外，商标抢注还有可能损害他人其他的合法权益，包括但不限于知名商品特有名称、商品包装

---

①　参见北京市高级人民法院（2011）高行终字第374号行政判决书。
②　参见《最高人民法院关于审理商标授权确权行政案件若干问题的规定》第二十二条。

装潢、域名、网站名称、网页等，虽然其上尚未形成专门的民事权利，但却仍然具有法律所保护的合法权益，将其申请注册为商标亦有造成社会公众混淆的可能，因此同样会损害他人在先权益。例如，在加多宝和王老吉红罐纠纷案[1]中，广药集团和加多宝公司双方争议的焦点就是特定款式凉茶红罐包装、装潢的权益归属问题。

（二）针对不特定主体的商标抢注

针对不特定主体的商标抢注较为特殊，主要指大量注册公共符号资源的商标囤积行为。

一般而言，商标囤积是指缺乏真实使用意图的大量申请注册行为。[2] 而所谓"大量"一般是指其注册数量超出使用需求之外，[3] 即商标囤积行为人自己可能具有真实使用部分商标之目的，但其所注册的商标数量过大，明显超出经营需求，因此，超出需求部分的商标注册申请往往不具有真实使用意图。

与针对特定主体的商标恶意抢注不同，大量抢注公共符号资源的商标囤积行为侵害的对象并非他人在先使用的商标或他人在先权益相关标志，也不具有攀附他人、搭便车的目的，不会造成相关公众的混淆，也就不会对他人在先权益造成直接损害。但商标囤积行为人并不具有真实使用商标的目的，其注册大量商标的真实目的是待价而沽，通过商标转让、许可使用和提起侵权诉讼来谋取不正当利益。这种将商标视为商品的商标囤积行为虽不会损害特定主体利益，却会扰乱商标注册秩序、挤占符号资源、浪费行政司法资源，损害社会公共利益，显然不符合商标法的立法目的和诚实信用原则，具有不正当性和违法性。

---

① 参见最高人民法院（2015）民三终字第 2 号民事判决书。
② 孙明娟：《恶意注册的概念、类型化及应用》，《中华商标》2018 年第 3 期。
③ 周丽婷：《商标恶意注册的司法规制实践》，《中华商标》2017 年第 7 期。

二、涉外或不涉外的商标抢注

以是否涉外为标准，可以将商标抢注划分为涉外商标抢注和不涉外商标抢注，只要商标抢注行为中的被抢注商标、抢注主体、抢注地点中有涉外因素，则该商标抢注就属于涉外商标抢注，具体情形如图 2 所示。由于商标权具有地域性，在外国抢注尚未在该国注册的商标具有形式上的合法性，但实质上，外国商标抢注与本国商标抢注同样具有恶意抢注的可能和侵害他人权益的可能，其行为本质并无区别。因此，对于恶意的涉外商标抢注，同样需要加以规制。

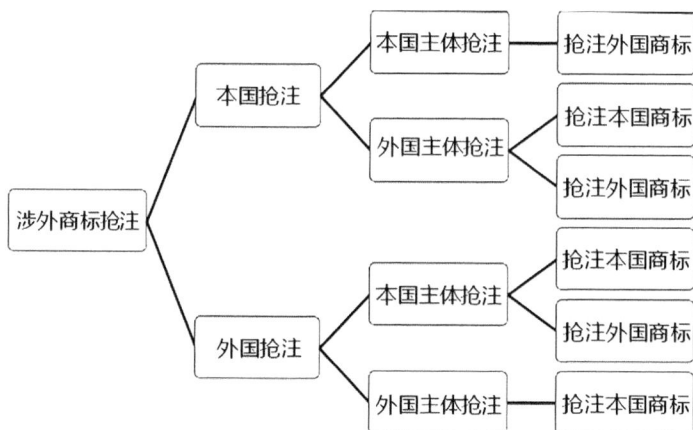

图 2 商标抢注涉外情形

（一）涉外商标抢注的法律适用

如图 2 所示，图中的最后三种情形均属于商标抢注行为地涉外的情形，而涉外商标抢注行为应当适用何种准据法与商标抢注行为地息息相关。同时依据抢注行为地的数量，还可以将商标抢注划分为一国抢注和多国抢注，其中一国抢注既可能是本国抢注，也可能是外国抢注，多国抢注则必然包含外国抢注。

依据我国冲突规范的指引，与知识产权归属和内容有关的涉外纠纷原则上应当适用被请求保护地法律，[①] 据此，商标抢注纠纷应当适用抢注商标的注册国或注册地区的实体法律规范。而不同国家的商标法律制度往往存在较大不同，《保护工业产权巴黎公约》《商标国际注册马德里协定》《与贸易有关的知识产权协议》等国际条约虽确立了商标国际注册的基本原则，如国民待遇原则和商标权独立原则等，但却并不影响各个国家建立各自独立且各异的商标法律制度。例如，在商标权利取得制度方面，我国以注册取得为主，美国则以使用取得为主，而英国则采取注册和使用融合的混合模式，可见不同国家对商标申请注册的条件规定不尽相同。同时，即便法律规定相同，其具体的法律解释和法律实施也可能会有不同。因此，在海外商标抢注维权中，需要额外注意对外国法的查明，对注册国商标法进行充分解读。

（二）涉外商标抢注的地域管辖

一般而言，在国际民事纠纷中，一国法院是否享有管辖权由该国参加或缔结的国际条约和国内法决定。[②] 受商标权的地域性影响，传统的知识产权管辖主要为注册地法院的专属管辖。

而随着全球化发展，专属管辖已经无法满足需求，逐渐发展出了美国ALI原则、[③] 欧洲CLIP原则[④] 以及日韩共同提案[⑤] 等国际知识产权纠纷管辖原则和规则以作为对国内法的补充，以上各项规则详细规定了关于国际知识产权纠纷的一般管辖、协议管辖、特殊管辖和专属管辖，但对于与知识产权授权、登记、注册等有关知识产权有效性的纠纷，其仍然均采取由注册地法院

---

① 参见《中华人民共和国涉外民事关系法律适用法》第四十八条。
② 刘仁山主编：《国际私法》，中国法制出版社2012年版，第379页。
③ 美国法学会（ALI）2007年通过的《知识产权：跨国纠纷管辖权、法律选择及法院判决原则》（Intellectual Property : Principles Governing Jurisdiction, Choice of Law, and Judgments in Transnational Disputes），简称ALI原则。
④ 欧洲知识产权国际私法原则（The European Max Planck Group for Conflict of Laws in Intellectual Propert），简称CLIP原则。
⑤ 亚洲地区以日韩为代表的国际私法学会提出的《关于知识产权的国际私法原则》，简称日韩共同提案。

专门管辖的原则。而商标抢注行为正是涉及商标注册的知识产权纠纷，相较于其他商标侵权行为，商标注册的地域性和公权性更强，因此，目前大多数国家均对此采取专属管辖原则。

我国目前并未对涉外知识产权纠纷作出专门管辖之规定，只能适用民事诉讼法中的一般规则，[①] 即由被告居住地法院管辖，或协议管辖，或采用特殊管辖，由侵权行为地法院进行管辖。因此，按照我国民事诉讼法之规定，若有外国主体在本国抢注本国商标，原则上应由被告居所地法院管辖，则管辖权可以据此归于外国法院，尽管作为侵权行为地法院，我国法院同样可以享有管辖权，但为了更好地保护本国商标和避免平行诉讼，仍有必要在立法中对有关知识产权有效性的涉外纠纷规定明确的专门管辖。

三、注后使用或不使用的商标抢注

依据抢注后是否使用，可以将商标抢注行为划分为注后使用和注后不使用两种情形。使用是指商标权人对商标的来源识别性使用，包括商标权人自行使用、他人经许可使用以及其他不违背商标权人意志的使用。同时，实际使用的商标与核准注册的商标存在细微差别，但未改变显著性特征的，也构成对注册商标的使用。[②]

（一）注后使用的商标抢注

如图 3 所示，注后使用又可以区分为自行使用和他人使用。

对于注后自行使用的商标恶意抢注行为人，其目的通常在于搭便车，即意图坐享其成，不劳而获地享受他人劳动经营成果或攀附他人良好声誉。相较于使用崭新的商标标志，在商品或服务上使用已经具有一定知名度和影响力的商标显然更能吸引消费者的注意力，同时，该商标还可能起到良好品质

---

① 　参见《中华人民共和国民事诉讼法》第二十一条、第二十八条、第三十四条、第二百六十五条。

② 　《最高人民法院关于审理商标授权确权行政案件若干问题的规定》第二十六条。

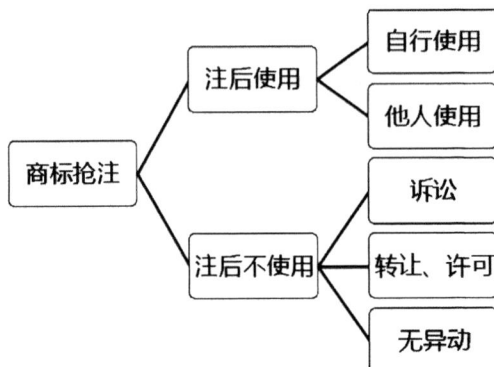

图 3　商标抢注后的使用情形

象征作用，使消费者对商品质量产生信赖，从而提升消费者的购买率。

　　而对于注后仅由他人使用的商标抢注，则应当进一步考察被许可人或受让人与商标抢注行为人之间是否存在利益关联。若被许可人或受让人与抢注行为人之间存在实际控制关系或其他利益关联，则应视为抢注行为人仍然具有自行使用的意图。而若被许可人或受让人与抢注行为人之间并无利益关联，则说明抢注行为人本身并无实际使用的意图，其目的是通过收取许可费用和转让费用直接获取利益，主观具有存在恶意的可能，而其许可、转让费用是否属于不合理的高价，可作为恶意认定的参考因素。例如，2004 年，我国的新科康佳商标就遭到了俄罗斯莫奥斯泊罗夫公司的抢注，对方抢注后要求以 40 万美元的价格转让商标，属于意图通过收取高价转让费用牟利的商标恶意抢注情形。①

（二）注后不使用的商标抢注

　　注后不使用的商标抢注则包括了提起诉讼行为，转让、许可行为以及无异动三种情形。

---

①　参见《新科康佳商标在俄遭抢注，商标局出三点建议》，2005 年 6 月 20 日，见 http://www.cnhubei.com/200503/ca790647.htm。

1. 注后仅有提起诉讼行为

这种情形的商标恶意抢注与"专利蟑螂"颇为类似。所谓"专利蟑螂"是指通过购买受让或收购破产企业等手段聚集专利，但不将专利用于产品的生产或提供具体的服务，也根本没有实施专利的意图，而是通过诉讼或威胁诉讼以达成和解等途径，获得侵权赔偿或专利许可费用的行为。[①] 在注后仅有提起诉讼行为的商标抢注情形中，抢注行为人通过注册取得商标权后，同样没有实际使用商标，也无使用意图，而是通过对他人提起诉讼或发出诉讼威胁，获得高价转让费或许可使用费。若他人拒绝支付费用，则需要承担停止侵权行为等侵权责任，势必会对其正常生产经营活动带来巨大不利影响，而若他人同意支付高价费用，又显然不符合公平正义原则。

2. 注后仅有转让、许可行为

这种情形是指注后没有实际使用注册商标，仅有单纯的转让、许可、公布商标注册信息和声明享有注册商标专用权等行为的商标抢注。[②] 注后使用中的他人使用情形中也存在转让、许可行为，但二者区别在于，注后使用情形中，受让人或被许可人实际使用了抢注商标，而在注后不使用情形中，受让人或被许可人并未实际使用抢注商标。但无论商标是否由他人实际使用，商标抢注行为人本身都不具有真实的使用意图，并且有通过转让和许可谋取不正当利益的可能。

3. 注后无异动

这种情形是注后无异动的商标抢注，指商标抢注行为人在注册商标后，既未实际使用商标，又未实施转让、许可行为或有提起侵权诉讼等异动。但需注意的是，无异动不代表无恶意，一时无异动不代表永远无异动。对于注后无异动的商标抢注，首先，其行为人可能具有垄断符号资源之目的。优质的商标符号是有限的，通过大量注册商标，抢注行为人可以提前占据大量公共符号资源并待价而沽，由于商标注册申请成本并不高昂，只要在未来能够

---

① 　高嵗昕峤:《专利蟑螂：法理危机与遏制之道》,《河北法学》2016 年第 10 期。
② 　参见《最高人民法院关于审理商标授权确权行政案件若干问题的规定》第二十六条。

顺利高价"售出"其中一小部分，就足够抢注行为人收回成本并获得丰厚的额外利益。其次，行为人可能有谋求独家代理的目的。为谋求独家代理而实施的商标抢注通常出现于海外商标抢注中，即抢注行为人为了在某国或地区取得某海外商品的垄断利益，以自己的名义在该国或地区将该商品上的商标抢先申请注册，从而阻碍他人代理该产品，迫使被抢注人授予其独家代理权。最后，行为人也有可能是出于阻碍竞争对手之目的，即阻止竞争对手使用该商标从事正常经营活动。尤其在海外商标抢注情形中，通过在外国抢先注册商标，行为人可以有效阻碍竞争对手的相关商标产品进入该国相关地域市场，从而扰乱竞争对手的经营策略和安排，削弱其在相关地域市场内的竞争力量。

第三节　商标抢注的正当性分析

正当性是指在经验维度上得到社会普遍认同和尊重及在理性层面经过道德哲学论证而取得的合理性。[①] 考察商标抢注行为的正当性，必须首先明确正当性的内涵与评价标准。同时，商标抢注行为的正当性并不能直接一概而论。前文已经提到，商标抢注并非当然具有违法性，商标抢注固然包含了恶意的商标抢注，但与之相对应的是，也有善意的商标抢注行为存在。因此，不能直接将商标抢注与商标恶意抢注混为一谈，应当明确商标抢注的正当性评价标准，对于善意的商标抢注行为，应当承认其正当性，与之同时，对于商标恶意抢注行为则应毋庸置疑地否定其正当性。

一、正当性的内涵与评价标准

现代汉语中，"正（zhèng）"字有"合乎法度"之解释，"当（dàng）"

---

① 刘杨:《正当性与合法性概念辨析》,《法制与社会发展》2008 年第 3 期。

字有"合适、合宜"之解释，"正当（zhèng dàng）"一词则可用于形容"合理合法的"。[①] 而正当性对应的英文翻译则是"Legitimacy"，《布莱克法律词典》对"Legitimacy"的解释是"lawfulness"，即合法性。[②] 同时，《牛津词典》对其形容词形式"Legitimate"的解释有三种——"for which there is a fair and acceptable reason""allowed and acceptable according to the law"以及"born when its parents are legally married to each other"，[③] 其中第二种解释即为"合法的、法律认可的"。由此可见，在英文语境中，"正当性"的含义与"合法性"十分接近。但英文语境中的"法"多指自然法，而中文语境中的"法"多指实在法。而正义只有通过良好的法律才能实现，实践中既有良法的存在，也有恶法的存在。以自然法学派的观念看待，则恶法非法，但以分析法学派观念看待，则恶法亦法。[④] 因此，以实在法的观念来看，具有合法性的行为并不必然具有正当性，同时具有正当性的行为也并不必然具有合法性。

因此，在对商标抢注行为的正当性进行评价时，除了需要关注其行为的合法性，也要关注所依据的法律本身是否符合公平正义。实质上，法律本身通常都是正当的，[⑤] 只是在社会发展变化过程中，受立法技术的限制和法律滞后性的影响，法律制度规范中难免会存在瑕疵和不足。因此，合法性仍然是判断正当性的重要和必要标准，只是考虑到恶法的存在可能性，不能将具体法律规范作为唯一的判断标准，应注重充分发挥诚实信用等法律基本原则对具体法律规范的补充作用。

具体而言，商标抢注的正当性评价标准应当主要包括两个方面：一方

---

① 中国社会科学院语言研究所词典编辑室编：《现代汉语词典（第5版）》，商务印书馆2010年版，第1737、273、1738页。

② 刘杨：《正当性与合法性概念辨析》，《法制与社会发展》2008年第3期。

③ 《牛津高阶英汉双解词典（第9版）》，商务印书馆2019年版，第1234页。

④ See H. L. A. Hart, The Concept of Law, Cambridge, Harvard University Press,1961, pp:189–207.

⑤ 曹新明：《商标抢注之正当性研究——以"樊记"商标抢注为例》，《法治研究》2011年第9期。

面是，商标抢注行为是否侵害了他人在先权益或社会公共利益；另一方面
则是，商标抢注行为是否违背了诚实信用原则。若商标抢注行为既未侵害
他人在先权益或社会公共利益，亦未违背诚实信用原则，则应认为该商标
抢注行为具有正当性。反之，若商标抢注行为侵害了他人在先权益或社
会公共利益，或违反了诚实信用原则，则应认为该商标抢注行为具有不正
当性。

二、善意商标抢注行为的正当性分析

善意商标抢注行为既未损害他人在先权益或社会公共利益，也不违反
诚实信用原则，属于具有正当性的正常竞争行为。善意商标抢注的正当性
其实建立于商标注册制度的正当性基础之上，更具体地讲，其正当性主
要源自商标注册制度中的在先申请原则、分类申请和保护原则以及地域性
原则。因此，有对商标注册制度和其基本原则本身的正当性予以分析之必
要性。

首先，商标注册制度本身具有其必要性和合理性。有形财产可以通过占
有确定归属，但无形财产无法通过占有实现控制和支配，因此需要通过国家
公信力建立相应的权利公示制度。而商标正是无形财产的一种，因此，商标
注册制度的创设具有必要性。同时，商标注册制度在确定权利归属、明确权
利边界和便利市场交易方面也具有不可替代的重要优势，因此，商标注册制
度的创设在具有必要性的同时还具有合理性。

其次，在先申请原则的存在也具有必要性，且其本身并无不合理之处。
在先申请原则的本质类似于先占取得，有助于鼓励商标使用者积极申请注
册商标、促进市场经济发展和繁荣，是立法者经过精心利益考虑后采取的
措施，[①] 是商标注册取得制度下的必然选择，也是符合公平正义原则的合理
选择。

---

① 李扬:《我国商标抢注法律界限之重新划定》,《法商研究》2012 年第 3 期。

同时，基于对社会现实的考量，分类申请和保护原则亦有其存在的合理性。一方面，生活实践中，在不同种类的商品或服务上使用相同或近似的商标，通常并不具有导致消费者产生混淆的可能性，对所有注册商标给予全部商品种类保护并无现实必要；另一方面，直接对所有注册商标给予全类保护也并不合理。商标符号资源虽然在理论上无穷无尽，但优质商标标志却一直十分难得，对注册商标采取全类保护会急速加剧对商标符号资源的消耗，不利于充分利用商标资源，同时还会导致商标权利冲突概率大大增加，增加本无必要产生的商标权利纠纷。

最后，商标海外抢注的元凶——商标的地域性原则也有着其正当性。商标权、著作权乃至专利权等知识产权并非自然法的产物，更多属于国家政策产物，是一国政策对立法进行安排的结果。因此，在知识产权制度中，国家主权应当得到充分尊重，商标法亦不例外。不可否认，随着互联网技术和经济全球化发展，各国和各地区之间的知识产权交流互动越来越频繁，国际知识产权纠纷也越来越多，各国之间的知识产权法律冲突的确给国际知识产权保护带来了一定困难和阻碍。但这些困难和阻碍却远远不足以动摇国家主权地位，无论何时，一国都应当有充分的自主权来决定其本国境内的商标法律保护模式、保护范围以及保护强度。因此，对于商标海外抢注，应当注重的是如何提升本国企业的商标国际保护意识，通过积极在他国提前申请商标注册来预防商标抢注，并通过积极进行海外维权来维护本国企业的合法利益。同时，为了顺应社会发展需要，也可以在学理和行政司法实践中对商标地域性原则的内涵作出新的解释，但绝对不能动摇对商标地域性原则的一贯坚持。

综上所述，商标注册制度的创设具有必要性和合理性，商标注册制度中的各项原则也具有正当性和合理性，而善意的商标抢注行为是对在先申请、分类申请以及地域性原则的遵循，在不具有侵害他人在先合法权益或社会公共利益情形，也不具有违反诚实信用原则情形的情况下，应当将善意商标抢注行为视为正常的竞争行为，肯定其具有正当性。

三、商标恶意抢注的正当性之否定

在肯定商标注册制度本身的正当性和善意商标抢注行为的正当性的基础上，也要对商标恶意抢注的不正当性进行评价。事实上，商标恶意抢注行为的不正当性十分显著，主要体现于对诚实信用原则的违反，以及对他人在先合法权益的侵害或对社会公共利益的侵害。

（一）违反诚实信用原则

诚实信用原则（或简称诚信原则）一直被奉为圭臬，被称作民法中的"帝王条款"，是民法中的重要基本原则。实践中，诚实信用原则已经作为基本原则被规定在了各个部门法中，其重要地位在《民法典》《反不正当竞争法》《商标法》等部门法的法律规范条文中均有体现，[1] 具有指导法律解释和法律推理、补充法律漏洞以及限定自由裁量权合理范围的功能。同时，诚实信用原则不仅是法律基本原则，也是道德基本准则，是最低限度的道德要求在法律上的体现。[2]

诚实信用原则要求民事主体在进行民事活动、行使民事权利和履行民事义务时，应本着善意、诚实的态度，恪守承诺，在不损害他人利益和社会利益的情况下追求自己的利益。[3] 由此可见，诚实信用原则不仅要求民事主体应当秉承善意、诚实、守诺的精神，还禁止权利滥用的行为，包含了不得损害他人合法利益和公共利益的内涵。侵害他人在先合法权益和侵害社会公共利益的商标抢注行为，显然属于违反诚实信用原则的行为。

由前可知，诚实信用原则的内涵与正当性的内涵具有高度一致性，因此，可将诚实信用原则作为评价行为正当性的重要标准，将违反诚实信用原则的商标抢注行为视为恶意的商标抢注行为，否定其正当性。

---

① 参见《中华人民共和国民法典》第七条、《中华人民共和国反不正当竞争法》第二条和《中华人民共和国商标法》第七条。
② 王利明主编：《民法》，中国人民大学出版社2015年版，第31页。
③ 吴汉东、陈小君主编：《民法学》，法律出版社2013年版，第29页。

同时，商标申请注册的形式合法并不能掩盖商标恶意抢注行为违反诚实信用原则的不正当性。在采取商标权利注册取得原则的情况下，商标抢注的出现可谓是一种必然，但商标注册并不能使商标实质上具有真正应受商标法所保护的商誉。完整的商标应当是由"商标主体""商标标志"和"商品或服务"三者组成的有机整体，脱离"商品或服务"的商标不可能具有受商标法保护的正当法益。只有当商标主体通过使用商标，将商标与特定的商品或服务联系起来，并使消费者和其他经营者认识商标，商标才能真正地发挥商品或服务来源区分功能，乃至在此基础上进一步产生品质保障、个性彰显等其余功能。换言之，商标使用人通过勤恳经营创造的经营劳动成果——商誉，才是真正受法律保护的正当利益。同时，劳动财产理论主张，劳动是可以创造新的价值的行为。按照这一主张，商标注册显然并不属于可以创造新价值的劳动，申请人自然也就无法通过单纯的商标注册而获得商标财产。若任凭商标抢注人通过形式上合法的商标注册申请直接获取他人经营劳动成果，显然是有违诚实信用原则的。在先申请原则虽然符合形式正义，但却偏离了实质正义。同时，尽管商标法直接为注册商标创设了商标专用权，但若他人在先通过商标使用产生了商标法所保护的正当法益，在诚实信用原则下，这些正当法益则应当具有对抗恶意商标抢注的效力。故只要商标抢注行为违反了诚实信用原则，即使其形式上具有合法性，也应当立足于其对诚实信用原则的违反而否定其正当性。

（二）侵害他人在先合法权益

侵害他人在先合法权益的商标恶意抢注行为同样不具有正当性。

民法轻限制、重自由，权利与自由永远处于第一位。所谓权利，是民法用以确认社会成员在一定范围内享有的包含特定利益的意志自由，同时赋予权利人以法上之力（支配力、请求力、形成力、抗辩力），以保障这种自由实现的可能的私法工具。[1]而所谓自由并非是绝对自由，而是相对自由，并

———
[1]　吴汉东、陈小君主编：《民法学》，法律出版社 2013 年版，第 45 页。

且权利行使的自由正是以不损害他人利益为边界。①若民事主体实施的行为侵入了他人合法利益的领域边界，则该行为当然地具有不正当性。各国法律一般也明确规定了对民事权利的当然保护。例如，我国《民法典》第三条就明确规定，民事主体的人身权利、财产权利以及其他合法权益受法律保护，任何组织或者个人不得侵犯。同时，我国《商标法》和《法国知识产权法典》亦明确规定了商标注册不应侵犯在先权利的标志。②因此，毫无疑问，侵害他人在先权利的商标注册行为是具有不正当性的。

而所谓"权益"，既包括权利，也包括受法律保护的利益。权利仅限于名义上被称作权利者，属于广义法益的核心部分，其余民法上的利益均称其他法益，③权利与其他受法律保护的利益合称权益。事实上，我国司法解释也明确规定，《商标法》中的所谓"在先权利"既包含民事权利，也包含其他合法权益。④即商标恶意抢注所侵害的他人合法权益并不仅限于民事权利。具体而言，则包括姓名权、名称权、肖像权等人格权；商标权、著作权、专利权等知识产权；未注册商标，知名商品特有名称，知名商品包装、装潢，域名，字号等相关的受法律保护、但尚未上升至权利性质的利益。

同时，"侵害他人在先合法权益"这一正当性评价标准中的"他人在先合法权益"还应当具有权利或利益取得的在先性。一方面，他人取得在先权益的时间应当早于抢注商标的商标注册申请日，例如作品创作完成时间、外观设计专利授权公告的时间、企业名称登记时间、未注册商标开始使用的时间等。另一方面，他人取得在先权益后，该权益至少应当持续有效地存在至抢注商标的商标申请日，若权利保护期限已经届满或法律所保护的合法权益已经消失不复存在，则该在先权益亦无法影响商标抢注行为。

另外，对是否侵害他人在先合法权益予以评价时，还应考察被抢注标

---

① 参见《中华人民共和国宪法》第五十一条。
② 《中华人民共和国商标法》第九条；《法国知识产权法典》第711—714条。
③ 龙卫球：《民法总论》(第二版)，中国法制出版社2002年版，第121页。
④ 《最高人民法院关于审理商标授权确权行政案件若干问题的规定》第十八条：商标法第三十二条规定的在先权利，包括当事人在诉争商标申请日之前享有的民事权利或者其他应予保护的合法权益。

记已经获得的在先权利的位阶与商标权是处于相同位阶、更高位阶、还是更低位阶，优先保护位阶较高的权利。[①] 同时，需要强调的是，权利位阶理论并非权利的"正当性"等级，不代表权利不平等，而是主张在解决权利冲突中的权利关系问题时，需要考虑权利所代表的价值秩序关系。[②] 具体到商标抢注行为中，则只有当在先权利与商标权的权利位阶相同或高于商标权的权利位阶，才宜认定商标抢注行为具有不正当性。而从权利取得所依据的法律规范的位阶来看，商标权属于民事主体依据普通法或特别法取得的财产权利，[③] 商标抢注所涉及的在先权利同样属于民事主体依据普通法或特别法取得的人身或财产权益，即二者处于相同位阶，故应当认为侵害他人合法民事权益的商标抢注行为具有不正当性。

（三）侵害社会公共利益

权利行使的自由边界除包含不应损害他人合法权益外，还有不应损害社会公共利益之义。[④] 具体结合商标抢注行为来看，其所涉及的社会公共利益主要包括消费者利益、市场竞争秩序以及公共符号、行政和司法资源。

1.消费者利益

我国《商标法》总则第一条明确规定了商标法的立法宗旨，其中明确规定要"保障消费者利益"，即保护消费者合法权益也是商标法的重要立法目的。尽管需要承认，商标法的根本目的并非是保护消费者利益，而是通过保护生产、经营者和消费者的利益促进市场经济发展，但保护消费者利益仍然是实现商标法根本目的的重要方面。

在消费者权益中，知情权是其最重要的权益之一。相应地，经营者也负

---

① 曹新明：《商标抢注之正当性研究——以"樊记"商标抢注为例》，《法治研究》2011年第9期。

② 参见王克金：《权利位阶、权利平等抑或权利边界——以权利冲突的解决为视角》，《长白学刊》2010年第4期。

③ 参见曹新明：《商标抢注之正当性研究——以"樊记"商标抢注为例》，《法治研究》2011年第9期。

④ 参见《中华人民共和国宪法》第五十一条。

有为消费者提供真实的商品或服务信息的义务。①商品或服务来源显然属于商品或服务的重要相关信息，而商标正是经营者用于标示商品或服务来源的重要标志和手段，并且随着市场经济的发展变化，商标某种意义上已经成了商品信息的聚合载体，也正是因此，防控市场混淆成了商标法的核心任务之一。而对于恶意抢注他人在先权益相关标志的商标抢注行为，若其抢注商标与在先权益相关标志构成相同或近似，则有可能会导致消费者对商品或服务来源的混淆，从而侵害消费者的知情权，故应当认为这种恶意抢注行为具有不正当性。

除此之外，从信赖利益保护原则的角度来看，也需要对恶意抢注他人在先权益相关标志行为的不正当性予以否定。除了区分商品和服务来源，商标往往还有保障商品和服务品质一致性等功能，当消费者基于合理的信赖，认为商标代表了其所附着的商品和服务具有一定品质保障和其他特点时，这种合理的信赖利益也应当受到法律的保护，因此若商标抢注行为损害了这种信赖利益，亦应否定其正当性。

2.市场竞争秩序

"竞争"一词的本意是指为了自己方面的利益而跟人争胜，②是一种优胜劣汰的自然规则。但与自然界的竞争不同，在市场竞争中，市场主体在从事生产经营活动时应当遵循公平竞争的原则。竞争行为本身是法律所允许的，但若过度竞争，则构成不正当竞争行为，若排除、限制竞争则构成垄断行为，二者均会破坏市场竞争的公平性，从而扰乱市场竞争秩序。而只有公平、自由、有序的市场竞争秩序才能保证和促进市场经济的良好平稳发

---

① 《中华人民共和国消费者权益保护法》第八条：消费者享有知悉其购买、使用的商品或者接受的服务的真实情况的权利。消费者有权根据商品或者服务的不同情况，要求经营者提供商品的价格、产地、生产者、用途、性能、规格、等级、主要成份、生产日期、有效期限、检验合格证明、使用方法说明书、售后服务，或者服务的内容、规格、费用等有关情况。第二十条：经营者向消费者提供有关商品或者服务的质量、性能、用途、有效期限等信息，应当真实、全面，不得作虚假或者引人误解的宣传。

② 中国社会科学院语言研究所词典编辑室编：《现代汉语词典（第5版）》，商务印书馆2010年版，第726页。

展，因此，对于构成不正当竞争行为和垄断行为的商标抢注，应当否定其正当性。

一方面，若将与他人在先权益相关标志相同或近似的标志，抢先注册后使用在相同或类似的商品或服务上，可能会误导公众，使公众认为抢注商标所使用于其上的商品系他人提供的商品，或认为该商品的提供者与他人存在许可等特定关系，造成市场混淆，可能构成不正当竞争行为。

另一方面，在相同或类似商品或服务上，抢先注册与他人在先权益相关标志相同或近似的商标，则可以高价将商标权许可、转让给他人，通过付出商标注册申请费用的少量代价换取商标许可费或转让费的高额回报；还可以拒绝许可或转让，禁止他人继续使用该标志或阻碍其扩大该标志的使用范围，从而阻碍竞争对手进入相关市场或提高其市场进入成本；还可以在与他人的商标权许可、转让交易中附加限制条件，谋求独家代理权。而以上行为均有排除、限制竞争的效果，可能构成具有不正当性的商标权利滥用行为。

3. 公共符号、行政和司法资源

商标抢注所涉及的公共资源包括符号资源、行政资源和司法资源。

首先，公共符号资源由社会成员共同享有，但这并不意味公共符号资源可以被某一单独社会成员不合理地占据，这种不合理既体现于数量的过大，也体现于占据符号资源后将其闲置所产生的浪费。若抢注行为人通过注册申请大量地攫取公共符号资源，必然会导致其他社会成员所能使用的符号资源总量的减少，产生较为强烈的负外部性。同时，在此基础上，若占据了公共符号资源的抢注行为人在较长期间内都并不具备真实使用目的，则其行为无疑是对公共符号资源无正当理由的侵占和浪费。故应认为，不以使用为目的大量申请注册商标的商标囤积行为不具有正当性。

其次，商标抢注必然会耗费诸多行政审查资源，包括商标注册审查所需的人力、物力以及时间，尤其是商标囤积行为，由于其申请注册的商标数量巨大，所耗费的行政审查资源也就相应更多。同时，若商标抢注侵犯了他人在先权益，则他人极有可能会提起商标异议，使商标注册申请程序变得更加复杂，延长审查周期，导致耗费的行政资源增加。

　　最后，商标恶意抢注可能导致的商标行政诉讼和民事诉讼会耗费大量司法资源，包括不服国家知识产权局商标局作出的行政决定、裁定而提起的商标行政诉讼、商标侵权诉讼和商标侵犯其他民事权益的各类侵权诉讼等。当然，行政资源和司法资源的"浪费"是建立在抢注商标确实侵犯了他人合法在先权益的基础上的，否则不应称之为"浪费"，而是对行政、司法资源的正当利用。

第二章　商标抢注的生发机理

第一节　商标注册制度的局限

一、商标注册取得的固有不足

商标抢注的成因固然有道德层面、经济层面等其他因素的影响，但最重要和最根本的原因在于商标注册制度的不完善为商标抢注留下了明显的可乘之机。目前，世界各国基本都建立了商标注册制度，同时除了美国等少数国家坚持单一的商标使用取得原则，大多数国家都采取了商标注册取得原则或者兼顾注册取得与使用取得。我国目前仍然采取的是单一的商标注册取得原则，即仅可通过商标注册申请取得商标专用权，这一基本原则也在法律制度层面给别有用心者预留了可操作空间。

（一）自愿申请原则

商标注册首先应当遵循自愿申请原则，即商标所有人可以依照自身意志决定是否将商标申请注册。[①] 若商标所有人认为对其商品或者服务需要取得商标专用权的，则有权申请注册商标，但若其认为并无取得商标专用权之必要，则无须提出注册申请，同时仍有权在其生产经营活动中自由使用未注册

---

① 考虑到社会公共健康安全，我国例外地对烟草制品采取强制注册原则。

商标，生产、销售和提供带有该商标标志的商品或服务。而自愿申请原则决定了必然会有大量未注册商标因或这或那的原因而存在，从而给商标抢注行为留下可乘之机。

国家知识产权局发布的统计数据显示，截至 2021 年 10 月，我国的有效注册商标量已经达到 3609 万件。[①] 随着市场活力的不断激发，我国的企业和个体工商户数量也在不断增长，第四次全国经济普查结果显示，2018 年末，我国共有从事第二产业和第三产业活动的法人单位 2178.9 万个，产业活动单位 2455 万个，个体经营户 6295.9 万个。[②] 而截至 2016 年底，全国实有各类市场主体已经达到 8705.4 万个。[③] 由此可见，在商标自愿申请注册原则下，有效注册商标量已经远小于市场经营主体数量，加之考虑到一个市场主体往往会拥有多个注册商标，可以推知，总体上有效注册商标数量必定小于经营者实际使用的商标数量。换言之，市场活动中必定会有、并且确实也有大量未注册商标存在。尽管目前部分经营者，尤其是具有一定经营规模的大、中型企业，已经具有了较强的商标注册保护意识，但仍然有部分经营规模尚小的经营者在权衡维持注册商标的成本和收益及其他相关利弊后，认为其经营规模不大、被抢注风险较小，商标注册又需要付出一定时间、精力和金钱，于是选择暂时不申请注册商标。还有些经营者可能是意图注册但尚未来得及注册，或由于商标法律意识淡薄而不申请注册，或由于不熟悉商标注册的程序和规范而尚未注册。而注册取得制度下，商标使用人并不能通过实际使用取得商标专用权，这也就必然会给有心者抢注他人未注册商标留下可乘之机。而等到未注册商标所有人通过长期经营为该商标积攒了大量商誉、想要申请注册商标时，则会发现商标已经被他人抢先注册，于是只能认命地走上被动维权之路。

---

① 《国家知识产权局审查登记月度报告（2021 年 10 月）》，见 https://www.cnipa.gov.cn/module/download/down.jsp?iID=171502&colID=2535。

② 《第四次全国经济普查公报（第一号）》，2019 年 11 月 20 日，见 http://www.stats.gov.cn/tjsj/zxfb/201911/t201911191710334.html。

③ 参见《中国民营企业数量统计》，2018 年 8 月 3 日，见 http://www.chinabgao.com/k/qiye/37764.html。

自愿申请原则本身的正当性无可非议，但却导致未注册商标存在的现实状况。而强制所有经营者申请注册商标亦不具有现实合理性，商标抢注行为的产生固然与自愿申请原则有关，但却并不能一味归咎于此，只能尽量引导和鼓励商标使用者对商标进行注册。

（二）在先申请原则

在先申请原则是抢注行为产生的重要、直接和根本原因。

我国现在采用的在先申请原则实质是以在先申请为主、以在先使用为辅。即在注册申请日不同的情况下，原则上由申请在先者优先取得注册商标权，仅在申请日相同的情况下，才启用在先使用原则，由在先使用者优先取得注册商标权。在这种在先申请者优先的机制下，抢占先机变得无比重要，即便法律禁止违反诚实信用原则的注册申请，也必定还是会有人抱有为之一试的侥幸心理而申请注册。商标抢注行为人抢先申请的意义在于，即使注册申请过程中他人可能会提起商标异议，且即使被核准注册，他人可能还会提起商标撤销和商标无效宣告请求，利害关系人可能还会提起商标侵权诉讼，但抢注者至少可以在注册申请过程中事先占据申请在先的优势地位，从而产生获得商标核准注册的可能性，并且核准注册后，至少在商标被撤销或无效宣告以前可以完整享有注册商标专用权。

若在商标注册申请中不"以在先申请为主、在先使用为辅"，换作"以在先使用为主、在先申请为辅"，则可从根本上缓解商标抢注行为的发生。在"以在先使用为主、在先申请为辅"的情况下，即使商标抢注行为人先于被抢注人提交了注册申请，也要首先考察其是否在先使用了商标，而部分商标抢注行为人根本就不具有真实使用意图，而另一部分具有真实使用意图的商标抢注行为人开始使用商标的时间也不可能早于被抢注人的最早使用时间。依照上述制度安排，商标抢注行为会丧失其抢先意义，抢注者将无法直接以在先申请作为权利取得的正当基础，这将直接从制度层面泯灭其抢注动机，从根本上减少商标抢注行为的产生。

（三）分类申请原则

商标的分类申请注册已经是商标法上的一种共识。商标分类申请原则不仅有商标申请人在申请注册时必须按照分类填报商品或服务的类别和名称之内涵，还意味着对商标的分类保护，即注册商标的排他效力仅限于其核准使用的商品或服务类别上，商标法原则上只对注册商标给予相同、类似的商品服务类别范围上的法律保护。这也决定了，跨类在既不同、也不类似的商品或服务类别上抢注商标的行为将具有合法性和形式上的正当性。因此，商标分类申请原则是继在先申请原则之后，常常被商标抢注行为人利用的另一个重要法律原则。

实践中对商标的分类一般参考《尼斯协定》中对商品和服务的分类，国家知识产权局商标局（原国家工商行政管理总局商标局）也参照该表制定了《类似商品和服务区分表》（以下简称《区分表》）并对其进行定期更新。尽管《区分表》已经在行政司法实践中对商标分类发挥了重要指导与参考作用，但是复杂多样且一直处于发展中的现实情形还是会时常超出立法者的预料。当《区分表》将两种商品或服务分别归于不同大类的时候，代表其认为在这两种商品或服务上分别使用相同或近似商标并不会引起相关公众的混淆。但《区分表》的分类其实并非绝对，其所提供的仅仅是原则性的分类指导，主要起参考作用，而并非是商标混淆认定的唯一准绳，实践中仍需根据个案中的具体情形进行综合认定。

因此，分类申请原则所面临的第一个问题是，现实中将两个相同或类似的商标标志分别使用在被《区分表》规定为不类似的商品和服务类别上时，却仍然有使相关公众产生混淆的可能。例如，商品商标和商品销售服务商标原则上不构成类似，但实践中却有构成混淆的可能。这也是商标抢注行为人利用商标分类申请原则，在既不同也不类似的商品和服务类别上，申请注册与他人在先使用商标相同或近似标志的主要缘由。

除此之外，分类申请原则要面临的第二个问题则与《区分表》的修订更新有关。商品和服务的分类并非一成不变，截至 2021 年，尼斯分类已经更新为第十一版，而随着商标国际分类的变化，我国的《区分表》也作出了相应的修改。在商标分类标准的修改过程中，常常会增加新的商品和服务类别或减少商品和服务类别。例如，2012 年底，国家工商行政管理总局、商标局就通知在第 35 类中增加了"药用、兽医用、卫生用制剂和医疗用品的零售或批发服务"项目。[①] 当新的商品和服务类别出现时，随之出现商标抢注行为是难以避免的。新的商品或服务类别出现意味着同时会有旧的商品和服务类别被删减或其内涵发生改变、保护范围缩减，致使原注册商标权人必须在其他与其经营业务最相关的商品或服务类别上进行重新注册，而在其申请注册前，难免又会为商标抢注行为留下可乘之机。

（四）地域性原则

商标注册的地域性（Territoriality）原则是海外商标抢注产生的主要原因。

地域性原则不仅是商标注册中的原则，也是商标法中的基本原则，同时还是知识产权法中的基本原则。正如有学者所指出的："知识产权是地域性的，不是根据国际条约，而是根据国内法创设的。地域性原则可被视为国家主权的必然结果：创设知识产权的主权国家的法律，仅在其辖区内有效力。"[②] 受知识产权法定性的影响，知识产权的取得和保护都必须通过国家强制力保障才能真正实现，而一国之力仅能保障其本国境内的法律强制实施，却无法直接干涉他国法律实施，更不能直接干涉他国法律的制定。因此，在某一国家或地区申请注册的商标，原则上只能在该国境内或地区内享有注册商标专用权，该专用权无法因在该国或地区的注册而当然延伸至另一国家或地区。

1989 年 5 月 25 日，我国宣布加入《商标国际注册马德里协定》(*Madrid*

---

① 参见《国家工商行政管理总局、商标局关于申请注册新增零售或批发服务商标有关事项的通知》。

② Daniel C. K. Chow, Edward Lee, International Intellectual Property: problems, cases, and materials, 2ed, west, 2012, p.16.

Agreement Concerning the International Registration of Marks）（以下简称《马德里协定》）的决定。依照《马德里协定》第一条第（二）项之规定，缔约国的国民可以通过原属国主管机关，向《WIPO 公约》所指的知识产权国际局提出注册申请，以在所有其他成员国取得同样的注册商标保护，即申请人通过向原属国申请国际商标注册即可在所有《马德里协定》的成员国中享有注册商标专用权。但《马德里协定》第三条之二又规定，缔约国可以声明，第一条中的国际注册取得保护只有通过专门申请才能到该国。因此，对于作出了该声明的成员国，想要取得该国境内的注册商标保护，仍需要专门申请。

知识产权国际条约的出现在一定程度上改善了上述国与国之间的隔阂，但却仍旧无法彻底消弭地域性原则的限制。一方面，各个国家可以自主决定是否加入或退出国际条约，国际条约仅对其成员国产生法律效力，其对于尚未加入或已经退出的国家无法产生约束力。另一方面，即使一国加入国际条约，但在加入条约时其既有可能选择接受全部条款，也有可能仅接受部分条款，即使是同为国际条约的成员国，其所具有的权利义务内容也并不完全相同。有许多国家考虑到对本国经营者和消费者利益的保护需要，以及国际知识产权与国内法可能产生的冲突，并不愿意积极地对外国商标承担同样注册的义务。①

二、商标注册申请程序的局限性

（一）我国商标注册申请的审查模式

我国的商标注册申请流程如图 4 所示，图中可见，我国对于商标注册申请采取全面审查原则，既要进行形式审查，又要进行实质审查。所谓形式审

---

① 杨建锋：《商标注册制度——基于 TRIPs 协定下的研究》，中央编译出版社 2013 年版，第 14 页。

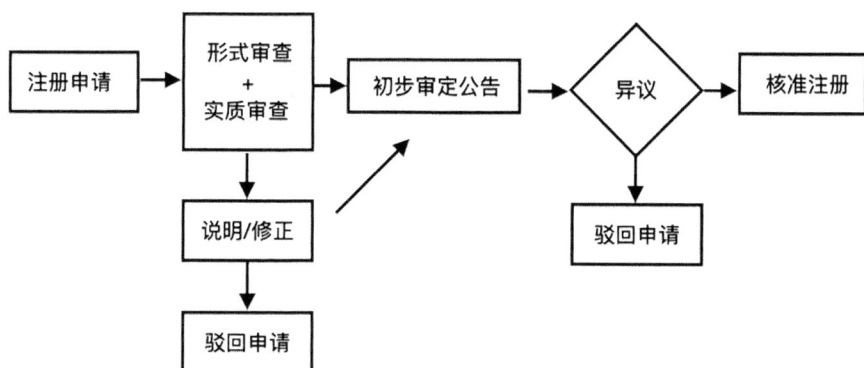

图4　商标注册申请流程

查，是指对商标申请注册的文件、手续是否齐备、是否符合法定要求进行审查。例如，《商标注册申请书》（填报类别、名称）、商标图样、证明文件等，并确定商标注册申请日期，对于不符合形式要求的，则退回申请，不保留申请日期。实质审查则是对申请注册的商标是否符合注册条件进行审查，审查范围既包括应当驳回注册申请的绝对事由，也包括相对事由。商标不予注册的绝对理由主要包括商标不符合法定构成要素、不具有显著性、具有功能性以及违反其他禁止性规定，相对理由则主要包括"误导性使用地理标志""以不正当手段抢注他人已经使用并有一定影响的未注册商标""代表人、代理人和其他关系人抢注""与他人在相同或类似商品或服务上已注册的或初步审定的商标相同或近似""与他人驰名商标相同或近似"以及其他侵犯了他人在先权益的情形。在规制商标抢注方面，这种不惜牺牲审查效率而坚持全面审查的审查模式对于维护他人在先合法权益和保护消费者利益显然是有所助益的。

另外，2019年4月23日，全国人大常委会对《中华人民共和国商标法》进行了第四次修改，在第四条中增加了"不以使用为目的的恶意商标注册申请，应当予以驳回"的规定。这一新增条款将商标囤积纳入了禁止注册的绝对事由，显然旨在加大对商标抢注行为的打击力度和加强对商标恶意抢注行为的规制。在《中华人民共和国商标法》进行第四次修改以前，对于商标囤积行为，由于其不构成对他人在先权益的侵害，一般只能通过商标撤销制度稍予限制。但一方面，商标撤销制度对商标囤积行为的打击力度有限，只能撤销已经无正当理由连续三年不使用的囤积商标，并且需要通过申请人进行申请；另一方面，商标撤销制度本身亦存有不完善之处。例如，尚未明确规定商标撤销制度中的"使用"如何理解和认定，以及可能有突击使用的情形存在。因此，《中华人民共和国商标法》第四次修订中这种回归商标使用的立法态度是值得肯定的，但其新增条款的内涵和具体实施标准仍不明确，如何理解"恶意"和"不以使用为目的"的内涵、具体审查标准及其二者之间的逻辑关系，仍有待司法解释进一步确认和明晰，在其内涵和具体实施标准不甚明晰的情况下，新增条款的立法效果如何仍需要更长的时间和更多的行政司法实践来进行检验。

（二）商标注册申请中审查的局限性

在防止商标恶意抢注方面，我国商标注册申请的审查目前仍然具有一定局限性，具体表现在以下两个方面。

1.商标注册申请中的审查盲区

首先，商标注册申请程序中的审查范围存在一定盲区。审查人员在实质审查环节对是否存在不予注册的相对事由进行审查时，原则上只需将申请注册的商标与相同或类似商品或服务类别上的已注册或已初步审定公告的商标进行对比，判断其是否与他人在先注册的商标相同或近似。因此，审查人员较难以发现在既不同也不相似的类别上的恶意商标抢注行为。实质上，跨类抢注行为本身也的确具有一定合理性。这是由于跨类商品或服务上的商标即使相同或近似，一般情况下也不具有混淆可能，为了防止商标专用权的不当扩张，商标法对善意的跨类抢注是默许的。但这种默许容易为别有用心者留下恶意跨类抢注的生发空间。

其次，不同审查人员的生活经验常识不同，具体审查时，审查人员可能对他人在先权利并不了解，甚至对其存在根本不知情。例如，对于将他人在先使用的注册商标抢先在其他类别上注册的，被抢注的注册商标原则上并不具有禁止注册的绝对事由，而在审查相对禁注事由时，若审查人员凭借生活经验无法确定在先注册商标的真实使用情况，又缺乏有效相关证明材料，就无法判断在先商标的知名程度和影响力并据此衡量其保护范围，也就难以判断抢注行为人的商标注册申请是否属于应当驳回的恶意抢注情形。

2. 审查人员认定结果的主观性

在商标注册申请的实质审查环节，审查人员需要对注册商标标志是否与他人在先注册的商标标志相同或近似进行认定，同时需要对商品或服务类别是否相同或类似进行认定。其中，商标标志相同和商品或服务类别相同的认定结果相对客观，而商标标志近似和商品或服务类似的认定显然属于主观判断问题，而只要是主观判断问题，其结果就会具有不确定性，难免会受到判断者的主观认识的影响。

尽管如今行政司法实践中已经制定了相对详细的商标审查和审理标准，但一则是，不同审查人员可能会对商标相近似认定和商品或服务相类似认定的具体标准存在不同的理解；二则是，商标审查和审理标准本身并非十全十美，可能会有尚未规定或规定不明的情形，这时就需要审查人员自行补充解释并进行判断，而不同审查人员可能会有不同解释和做法；三则是，不同审查人员的审查水平之间也会有高低之分，有可能会因审查人员审查水平不足而导致其对商标相同或近似的认定标准和结果存在偏差或错误。总而言之，商标审查中对商标近似、商品或服务类似的最终认定结果其实永远无法摆脱审查人员自身所带的主观因素影响，这也是某些商标恶意抢注行为能够侥幸通过实质审查的一部分原因。

（三）强调审查效率对审查质量的不利影响

近些年来，随着市场经济的高速发展，我国商标申请数量一直呈现向上增长的趋势，据统计，2018 年，我国商标注册申请量达 738.95 万件，比 2017 年增加 141.66 万件，增长率为 23.72%，[①] 而前文已经提到，2020 年上

---

① 参见《2018 年全国商标申请量统计数据》，2019 年 11 月 12 日，见 https://www.sohu.com/a/288495474120052002。

半年，我国商标申请总数量已经达到 428.4 万件，说明商标注册申请数量仍然在持续增长，同时通过简单的计算便可知，2020 年上半年，商标局平均每天需要接收 2.4 万多件商标申请。在商标申请数量已经如此巨大且仍处于持续增长态势的情况下，提高商标审查效率势在必行，快速审查完毕也就成了商标审查工作的重中之重。

商标申请数量的巨大为商标审查效率带来了高要求，而高效率势必会导致商标审查质量的牺牲和妥协。在全面审查方式下，审查人员能够及时审查完商标注册申请已经实属不易，要尽善尽美地审查每一件申请注册的商标是否侵犯他人在先合法权益实属不可能完美完成的任务。鉴于商标申请数量巨大的现实原因，现阶段不仅不能使商标审查的脚步有任何一丝的放缓，反而还需要进一步提高商标审查的效率，否则将会有商标注册申请积压、引发恶性循环的担忧。

要提高商标审查效率，缩短商标审查周期是首要目标。依照《中华人民共和国商标法》第三十三条之规定，商标局对商标注册申请进行形式审查和实质审查后，将会对商标进行公告，自公告之日起三个月内，在先权利人和利害关系人可以依据禁止注册的相对事由向商标局提出异议。① 相对于四个半月的平均审查周期而言，② 三个月的公示期似乎已经是一段很长的时间了，占据了审查周期的六成以上。但对在先权利人和利害关系人而言，三个月的时间仍然是稍纵即逝、难以把握。而国际上有些其他国家的公示期甚至更短，如智利的商标公示期仅为一个月。对于部分商标保护意识薄弱的经营者而言，甚至可能在其毫不知情的情况下，抢注商标的公示异议期就已经结束了。同时，前文已论述了商标审查的局限性，在商标实质审查无法对禁止

---

① 《中华人民共和国商标法》第三十三条：对初步审定公告的商标，自公告之日起三个月内，在先权利人、利害关系人认为违反本法第十三条第二款和第三款、第十五条、第十六条第一款、第三十条、第三十一条、第三十二条规定的，或者任何人认为违反本法第四条、第十条、第十一条、第十二条、第十九条第四款规定的，可以向商标局提出异议。

② 国家知识产权局：《2020 年上半年知识产权主要统计数据（知识产权统计简报 2020 年第 10 期总第 38 期）》，见 http://www.sipo.gov.cn/docs/20200710114937003363.pdf。

注册的相对理由进行彻底审查的情况下，在注册申请阶段遏制恶意商标抢注行为的责任和希望就落到了有权提出异议的在先权利人和利害关系人身上。但显然，短暂的公示异议期间并不足够所有在先权利人和利害关系人及时发现商标抢注行为的存在并提出异议或作出有效应对措施，而商标审查的效率需求又决定了制度上难以给予在先权利人和利害关系人更加宽容的异议期间，于是就可能导致部分恶意抢注商标成功逃脱商标注册申请的层层关卡，华丽摇身一变成为具有排他性的注册商标，从而被商标恶意抢注行为人不当利用。

综上所述，商标审查的高效率目标与高质量目标之间具有天然的矛盾，商标审查效率的强调和高要求不仅容易对商标审查质量产生不利影响，导致商标恶意注册行为逃脱禁注相对理由的审查，同时可能令拥有异议权的在先权利人和利害关系人难以对商标抢注行为作出及时反应，导致商标恶意注册行为逃脱商标异议。

第二节　经济利益的驱动

除了商标注册制度的不完善，商标抢注行为的产生还有另一个重要原因，即经济利益的驱动。经济利益才是促使行为人实施特定行为的真正原因。商标的无形财产属性已经说明其必定蕴含了一定的经济价值，尤其是知名度和美誉度较高的商标，其所可能蕴含的经济价值更是十分巨大，并且难以替代。例如，海尔、阿里巴巴、腾讯、五粮液、茅台、联想、美的等品牌的商标，其价值单位已经需要以亿来计。[①] 同时，商标的价值并非凭空而生，往往必须要通过长期、持续的商标使用才能逐渐积累实现。而商标抢注行为

---

① 2019 年，海尔品牌价值已达 2633.18 亿元，阿里巴巴 1713.55 亿元、五粮液 1638.12 亿元、腾讯 1456.91 亿元、联想 1223.78 亿元、美的 1079.37 亿元、茅台 1033.63 亿元，参见《2019 中国品牌价值 100 强揭晓》，2019 年 10 月 19 日，见 http://news.cnr.cn/native/gd/20191019/t20191019524822672.shtml。

人通过将他人在先使用的商标抢先注册，可以不劳而获地取得已经有一定经济价值的商标。在这种可以不劳而获的经济利益诱惑、驱动和激励下，商标抢注行为的发生必非偶然。

一、商标的无形价值与多维功能

（一）商标的无形价值

商标不仅仅是单纯的、可被感知的文字或图形等要素构成的标志，作为一种典型的知识产权客体，其更是一种无形财产，具有无形的经济价值。如今，对于许多企业而言，其所拥有的商标等无形资产的价值甚至已经超过了其所拥有的有形资产的价值，成了企业的核心竞争力所在。而商标的这种价值并非来自经营者的智力创造劳动，而是来自经营者的经营劳动，是一种经营劳动成果。

进一步而言，商标的经济价值源于商标使用。通过将商标实际投入使用于生产经营活动中，商标能够获得识别商品或服务和区分商品或服务来源的功能，而经过一定时间、程度和范围的持续商标使用后，相关公众感知到被使用商标后就能够自然联想到提供该商品或服务的经营者，并据此知晓商品或服务的质量。商标的这种区分功能和品质保障功能可以为经营者带来商标标志本身价值之外的额外价值，使得同等条件下，通过将已经使用过一段时间而具有一定知名度和影响力的商标使用在商品或服务上，经营者可以更容易地获得相同经济利益甚至获得更多经济利益，这种获利优势就是商标使用为商标带来的新价值——商誉。

商标所承载的商誉使其具有了无形经济价值。从某种程度而言，商标法真正要保护的法益实质正是商标上所承载的商誉，而商标与商誉有着密不可分的关系。良好的商誉需要依靠经营者长期诚信经营的积累，并在积累过程中通过实际使用商标建立起商标与商誉之间的牢固联系，要而言之，商誉的积累依赖于商标使用。而同时，在商誉积累的过程中，商标使用又会使商誉更加集中于商标上，从而使商标与商誉变得愈发密不可分。另外，由于商誉是无形的，必须要通过商标这一有形载体才能转化为经营者的现实竞争优势和经济利益，商誉的利用也依赖于商标的来源区分功能、品质保障功能、广告宣传功能和其他商标功能的发挥。因此，通过实施商标抢注行为，抢注者可以直接通过窃取商标而窃取商标中所蕴含的无形经济价值，这也是抢注者实施抢注行为的重要动因。

（二）商标的多维功能探析

商标具有符号学、营销学、心理学和行为学等多个维度上的重要功能，这些功能使商标具有其符形之外的额外经济价值，有助于经营者在市场竞争中取得竞争优势，是产生商标抢注现象的重要原因。

1. 商标功能的符号学分析：识别指代

来源识别功能是商标最基础，同时是最重要的核心功能，而商标之所以能够具有来源识别功能，是由于其本质是一种符号。从符号学角度来看，作为符号的商标是一种信息载体，可通过其符形向感知者传递所承载的能指和所指信息，具有识别指代的功能。

首先，商标具有识别区分商品或服务的功能。当消费者具体地感知到商标时，首先接收到的信息是商标的能指，即商标标志、符形本身所具有的信息，包括商标的文字、图形、颜色等构成要素。以耐克的图形商标为例，当将其使用在运动服装上时，消费者接触到商标时，首先感知到的是一个钩状的图形，即商标标志本身，这就是商标的能指功能。于是，当不同经营者在各自提供的商品或服务上使用不同的商标标志时，消费者首先可以根据商标标志的特征将某一商标从众多商标中识别辨认出来，也就可以将某一商品从众多同类商品中识别辨认出来。若脱离了商标，可以想象消费者要识别商品和服务将变得十分困难，将十分不利于市场交易活动的开展。

其次，商标具有指代商品或服务来源的功能。除了商标的能指，消费者还能接收到商标所指的信息，而商标的所指中，最重要的信息就是商品和服务的来源。继续以耐克的图形商标为例，消费者在感知商标标志的基础上，还能够通过该钩状图形标志联想到该运动服装的提供者是耐克公司，即能够将该运动服装与耐克公司联系起来。同时需要注意的是，商标具有指代商品或服务来源功能并不意味着消费者一定可以直接通过商标知道明确的提供者是谁或知道提供者的名称，即这种来源并不需要具体化，而只需特定化，只要消费者可以通过商标联想到商品或服务具有特定来源即可，这种"特定来源"是消费者内心的一种抽象概念，代表使用了特定商标的商品或服务来源的集合，并不需要具体到某个特定经营者。

最后，商标还具有指代商品或服务品质的功能。商标或服务的品质与其来源同样属于商标的所指信息。同样以耐克的图形商标为例，除了商标标志本身及商品和服务来源，消费者在感知到该运动服装上使用了该钩状图形商标时，还有理由认为该运动服装具有相对可靠的商品质量，应当与耐克以往所提供的运动服装品质相同。这是因为《商标法》明确规定了商标使用人对商品质量具有保障义务，[①]这种品质保障义务不仅要求经营者保障其所提供的商品和服务具有良好品质，还要求其保障其所提供的商品和服务的品质具有连贯的同一性。实质上，抛开法律规定的影响，经营者基于长期利益的考量，往往也会主动保持其商品质量的良好和稳定。若经营者只顾着眼前的蝇头小利，为了减少成本和增加收益而生产、销售劣质商品和提供劣质服务，其商品和服务将难以竞争过市场上的其他同类商品和服务，消费者在购买过后也会吸取到经验教训而不再重复购买，这种对商品和服务的品质不管不顾的方式显然属于涸泽而渔，不利于经营者获取长期经营利益。反之，若经营者致力于提供品质良好且稳定的商品和服务，通过长期使用和重复使用商标，其商标品质得到消费者的确认和肯定后，将对经营者百利而无一害。

总而言之，作为信息符号载体，商标不仅是单纯的商标标志，更是可以指代商品和服务来源及其品质的信息符号。因此，具有良好声誉的商标能够通过其所承载的商品或服务来源和品质信息吸引消费者购买商品或服务，帮助经营者在市场竞争中轻松取得竞争优势，这样自然就会引来商标抢注行为

---

① 《中华人民共和国商标法》第七条：商标使用人应当对其使用商标的商品质量负责。

人的觊觎。

2. 商标功能的营销学分析：品牌核心

营销学中强调"品牌（brand）"概念。市场营销专家菲利普·科特勒认为，品牌是一个名称、名词、符号、设计或者是以上要素的组合，其目的是识别某个销售者或某群销售者的产品或劳务，并使之同竞争对手的产品和劳务区别开来。[①] 由此可知，商标实质是品牌的一种法律用语，强调的是品牌存在的方式，而品牌是营销学领域的一种概念，更强调品牌的文化、价值、个性等内容，是企业综合属性的体现。而品牌虽然是营销学上的概念，但其与商标在内涵上具有部分一致性，都强调了区分商品和服务来源之功能。因此，从营销学的角度来看，品牌与商标息息相关，商标不仅是品牌的核心和不可缺少的组成部分，还是品牌的象征符号，同时可以是一种品牌营销手段，能够帮助经营者取得市场竞争优势。

（1）商标影响消费者的购买决策

品牌在市场营销中的首要作用是帮助缩短消费者的购买决策过程，而在这一过程中，由于品牌具有无形性，有形的商标对于消费者辨认品牌来说至关重要。从消费者的角度来看，在购买产品时，除了商品的质量、价格、外观颜色、图案和形状，品牌也是消费者在选购产品时的重要考量因素，品牌的知名度和声誉会直接影响消费者的购买态度和决策。而消费者对不同品牌的购买态度可大致归结为熟牌优购、名牌选购、生牌试购、杂牌慎购以及无牌不购。[②]

第一，在面对形形色色的不同品牌时，消费者往往会习惯于优先购买自己曾经购买过的熟悉的品牌商品，即所谓熟牌优购。由于熟牌是消费者曾经购买过的品牌商品，具有真实购买经验和使用经验的消费者一般能够提前知晓商品品质或服务质量，甚至可能清楚地了解该品牌的价值理念，对于购买结果具有较为确定的心理预期。结构方程模型（Structural Equation

---

① MBA 智库百科：见《品牌》https://wiki.mbalib.com/wiki/ 品牌。

② ［美］菲利普·科特勒、凯文·莱恩·凯勒、卢泰宏：《营销管理》，卢泰宏、高辉译，中国人民大学出版社 2009 年版，第 100—101 页。

Modeling)① 的实证结果也显示，消费者对某一品牌的熟悉程度会影响消费者对该品牌的信心，进而影响消费者购买该品牌的意愿。② 而若熟悉的品牌所提供的产品已经可以满足消费者的全部需求，那么对消费者而言，选择购买熟悉的品牌无疑是一种省时省力、安全可靠的较优购买选择。

第二，若在要购买的众多产品中并无熟悉固定品牌，则消费者需要对不同品牌进行挑选，这时消费者往往更倾向于挑选购买知名品牌，即所谓名牌选购。知名品牌是指其品牌名称、理念和品牌旗下的产品名称、质量、外观等特点被消费者知晓程度较高的品牌。消费者选择知名品牌的最主要原因是基于对知名品牌的品质信赖。品牌积攒知名度往往需要投入大量时间、金钱和人力，在这一积攒过程中，其产品质量必定需要反复地接受市场和消费者的考验，因此，知名品牌的产品质量必定已经成功通过了市场和消费者考验，比普通品牌的产品质量更加值得信赖。因此，品牌的知名程度越高，其信誉也就越有市场保证，对消费者的购买吸引力也越大，所具有的市场竞争优势也就越大。

第三，对于陌生品牌，消费者的购买态度往往具有尝试性，即所谓生牌试购。消费者往往是通过尝试性购买来了解和确认陌生品牌的产品品质或其他特征是否满足要求，若购买后对产品感到满意则可继续回购，生牌将会逐渐变为熟牌，但若购买后对产品感到不满意则会放弃重复购买。例如，许多化妆品品牌在推广产品时选择免费赠送产品小样，这正是考虑到了消费者对于陌生品牌的尝试心理，免费发放产品小样后，就可能会有部分潜在消费者在试用后转化为现实消费者。

第四，对于杂牌产品，消费者往往会采取谨慎购买的态度，即所谓杂牌慎购。杂牌即指非正规、非正牌的品牌。山寨品牌就是最为典型的杂牌。例如，"康帅傅"泡面、"旺子"牛奶、"农天山泉"矿泉水等，这些杂牌产品

---

① 结构方程模型是一种建立、估计和检验因果关系模型的统计方法。

② Laroche M, Kim C, Zhou L, Brand Familiarity and Confidence as Determinants of Purchase Intention: An Empirical Test in a Multiple Brand Context, Journal of Business Research, Vol.37, No.2，1996，pp.115-120.

往往价格低廉，但缺乏品质保障，因此消费者往往会在购买时格外谨慎。

第五，对于完全没有品牌的产品，消费者往往会拒绝购买，即所谓无牌不购。无牌意味着产品来路不明，更不用谈其产品质量高低好坏的问题，甚至还有可能是不符合产品质量安全标准的产品，因此绝大多数情况下，消费者都不会购买无牌产品。①

综上，拥有一个知名度较高的商标，对品牌发展而言是极为有利的。在同等条件下，高知名度的商标可以帮助企业的产品更快速地获得消费者的关注，并提高产品获得消费者青睐和购买的可能性，为企业带来更多的销售数额和销售利润。

（2）商标是重要的品牌营销工具

从营销学角度分析，商标还具有另外一个重要功能，即助力于品牌营销中的广告宣传。

第一，商标本身具有一种广告宣传的功能。商标本身的广告宣传功能源自其商标标志的设计，通过对商标标志内容进行精心设计，商标本身也可以具有对商品或服务内容进行广告宣传的效果，具有设计感和美感的商标还可以直接吸引消费者的目光，起到间接增加购买率的作用。同时，商标还可以体现经营者的经营理念和价值观念，如绿色环保、健康吉祥等，从而吸引观念一致的消费者进行购买。

第二，商标可被用于广告宣传中，并在广告宣传中具有重要地位和意义。商标在广告宣传中的使用方式主要有两种：第一种，在宣传商品和服务的内容、质量和特点的同时，突出使用商标标志，扩大品牌影响力；第二种，单独宣传商标标志，直接增加商标标志的知名度。无论是哪一种广告宣传方式，商标都在其中占据了重要地位。因为脱离了商标标志，即使广告宣传内容再吸引人，都难以令消费者辨认出广告宣传中的商品是何品牌，更遑论因广告宣传而购买商品。因此，在品牌营销活动中，商标不仅占据了重要

---

① 部分特殊类型产品属于无牌不购的例外情形，如水果、蔬菜、肉类等农副产品。但现实中其实也已有越来越多经营者在水果、鸡蛋等产品上使用商标。

地位，还具有不可或缺性。

第三，相对于其他广告宣传手段，商标更具有灵活性和便利性。首先，一般而言，商标标志简洁明快，具有显著特征，便于呼叫和记忆，[1] 有利于其通过社会公众口口相传而快速扩大影响力。其次，通过附着在商品上，商标还可随着商品的流通和使用而随时随地发挥广告宣传作用。最后，无论是投放电视广告、网络广告还是购买广告位，商业广告宣传的成本往往都十分高昂，而优质的商标标志可以有效地凝聚品牌内核，起到高效传递信息的作用，从而间接缩减广告宣传成本。

3. 商标功能的心理学分析：心理满足

商标是建立在消费者心理认知上的财产。[2] 心理学上通常运用联想网络理论来解释消费者如何在记忆中识别商标并形成商标联想，并通过依恋理论来理解消费者与商标之间的联系。

（1）商标联想是消费行为的基础

联想是心理学上的重要概念，即由某人、某物或某概念而想起与之相关的其他人、物或概念的心理过程，包括接近联想、类似联想、对比联想等简单联想，以及因果联想和特殊联想等复杂联想。[3] 根据心理学上的联想网络理论，信息在人类的大脑中是通过联想以相互交织的认知网络形式存在。[4] 而消费者在购物过程中产生的商标联想正是构成消费者行为的基础，包括"商标"与"商品来源和品质"之间的联想，以及"实体上的商标"和"记忆中的商标"之间的联想。

首先，日常生活中，消费者会有意无意地接收到各种形式的商标广告宣传，并在脑海中形成深刻记忆或模糊印象，当消费者欲真实地购买该商品时，就会依据脑海中的记忆和印象在现实中搜寻相应商标，这一心理过程就是由记忆中的商标联想实体上的商标的过程。其次，若消费者在购物时先感

---

[1] 吴汉东主编：《知识产权法学》（第四版），北京大学出版社 2009 年版，第 230 页。

[2] 彭学龙：《商标法基本范畴的心理学分析》，《法学研究》2008 年第 2 期。

[3] 江林主编：《消费者心理与行为》，中国人民大学出版社 2007 年版，第 73 页。

[4] 彭学龙：《商标法基本范畴的心理学分析》，《法学研究》2008 年第 2 期。

知到了实体上的商标，联想到记忆中对该商标的良好印象时，也有可能作出购买的决定，这一心理过程则是由实体上的商标到记忆中的商标的联想。最后，消费者感知到商标后往往会联想到商品的来源、品质、性价比、性能等商品信息，并通过这种商标联想选择适合的商品，这一过程则是由商标到商品来源和品质的联想。

由此可见，消费者的购买行为其实是建立在各种商标联想的基础上。这也是为什么在保护商标权和消费者利益的过程中，影响消费者进行商标联想的因素也是商标侵权认定需要考虑的因素。例如，商标的显著性、商品或服务的类别以及消费者的注意力等因素都是会影响消费者进行商标联想的因素。一般而言，商标的显著性程度越低、商品或服务类别越近似、消费者的注意力程度越低，消费者就越有可能进行错误的商标联想，构成市场混淆的可能性也就相应越大。

（2）商标具有满足消费者心理需求的功能

随着社会生产力的提高，社会公众所追求的目标已经从物质文化需要转变为美好生活需要，消费者的消费目的也已经由满足日常生活需要上升为满足心理上的需求。因此，现代社会中，商标不仅具有商品来源区分、品质保障和广告宣传的功能，还有满足消费者心理需求的功能。

首先，商标上承载着消费者的心理依赖。依恋理论原本是指婴儿与父母之间的感情联结，而心理学研究认为，当消费者的自我认知和品牌个性具有一致性，且品牌能够满足、实现和丰富消费者的自我时，消费者和品牌之间也会形成类似的感情联结，即所谓的心理依赖。[①] 同时，同等条件下，消费者对品牌的依赖程度越高，其对商品价格的敏感程度就越弱，愿意为购买该品牌的商品所支付的价格也越高。因此，对于品牌而言，培养品牌与消费者之间的心理依赖也十分重要，一旦消费者与品牌之间形成了心理依赖，则品牌经营者可以依靠这种心理依赖而获得巨大的竞争优势。

其次，随着社会经济的不断发展，人们开始愈发注重自身的社会地位和

---

① 石梦菊：《浅析消费者品牌依恋行为》，《环渤海经济瞭望》2013 年第 6 期。

追求荣誉感，希望获得积极的社会身份、抬高身价和自尊，换言之，即寻求社会认同和彰显个性。而知名商标的表彰功能恰好可以满足消费者这一心理需求。这种心理需求具体表现为，对于两个外观、品质都相差无几的商品，消费者有时反而会选择购买其中更加昂贵的知名商品。对于知名品牌或奢侈品牌的商品，其价格通常是普通品牌倍数以上。例如，一个普通品牌的牛皮包可能只需要三四百元，而 LV、DIOR、COACH 等知名品牌的牛皮包标价动辄上万元，购买者却仍然络绎不绝。这是由于除知名品牌具有更好的品质保障外，部分消费者认为通过购买和使用名牌商品可以展现自己的社会地位和良好品味，从而获得社会认同和彰显个性，因此其愿意为了商标的这种表彰功能而为商品上的商标标志支付额外的对价。由此可知，优质的商标可以直接提升消费者对商品的评价，当商标具有极高的知名度和美誉度时，其所可能蕴含的经济价值绝对难以估量。

4. 商标功能的行为学分析：行为习惯

从行为学的角度分析，商标可以承载、培养、强化消费者的行为习惯。

习惯是指在长时期里逐渐养成的、一时不容易改变的行为。当消费者对品牌感到满意和喜爱时，就会表现出反复购买的消费行为，而随着长时间的反复购买，消费者就会培养出一种行为习惯，即只要需要购买相同种类的商品时，就会一直选择购买该品牌的商品。这种行为习惯是对品牌的一种忠诚，并且这种行为习惯形成以后，消费者会受到行为习惯的影响而反复、长期、持续地实施对忠诚品牌商品的购买行为，于是行为习惯又会在这种持续购买中不断被强化。

消费者形成的这种行为习惯，会使其无法敏感地感知该品牌的商品价格变化，即使该品牌的商品价格略有上升，或其他品牌商品具有价格上的或其他方面的竞争优势，已经被培养出行为习惯的消费者也不会随意更换购买的品牌对象。同时，由于品牌是无形的，而商标又是品牌的象征，这种消费者行为习惯往往最终是由商标来承载，消费者对品牌的忠诚常常会具体体现为对商标的忠诚，即在购买商品时偏好选择使用了该品牌的商标的商品。

对于经营者而言，这一类具有行为习惯的消费者比普通消费者更加促进品牌营收，即使忠诚消费者的数量不多，其可能为企业带来的收益却并不少。一位对品牌忠诚、喜爱品牌的消费者往往会给经营者带来数倍于普通消费者的收益。同时，由于受行为习惯的影响，消费者的忠诚维持是自发性的和稳固的，这有助于减少企业的市场竞争压力。因此，当某一商标承载了消费者的行为习惯时，其经济价值也会大大增加。

二、商标抢注的"低成本＋高收益＋低风险"

在稀缺性假设下，任何有用的物品和服务相对于人们的需求而言都是有限的，凡属有用的东西都是稀缺的，商标资源显然也在此列，同时，在理性经济人的假设下，经济行为者是理性的，他们在各种约束的限制下追求目标函数的最大化。[①] 因此，经营者作为一个理性经济人，在权衡比较成本、收益和风险后，若认为收益大于成本和风险时，会对这一激励作出反应。而商标抢注行为正是具有"低成本＋高收益＋低风险"特点的行为。因此，经营者极有可能为了追求自身经济利益的最大化而实施商标抢注行为。

（一）商标抢注行为的低成本

商标抢注行为具有低成本的特点。经济学上，成本是为了得到某物而放弃的东西。具体到商标抢注行为中，行为人的成本首先主要源自商标申请注册，而商标抢注所需付出的成本仅仅是低廉的注册申请费用和少量的时间、精力成本。依据我国现行的商标注册申请制度，商标注册申请人只需要备齐《商标注册申请书》、商标图样、证明文件等材料并提交至商标局即可等待审查结果，并不需要提交实际使用的证明材料或意图使用声明，而且以电子网络方式申请注册商标的，甚至足不出户就可以通过商标注册申请的网络平

---

① 赵凌云主编：《经济学通论》，北京大学出版社 2007 年版，第 4 页。

台申请注册。如果注册申请能够顺利通过初步审查，则可进入三个月的公示期，公示期间若有第三人提出异议，商标抢注行为人则可能需要对异议进行辩解和说明。除此之外，商标申请注册期间，抢注行为人需要做的事情仅仅是等待商标审查结果和公示期结束，并无其他需要付出成本的事务。某种程度上，商标申请注册程序可谓十分简单、便捷，虽然这种便捷原本是为了提高审查效率和便利善意的商标注册申请人尽快获得核准注册，但是却难免助长恶意的商标抢注行为人实施投机行为。

此外，商标抢注行为的另一部分成本发生在商标核准注册以后。对于不以使用为目的的商标抢注行为而言，其行为人可能需要为了维持本不需要的商标权承担商标续展费用以及其他管理费用。但商标注册成功以后每十年才需要办理一次续展手续，续展费用也并不高昂，并且很可能在商标权保护期限届满之前，商标抢注行为人就已经将商标转让给他人了，即其在承担一定交易成本后不会再产生任何其他成本。而对于那些通过恶意诉讼牟利的商标抢注行为人，其抢注成本可能还包括了少量商标侵权诉讼费用，但这一费用同样并不高昂。

（二）商标抢注行为的高收益

商标抢注行为具有高收益的特点。商标抢注行为实质上是一种窃取他人合法利益的行为，因此，原则上商标抢注行为人所抢注的他人在先权益相关标志所蕴含的经济价值越高，其通过抢注行为能够获取的利益也就越多。前文已经详细论述了商标的无形经济价值和符号、营销、心理以及行为学上的功能，由此可知，商标抢注行为人一旦成功获得了注册商标专用权，就可以充分利用该注册商标取得市场竞争优势，亦可直接凭借该注册商标换取或谋取利益。同时，抢注行为人并非一定仅有单一的抢注动机，很可能具有双重或多重动机，而抢注行为人的动机不同，其获利方式也有所不同，并且其抢注后行为并非一定与其动机完全一致，还可能会依照情势变化而随时发生变化。

1.基于搭便车①目的的商标抢注行为

以搭便车为目的的商标抢注行为是具有实际使用意图的商标抢注行为，其目的在于攀附他人商誉而获得市场竞争优势。基于搭便车目的的商标抢注行为所抢注的对象一般是他人在先使用的具有一定影响的商标、知名人物的姓名以及知名作品及其作品名称、角色名称、角色形象等。若这一类基于搭便车目的的商标抢注成功获得核准注册，则商标抢注行为人可以依据其取得的注册商标专用权强势攫取原本属于他人的市场竞争优势。这种市场竞争优势具体体现在以下两个方面：

一方面，抢注行为人通过使用抢注商标可以凭借被抢注商标的市场声誉而直接取得市场竞争优势。同等条件下，相对于使用新商标，使用抢注商标可以更快地吸引更多的消费者的注意力，并可能使消费者误认为使用了该商标的商品或服务来自被抢注的他人，从而凭借消费者对他人良好声誉的信任而提升消费者的购买率。凭借着这种市场竞争优势，商标抢注行为人可以在未来的生产经营活动中更快地获得更多的经营收益，且随着其对抢注商标使用时间的增加和进一步投入广告宣传，这种经营收益还会滚雪球式地不断增加。

另一方面，"自带流量"的被抢注商标或其他标志可以为抢注行为人节省一大笔关于商标的前期投入成本，从而间接获得市场竞争优势。商标抢注所节约的前期投入成本不仅包括了他人对商标进行设计和持续使用的成本，还包括了对商标进行广告宣传所耗费的成本，以及积攒商誉所需的时间成本。若商标抢注行为人注册和使用的是自行设计和选择的崭新商标，则需要从零开始积累商誉，对新商标投入大量广告宣传，并且还有市场竞争失败的巨大风险。因此，这种前期投入成本的节约无疑会给抢注行为人带来明显的市场竞争优势，若将市场主体之间的竞争比喻为一场长跑比赛，则商标抢注

---

① 所谓搭便车是指，任何人以营利为目的并没有正当理由地以相同或近似的方式使用他人的个性化的经济价值（valeur économique），从而获得竞争优势，而这种经济价值是他人技术、智力、劳动或投资的成果。参见 Ph. Le Tourneau, Le parasitisme, Litec 1998, pp.125。

行为无疑是一种抢先起跑，是一种破坏比赛公平的犯规行为。

2.基于阻碍竞争对手目的的商标抢注

基于阻碍竞争对手目的的商标抢注与基于搭便车目的的有所不同，其行为人并不具备真实的使用抢注商标的意图，也不具有搭便车、攀附他人声誉的目的，其行为主要目的是扰乱竞争对手的正常生产经营或阻碍竞争对手进入相关市场，并通过这种排除、限制竞争的垄断行为获利。

首先，若能够成功抢注竞争对手的未注册商标，商标抢注行为人则可凭借其注册商标专用权树立起市场藩篱，将竞争对手的相关商品和服务隔离到相关商品市场之外，限制竞争对手进入相关商品市场。一个相关市场就像一块美味的蛋糕，其总质量是固定有限的，参与瓜分这块蛋糕的经营者越多，单个经营者能够分到的蛋糕分量也就越少。经营者通过抢注商标以防止竞争对手进入相关商品市场后分割市场份额，也就直接保障了自己在相关商品市场可以占据更多的市场份额，而占据更多的市场份额也就意味着可能获得更多的市场收益。同时，商标抢注行为人还可以凭借其注册商标专用权建立起贸易壁垒，阻碍外国竞争对手进入相关地域市场后与自己展开竞争。随着市场经济全球化发展，国家间的社会经济文化交流愈发频繁，越来越多的经营者开始走出本国国门以寻求国际化的发展，国际市场的竞争越来越激烈。于是，通过商标抢注来阻碍外国竞争对手进入本国相关商品市场自然成了许多本土经营者在面临国际市场竞争时的一种利己选择。因此，这种目的在于建立贸易壁垒的商标抢注一般多为跨国商标抢注，不仅包括中国的经营者在中国境内对外国商标的抢注，也包括外国人在外国境内对中国商标的抢注。

其次，成功抢注竞争对手的商标后，即使竞争对手可以通过更换商标的方式进入相关市场，也仍然会给竞争对手造成不小的麻烦和巨大损失。首先，更换商标意味着经营者在原商标上所积攒的经营劳动成果将付之一炬，这无疑会使其蒙受巨大损失，甚至会从企业战略发展层面对其造成直接打击，扰乱其正常的生产经营活动，使其丧失原有的市场竞争优势。其次，更换商标意味着从头再来，经营者需要重新设计、选择新的商标，而对于一个有野心、有抱负的经营者而言，选定商标并不是一件可以信手拈来的事情。

一枚优质的商标应当是符合企业价值理念、体现企业文化特色、契合商品内容与特征、具有一定美感、便于消费者识别记忆的商业标志，而要找到或设计出满足这些苛刻条件并且能够取代原商标的新商标，实非易事。而且新商标的成长也需要经历一段不容略过的商标持续使用期间，过程中经营者需要对其投入大量的广告宣传成本和心力。例如，联想曾在 2001 年发现其英文名"Legend"在全球 100 多个国家被抢注，为了进军国际市场，无奈之下在 2003 年花费巨资更换其商标为"Lenovo"。[①]

最后，商标被抢注后，即使在先权益人可以通过商标异议、商标撤销或商标无效宣告等方式而寻求事后救济，但在其商标抢注维权过程中，商标抢注行为人已经可以凭借商标抢注行为拖延竞争对手进入相关市场的速度和时间，给其制造经营困扰，扰乱其发展步调，同样可以实现阻碍竞争对手达到损人利己的效果。商场如战场，把握好战机万分重要，当经营者遇上难得的进入相关商品市场或地域市场的良好时机时，商标抢注式的狙击行为会严重拖慢和限制其进入相关市场的准备活动，经营者很可能会因商标被抢注错失良机。而机不可失，时不再来，错过了最佳的市场进入时机，即使经营者历经曲折，最终得以成功地进入相关市场，也很可能难以再收获曾预期的良好市场收益。

事实上，如今通过商标抢注来阻碍竞争对手进入相关市场已经成了一种排除、限制竞争的经营策略，无论是为了防止竞争对手进入相关商品市场还是相关地域市场，其实质都是经营者为了削弱竞争对手的市场竞争力而采取的具有排除、限制竞争效果的垄断行为，而垄断本身即意味着一种巨大的市场竞争优势。

3.基于谋求独家代理目的的商标抢注

基于谋求独家代理目的的商标抢注行为人同样不具有真实的使用意图，其真实目的在于以抢注的注册商标为要挟，获取被抢注人的独家代理权。独

---

① 《盘点那些在国外遭遇抢注的中国商标》，2019 年 4 月 18 日，见 https://www.sohu.com/a/30879672999916761。

家代理是指代理人接受委托人的委托授权，在一定的地域和时间范围内，可以代表委托人排他地从事相关生产经营活动。而"独家"意味着委托人不能另行委托他人代理同样事务，即在授权的地域和时间范围内，独家代理人享有排他性的代理权，这即意味着其在相关市场内具有垄断地位，可以操纵和控制相关市场内的价格，从而获得独家收益。因此，这种目的在于谋求独家代理权的商标抢注行为多为跨国商标抢注行为。

五粮液商标抢注案就属于典型的以谋求独家代理为目的的商标抢注。2003年，五粮液集团得知五粮液的汉语拼音"WULIANGYE"在韩国被抢先申请注册，幸而该抢注商标仍在公示异议期内，于是五粮液集团向韩国商标总局及时提出了商标异议，而在异议答辩期间，韩国的抢注行为人却主动提出希望以独家代理的方式私下解决纠纷。[①] 这一行为充分表明了抢注行为人主观上可能具有抢注恶意，即其根本不具有真实使用目的，并且对五粮液商标在中国的使用情况有一定了解，否则一般不会提出独家代理的要求。

4.基于谋取转让、许可费目的的商标抢注

基于谋取转让、许可费目的的商标抢注行为人同样不具有真实使用抢注商标的意图，其目的在于通过将商标转让或许可给被抢注人或其他人，直接收取高价转让费或许可费来谋取利益，可谓一本万利。

近年来，抢先注册商标后高价转让该抢注商标的例子不在少数。例如，2001年，深圳唯冠科技公司在中国注册了"IPAD"商标，2012年，其将该商标以6000万美元的高价转让给了苹果公司。[②] 再例如，在海信与博西的商标纠纷案中，博西对"HiSense"的索价高达4000万欧元。[③] 由此可见，将商标抢注行为人通过转让注册商标专用权所可能获得的利益谓之暴利一点儿也不为过。即使其抢注的商标并非知名商标而是普通商标，可获得的转让

① 参见《在韩国遭遇恶意抢注五粮液夺回商标权》，2004年4月4日，见 http://www.cnr.cn/caijing/csdt/200404/t20040408215121.html。
② 参见田园：《商标使用在商标中的价值——"IPAD"商标案引发的思考》，《现代商贸工业》2020年第1期。
③ 《盘点那些在国外遭遇抢注的中国商标》，2019年4月18日，见 https://www.sohu.com/a/308796729999916761。

费用也远超几百元的商标注册申请费，商标抢注行为人依然可以"买卖"商标获得大量收益。[①]

前文所提及的基于搭便车、阻碍竞争对手、谋取独家代理目的的商标抢注行为人所获得的利益更多的是一种市场竞争优势，往往需要一定的时间和措施才能发酵为现实利益，是一种看不见的隐性利益。而商标抢注行为人通过转让、许可使用商标所获得的转让、许可使用费用却是一种直接的、明显的利益，能更加令人直观、深刻地感受到商标抢注行为可能带来的经济利益。

5.基于垄断符号资源目的的商标抢注

基于垄断符号资源目的的商标抢注行为人一般也不具有真实使用商标的意图，其主要目的是通过大量申请注册商标的方式，提前占据大量符号资源，达到垄断符号资源的效果。这样一来，之后的经营者想要申请注册新的商标时，就会发现注册商标库中已经存在了相同或近似的商标标志，只能被迫选择从拥有注册商标专用权的抢注行为人之处购买、受让商标，垄断了符号资源的抢注行为人也就可以借此从中获利。

实质上，这种基于垄断符号资源目的的商标抢注的最终获利方式也仍然是通过转让和许可商标来收取转让和许可费用，但其与基于谋取转让、许可费用目的的商标抢注略有不同。二者的主要区别在于，基于垄断符号资源目的的商标抢注的抢注对象并无针对性，申请注册的商标标志类别亦十分广泛，且其申请注册时仅具有垄断符号资源之目的，并无转让、许可意图，其转让、许可意图产生于申请注册以后。换言之，其是将商标视为其所经营的商品，待价而沽，这也是许多专门"买卖"商标的职业商标抢注行为人的真实写照。

同时，或许会有人对垄断符号资源这一命题的真伪产生疑问，即符号资源理论上是取之不尽，用之不竭的，商标抢注行为人是否真的能够通过大量

---

① 以阿里云商标优选平台上的商标交易价格为例，其平台上的商标最低报价1千多元，最高报价1千万元，多数商标报价则在1万元至3万元左右，参见阿里云商标优选，见 https://tm.aliyun.com/trans?spm=5176.212713.J4233986830.9.228e1023JOTT2i。

注册达到垄断符号资源的效果。而事实上，尽管符号资源理论上具有无限性，但是现实中可以作为商标注册的优质符号资源却具有有限性。

首先，由于要考虑到便利消费者记忆和识别，商标符号的内容设计应当尽量简洁、精练，这就在一定程度上限制、压缩了经营者可以在商标标志中利用的创作空间，其只能在方寸之间进行精细设计和细小调整。而现实中，绝大多数商标仍然以文字商标和图形商标为主，尤其是中文商标，其字数多在三五字以内，十分精简。这是由于超过一定长度的复杂商标往往不便于他人记忆，如果经营者任性地采用内容长度过长的商标标志，社会公众就会在使用和传播商标的过程中不自觉地对其进行简化，最终结果往往是社会公众仍然只能精准识别、记忆商标的简称或其中的显著部分，不利于经营者对商标整体进行使用、广告宣传和保护。因此，在文字商标的长度受到隐性限制的情况下，利用文字能够创造出的排列组合结果数量就进一步被削减了，而文字又是商标构成要素中最重要的一种，这就为抢注者垄断符号资源提供了理论上的更大可能性。

其次，普通人的创造力并非是无穷无尽的，其往往会受到社会发展水平和思维认知水平的局限。有时候，尽管现实中仍然还存在可供取用的公共符号资源，但经营者会由于受到自身社会知识水平的限制和想象以及联想能力的限制而无法发觉其存在。因此，当商标抢注行为人将普通经营者通常会想到的商标符号全部申请注册后，即使其客观上没有完全达到垄断符号资源的程度，也可能会产生垄断符号资源的现实效果。

另外，垄断符号资源事实上也并不需要将全部的符号都申请注册为商标，对于某一相似的商标符号资源集群，商标抢注行为人只需要抢注其中的一个商标标志，就可以凭此阻碍后者申请注册该集群中所有与其近似和类似的商标。这也是现在许多经营者在申请注册商标时容易由于商标近似和类似而被驳回申请的原因之一。换言之，商标法对注册商标给予的类似保护和近似保护也间接增加了商标抢注行为人通过大量申请注册商标而垄断符号资源的可能性。

最后，基于垄断符号资源目的的商标抢注事实上也并非是一种完全的、彻底的垄断，垄断符号资源是其行为的原始动机和目标，但却并非其行为的最终结果。其行为更类似于"广撒网，多敛鱼"模式，即大量地、广泛地、不加甄别地申请注册商标，然后在遇到有购买商标意愿的经营者时，果断地将商标出售转让给他人，通过收取转让费获取利益。

综上，抢先申请注册商标成功后，抢注行为可以直接凭借他人在先标识的商誉或其他影响力获得市场竞争优势、节约商标投入成本，同时可以通过后续使用抢注商标获得更多的经营收益；还可以通过抢注商标的注册商标专用权建立市场进入壁垒，阻碍竞争对手进入相关商品市场或相关地域市场，扰乱竞争对手的正常生产经营活动；还可以以商标权为要挟谋取独家代理的优势，排除代理地区的市场竞争从而牟利；还可以直接将商标权转让给他人或许可他人使用，直接赚取转让费或许可费用。由此可见，商标抢注行为可能带来的收益远超其申请注册成本，利动人心之下，作为理性经济人的经营者必然容易因这种激励而实施抢注行为。

（三）商标抢注行为的低风险

商标抢注行为还具有低风险的特点。在众多风险中，商标抢注行为人所要面临的最主要的风险是法律风险，亦可称违法成本，即违反法律所要承担的法律后果。

从我国商标注册申请的流程来看，商标抢注行为人要面临的第一个关卡是商标注册申请的审查环节，会面临注册申请被驳回的法律风险。尤其是在实质审查环节，若其抢注商标被认定为与在相同或类似类别上的、他人在先使用的具有一定影响力的商标相同或近似，或侵犯了他人其他在先权益，或违反了其他禁止性规定，将会被驳回申请。其要面临的第二个关卡则是商标注册申请流程中的公示异议环节，会面临被异议的风险。若有在先权益人、利害关系人或其他人提出异议且异议成立，则注册申请同样会被驳回。

而商标被核准注册以后，商标抢注行为人则要面临第三个关卡——商标撤销或商标无效宣告，其会面临商标撤销或商标无效的法律风险。其中，容易被申请撤销的主要是抢注后未实际使用商标的情形，若他人提出的撤销请求被商标局支持，则其注册商标专用权自撤销公告之日起终止。而抢注后虽实际使用了，但侵犯了他人在先权益的抢注商标则极易被请求无效宣告，若无效宣告请求被商标局支持，则其注册商标专用权视为自始不存在。

若抢注商标侥幸逃脱了商标注册申请审查、商标异议、商标撤销以及商标无效宣告等所有关卡，商标抢注行为人还要面临第四道关卡，也是最后一道关卡——商标行政诉讼或其他侵权诉讼，会面临诉讼败诉的风险。若商标撤销申请人或商标无效宣告申请人对商标局核准注册和维持注册的决定或裁定不服，则可能会向法院提起诉讼，若其败诉，则商标局或复审委员会需要重新对抢注商标的效力进行认定。

综上所述，商标抢注行为人面临的最大风险不过是商标申请被驳回、撤销或无效宣告，即无法再继续享有注册商标专用权，以及可能需要返还商标侵权赔偿金、转让费、许可使用费等不当得利和赔偿被侵权人的损失。[1]且我国《商标法》中唯一的惩罚性条款主要是针对商标代理机构的行政惩罚，[2] 对于一般的恶意抢注行为，仅规定了警告、罚款等行政处罚，对于恶意提起诉讼的，则规定由人民法院作出处罚决定，可见其民事责任制度还不够健全。而法律制裁就像是违法行为的商品价格，同等条件下，商品价格越低，商品需求就越高，违法行为的数量也就越多。而从商标抢注的违法成本来看，其法律制裁显然属于"低价"范畴，不仅无法对恶意商标抢注行为人形成应有的法律威慑力，还会助长行为人无所忌惮地实施商标抢注行为的气焰，加剧其投机、侥幸心理。

第三节　商标抢注预防的不足

除了商标注册制度的不完善和经济利益的驱动，被抢注人的商标抢注预

---

① 参见《中华人民共和国商标法》第四十七条。
② 参见《中华人民共和国商标法》第六十八条。

防意识欠缺所导致的预防措施不到位也是商标抢注行为多发的重要原因。

一、商标抢注预防意识的欠缺

尽管随着社会经济水平和法治水平的提高，越来越多的经营者已经认识到了商标的重要性和商标注册的重要性，但其对待商标注册的态度仍然偏向于保守，商标抢注预防意识也仍有不足。这种不足主要表现在两个方面：一是绝大多数经营者仍尚未意识到国际商标注册的重要性；二是多数经营者尚未开展合理的商标注册防御布局。

（一）国际商标注册意识的欠缺

近年来，我国商标在海外遭到抢注的案件频有发生。[①] 据统计，2020 年上半年，我国知识产权局收到的马德里商标国际注册申请仅 3875 件，相对于 428.4 万件的国内商标注册申请而言，数量不到其千分之一，悬殊巨大。[②] 由此可见，随着国际经济交流程度加深、国际市场竞争加剧，我国经营者在国际商标注册意识方面的欠缺正在逐渐凸显，已不足以应对频发的商标海外抢注行为。

我国经营者对国际商标注册态度淡漠的原因主要在于，部分经营者仍未能以发展的眼光看未来，仅着眼于当下。这些保守的经营者忽略或低估了海外商标抢注行为的发生概率和速度，依然保留着"商标跟着产品走"的传统思维模式和经营策略，给商标海外抢注行为人留下了可乘之机。

受中国传统文化思维的影响，许多中国企业在经营决策中都倾向于秉持保守的观念，即不图快进、力求安稳。这种保守观念也蔓延影响到了中国企

---

① 例如：1989 年，同仁堂在日本被抢注；2001 年，联想在全世界 100 多个国家被抢注；1999 年，海信商标在德国被抢注；2006 年，王致和在德国被抢注。

② 参见国家知识产权局：《2020 年上半年知识产权主要统计数据（知识产权统计简报 2020 年第 10 期总第 38 期）》，2020 年 7 月 10 日，见 http://www.cnipa.gov.cn/module/download/down.jsp?i_ID=150338&coLID=87。

业的商标注册行为表现，即要等到产品即将进入市场或已经进入市场后才申请注册商标。多数经营者不申请国际商标注册的主要原因是，其认为自己目前生产经营的地域范围并未涉及其他国家和地区，且短期内也没有进入国际市场的计划和安排，暂无须进行国际商标注册。也有经营者是由于对品牌缺乏自信，认为自己的商标知名度较低，离知名的程度尚有很长一段距离，不会有在海外被抢注的风险，因此也无须申请国际商标注册。也有经营者是认为国际商标注册申请手续过于麻烦，需要在国内申请注册费用的基础上再支付额外费用，因此不愿申请注册。另外，有的经营者由于忽略了国际商标注册的保护期限，保护期限届满后未及时办理续展手续而导致注册商标被注销。甚至可能还有小部分经营者根本不具有国际商标注册意识。

总而言之，我国经营者国际商标注册意识的欠缺无疑加深了商标海外抢注的隐患。目前，全世界一共有 200 多个国家和地区，数量众多，不同国家和地区的商标法律制度不尽相同，语言也不尽相似，国际上商标公示期又普遍较为短暂，以我国经营者的平均国际商标抢注预防意识来看，显然难以及时获得他国的商标注册信息并阻止海外商标抢注的核准注册及注后使用。

（二）商标注册布局的不合理

我国经营者在商标注册上的保守态度同样体现在其商标布局上，即一般只申请注册其目前实际生产经营所需的商标，未考虑到应基于未来发展计划对商标注册进行合理布局，积极主动地防御商标抢注。具体而言，我国经营者商标布局的不合理主要体现在地理布局和行业布局两个方面。

1.商标注册地理布局的不合理

多数经营者一般只在当下主要生产经营范围内的国家和地区进行商标注册，不具有前瞻性。而国际市场竞争态势瞬息万变，当其想要继续扩大生产经营规模进入其他国家和地区时，往往就会发现其商标已经被该国家或地区的经营者所抢注，因此只能改换商标或囿于原地。这种"坚守阵地"式的做法显然不是合理的商标注册地理布局，极易被海外商标抢注行为人乘虚而入。

2. 商标注册行业布局的不合理

部分经营者或许考虑到了对商标注册进行地理布局，但却容易忽视行业布局，只在自己现阶段实际生产经营的商品或服务类别上申请注册商标，没有将未来跨行业发展的需求纳入考量范围。而现在已经有越来越多经营者的经营范围呈现出延伸趋势，其经营范围不仅会从某一商品延伸至另一商品，还会从某一商品延伸至另一服务。在如今企业经营范围呈现多元化发展态势的背景环境下，仅仅只在现有经营商品或服务类别上进行注册显然难以满足经营者的发展需求，当经营者想要跨行业发展时，这种不合理的行业布局往往会使经营者容易遇到商标抢注的难题。

二、我国外贸发展历史的影响

如今，我国商标在海外屡屡被抢注，究其原因，除企业自身商标抢注预防意识不足外，也与我国外贸制度的历史发展背景具有一定关联。

我国对外贸易制度的发展是一个逐渐开放的过程，并非一蹴而就。1978年改革开放以后，我国才真正开始对外开放贸易，由专门成立的国有外贸公司从事外贸活动。1980年以后，企业对外贸易的自由逐渐开放，外贸行政管理制度也逐渐放宽，从审批制过渡为备案登记制。[①]2001年中国加入WTO后，我国的对外贸易开始走上发展的快车道，外贸规模实现了翻天覆地的变化。如今，我国政府更是倡议建设"一带一路"，鼓励我国企业大胆走出国门，参与国际市场竞争。[②]

而在我国外贸制度改革逐渐深化、对外贸易经济快速发展的情况下，部分中国企业却并没有良好地适应这一发展变化。对外开放初期，企业的出口业务是由专门的对外贸易公司代理，自身并不直接从事出口业务，因此，海

---

① 曹中强、杨敏峰：《中国企业商标海外被抢注的原因与应对》，《中华商标》2019年第4期。

② 参见郭璐：《改革开放40年来中国对外贸易制度演变研究》，《价格月刊》2018年第10期。

外的商标注册一般也由专门的外贸公司代理进行，且直至今日，我国仍有许多企业采取间接出口的方式。而随着外贸体制的改革，昔日的外贸公司也逐渐开始改制以顺应经济市场化的改革趋势，不再专门代理其他企业的海外商标注册事项。因此，那些曾经由专门的外贸公司代理注册的商标开始缺乏管理维护，许多注册商标由于保护期限届满后未及时续展而被抢注。同时，由于对外开放是一个渐进的过程，我国许多经营者进入外贸领域的时间其实并不长，还较为缺乏国际市场竞争意识和国际知识产权保护意识，因此，在其积极响应国家号召走出国门的同时，我国企业的国际商标注册意识和商标海外抢注预防意识的平均水平却由于历史原因并没有同步跟上，这也是我国商标频遭海外抢注的原因之一。

第三章　商标恶意抢注的构成、认定与处置

第一节　商标恶意抢注的构成与认定

一、商标恶意抢注的构成要件概述

（一）商标恶意抢注中"恶意"的内涵

"恶意（malice）"的认定对于商标恶意抢注至关重要，故在讨论何种商标抢注行为能够构成商标恶意抢注前，首先应当对"恶意"的概念和内涵予以明确。事实上，商标恶意抢注其实就是违反了诚实信用原则，侵害了他人合法权益或社会公共利益的商标注册申请行为。故商标恶意抢注中的"恶意"即为诚实信用的反面和侵害他人合法权益或社会公共利益。但诚实信用的范围过于宽泛和不确定，而侵害他人合法权益和社会公共利益只是商标恶意抢注的具体表现而非商标恶意抢注中"恶意"的实质内涵。

一般而言，民法中的"恶意"是对商标抢注行为人主观心理状态的一种认定结果。商标恶意抢注主要由"商标抢注"的客观要件和"恶意"的主观要件两个方面构成，是否构成"商标抢注"属于对客观事实的判断，是一个相对客观的问题，而是否构成"恶意"却需要对行为人实施行为时的主观心理状态进行认定，是一个十分主观的问题，难以直接准确回答。一个人的内心活动是永远无法被彻底证明的，哪怕行为人言之凿凿地在法庭上宣布其主观上具有恶意，也不能完全确认其事实上具有主观恶意，而只能代表其主观

上具有恶意的可能性极大，但永远也无法排除可能存在的、哪怕概率仅为亿万分之一的行为人事实上确为善意的情形。也正是如此，在刑法中，若无其他证据予以佐证，哪怕犯罪嫌疑人在供述中对其实施的犯罪行为供认不讳，也不能直接对其进行定罪，还必须结合其他客观证据以排除其他合理怀疑。与此同时，真相永远存在于事件发生时，事件发生后的任何对真相的追溯都是具有不确定性的。因此，对商标抢注行为人的主观恶意进行认定时，所要追求的目标也并非是百分之百确认行为人的主观心理状态，而是尽可能地通过综合更多抢注行为的客观方面的因素来贴近事实真相，以追求最大化的公平正义。由此可知，在考察商标恶意抢注的主观构成要件时，应当着重通过行为的客观方面来综合认定抢注行为人主观上是否具有恶意，若通过其客观行为能够认定或推定抢注行为人主观上具有恶意，则其抢注行为就应当落入商标恶意抢注的范畴，换言之，"恶意"实质上是对商标抢注行为的各个客观方面进行综合分析后得出的一种认定结果。

同时，"恶意"其实并非商标法中的独有概念，其早已被广泛地应用于各种民法制度中，而与"恶意"概念相关的民法制度主要包括善意取得（Bona Fide Acquisition）、恶意串通（Malicious Collaboration）以及恶意诉讼（Malicious Prosecution），这些其他民法制度中的"恶意"的内涵对明晰商标恶意抢注中的"恶意"概念具有一定参考意义。

所谓善意取得是指无权处分人将物权转让给受让人时，受让人若对其权利瑕疵不知情，且支付了合理对价，则可依法取得该物权。善意取得是物权法中民事主体取得物的所有权的一种重要方式，其目的在于保护受让人的信赖利益。因此，尽管善意取得制度脱生于物权法，但其所包含的保护善意者的信赖利益之义在商标法中同样应当得到遵循。因此，在考察商标法中的"恶意"时，可以在一定程度上参考善意取得制度中"善意"的概念与内涵，从而明晰其反面——"恶意"的概念与内涵。而从善意取得的内涵可知，"善意"的核心内涵是对权利瑕疵的"不知情"，作为"善意"的对偶概念，"恶意"则是指对权利瑕疵的"知情"。但对于善意取得中的"善意"是否包含"过失"和"重大过失"，民法学者们有不同的见解，一种认为"善意"不包含"过失"和"重大过失"，是一种事实，与是否过失无关；另一种则认为"善意"包含"重大过失"，受让人应担负一定程度的注意义务，[1] 基于利益衡量，法律应只保护不存在重大过失的信赖。[2] 由此可见，善意取得中的"善意"一般不包含受让人存在过失的情形，而对于"善意"是否包含"重大过失"，则要考虑到受让人是否负担了一定程度的注意义务，若认为受让人应当具有一定程度的注意义务，则其"善意"应当包括了"重大过失"，反之则否。因此，若参考善意取得制度适用中对"善意"的界定，则商标恶意抢注中的"恶意"至少意味着抢注行为人主观上对于其行为违反诚实信用原则，以及可能侵害他人合法利益或公共利益处于"知情"状态，而对于因重大过失而导致的事实上的"不知情"，则应当根据行为人是否负担一定程度注意义务而决定。

而恶意串通则属于民事行为的一种无效情形，指行为人和相对人恶意串通损害他人合法权益或公共利益的行为应当被视为无效民事行为，德国民法中亦称这种虚假的意思表示为通谋虚伪。对于恶意串通行为无效制度，虽然民法学者们因其与其他制度的竞合等问题而颇有疑虑，但我国《民法总则》和《合同法》中依然保有恶意串通行为无效制度的相关规定，[3] 并且在新施行的《民法典》中，恶意串通行为无效制度也在其总则编得到了继续保留。因此，恶意串通行为无效制度对明晰商标恶意抢注中的"恶意"仍具有一定参考作用。不过事实上，"恶意串通"的语义本身较为含混，容易导致理解上产生意见分歧。一般而言，恶意串通中的"恶意"指一种"故意"，即行为人已经预见到自己行为的损害结果，仍然积极地追求这种结果，对损害结果持追求或放任的态度，但对于"故意"是否应当包含"应知"情形，学界

---

[1]　王泽鉴：《民法物权 2：用益物权·占有》，中国政法大学出版社 2001 年版，第 266 页。

[2]　吴国喆：《善意认定的属性及反推技术》，《法学研究》2007 年第 6 期。

[3]　《中华人民共和国民法总则》第一百五十四条：行为人与相对人恶意串通，损害他人合法权益的民事法律行为无效。《中华人民共和国合同法》第五十二条：有下列情形之一的，合同无效：（一）一方以欺诈、胁迫的手段订立合同，损害国家利益；（二）恶意串通，损害国家、集体或者第三人利益；（三）以合法形式掩盖非法目的；（四）损害社会公共利益；（五）违反法律、行政法规的强制性规定。

仍然存在不同意见。在恶意串通行为无效制度中，其"恶意"概念的分歧也主要在于其是否包含过失或重大过失而导致的"应知但事实不知"。

而恶意诉讼则是指一方当事人恶意实施诉讼或双方恶意串通进行诉讼，利用司法程序获得法院裁判，以达到占有他人财产或损害公共利益的目的。[①] 由此可见，恶意诉讼中的"恶意"应当同样是对诚实信用原则的违反，具体而言，则是明知其诉讼目的的不正当。[②] 因此，恶意诉讼中的"恶意"是"故意心态中之恶劣者，含有明显的加害性追求"，[③] 即恶意诉讼中的"恶意"是一种严重的故意，行为人主观上应当具有谋求不正当利益的意图。此时，"恶意"并不等同于"故意"，而是一种公然违背诚实信用原则，具有明显不正当目的和较强可谴责性的"故意"。

综上所述，民法中的"恶意"概念的内涵并非完全一成不变，在不同的制度处境中，"恶意"有不同的内涵和解释。具体结合商标法来看，在注册取得制度下，商标专用权的取得必须经过注册公示。因此，在先使用的未注册商标上并无排他性权利，只能受到程度弱于已注册商标的保护。在这种制度前提下，商标专用权必须通过商标注册公示才能对他人具有效力。因此，原则上，在后的注册商标申请人仅需对已经申请注册的商标采取避让措施，不能在相同或类似商品类别上申请注册与已注册或初步审定公告的商标相同或近似的商标，但对于未注册商标，其原则上并无避让的义务。但考虑到商标使用同样具有一定程度的类似公示的效果，因此，对于明知他人在先使用了未注册商标，却仍然不采取避让措施的，同样应当认为其属于违反诚实信用原则的情形，故而可以出于保护在先使用者的合法利益之目的而限制其注册申请行为。但由于商标使用所具有的公示效果并不完全，无法直接产生推定效果，现实中，在后申请注册该商标的行为人可能确实对他人在先使用的情况并不了解，因此，若行为人事实上的确不知在先权利的存在，其注册申

---

① 肖建华：《论恶意诉讼及其法律规制》，《中国人民大学学报》2012年第4期。
② 王加庚：《应设立恶意诉讼赔偿制度》，《人民法院报》2004年7月20日。
③ 梁慧星：《中国民法典草案建议稿附理由，侵权行为编·继承编》，法律出版社2004年版，第54页。

请行为则仍应当被视为是正当、合法的行为。

概而言之，商标恶意抢注中的"恶意"并不仅仅只是一种"故意"，还是违反了诚实信用原则的一种严重"故意"，即商标恶意抢注行为人明知其行为具有损害他人合法权益或社会公共利益的可能，仍然追求此种不正当目的，但不包括应知而事实上确实不知的情形。

（二）商标恶意抢注的构成要件梳理分析

狭义的商标恶意抢注是指我国《商标法》第三十二条所规定的"以不正当手段抢先注册他人已经使用并有一定影响的商标"，而事实上，恶意的商标抢注行为类型远不止于此，还包括了抢注他人已注册或未注册的驰名商标、特定关系人的抢注、侵害他人在先权利的抢注以及商标囤积行为。而这些不同种类的商标恶意抢注的构成要件存在诸多差异，因此，在讨论和分析商标恶意抢注的构成时，有对不同类型的商标恶意抢注行为分开论述之必要。故笔者对商标恶意抢注进行梳理分析后，对不同类型的商标恶意抢注行为的构成要件进行了总结归纳并形成了表格，见表1。

表1　不同类型商标恶意抢注构成要件

商标恶意抢注类型	是否要求商标近似	是否要求商品类似	是否要求在先使用	其他特殊要件
抢注未注册普通商标	是	是	是	不正当手段＋有一定影响
抢注未注册驰名商标	是	是	—	未注册驰名＋容易混淆
抢注已注册驰名商标	是	否	—	已注册驰名＋误导公众＋损害可能
代表、代理人抢注	是	是	否	代表、代理关系＋未经授权
其他特定关系人抢注	是	是	是	其他特定关系＋明知
抢注其他他人在先权益相关标志	是	否	—	侵害他人现有在先权益
商标囤积	否	否	—	不以使用为目的＋大量

首先，从表 1 整体来看，依据构成要件的不同，商标恶意抢注的类型可以划分为对未注册普通商标的抢注、对未注册驰名商标的抢注、对已注册驰名商标的抢注、代表人和代理人对被代表人和被代理人的抢注、与被抢注人存在代理和代表以外的其他特定关系的人的抢注、抢注其他他人在先权益的相关标志以及商标囤积。同时，商标恶意抢注的构成要件主要涉及商标相近似、商品相类似、被抢注商标的在先使用，以及抢注行为人主观上的故意，而不同类型的商标恶意抢注行为的构成要件并不完全相同，在以上基础构成要件之上，不同类型的商标恶意抢注行为还会有其自身特殊的构成要件。

其次，对表 1 纵向而观，在众多构成要件中，抢注商标与他人在先标志相同或近似几乎是所有商标恶意抢注的共同构成要件，只有商标囤积行为的构成不需要满足此要件。具体而言，在抢注他人未注册驰名商标或已注册驰名商标、或在先使用的普通未注册商标的情形中，抢注商标均应当与他人在先使用的商标相同或近似，而在侵害其他他人在先权益的抢注情形中，抢注商标则应当与他人在先权益相关标志相同或近似。而在以上这些以商标相同或近似为构成要件的商标恶意抢注行为中，除了抢注他人已注册驰名商标和侵犯其他他人在先权益的情形，其他的商标恶意抢注行为的构成要件均还包括商标所使用的商品或服务相同或类似。另外，对未注册普通商标的抢注和其他特定关系人的抢注还以被抢注商标的在先使用为商标恶意抢注的构成要件。

最后，对表 1 横向而观，则可清楚地看到不同类型的商标恶意抢注行为的构成要件，具体而言：

对未注册普通商标的抢注构成恶意商标抢注的要件为"商标相近似＋商品相类似＋在先使用＋不正当手段＋有一定影响"。

对未注册驰名商标的抢注构成恶意商标抢注的要件为"商标相近似＋商品相类似＋未注册商标驰名＋容易混淆"。

对已注册驰名商标的抢注构成恶意商标抢注的要件为"商标相近似＋已注册商标驰名＋误导公众＋损害可能"。

代表人和代理人对被代表人和被代理人的抢注构成恶意商标抢注的要件为"商标相近似＋商品相类似＋存在代表或代理关系＋未经授权"。

其他特定关系人的抢注构成恶意商标抢注的要件与对普通未注册商标的抢注最为类似，为"商标相近似＋商品相类似＋在先使用＋明知＋其他特定关系"。

侵害其他他人在先权益的抢注构成恶意商标抢注的要件为"商标相近似＋侵害他人现有在先权益"。

商标囤积构成商标恶意抢注的要件则为"不以使用为目的＋大量"。

二、对未注册普通商标的恶意抢注之构成与认定

对未注册普通商标的恶意抢注即前文所提及的狭义的商标恶意抢注情形。在商标注册取得原则下，商标专用权仅能通过商标注册取得，未注册商标的使用者虽然能够通过商标使用行为获得一定程度的受法律保护的利益，但这种法益在得到商标注册的确认前，并不能上升至权利的程度。因此，对未注册普通商标的恶意抢注的构成要件中，除了包含"商标相同或近似"和"商品或服务类别相同或类似"，还应当包含被抢注未注册商标已经通过"在先使用"而"有一定影响"，以及抢注行为人采取了"不正当手段"。

（一）商标相同或近似的认定

商标的价值和功能依赖于商品或服务来源区分功能的发挥，因此要保护商标权人的合法利益就必须防止产生市场混淆的申请注册或使用与他人在先使用的商标相同或近似的商标之行为，尤其是在商标侵权认定中，商标的相同或近似更是认定商标侵权行为成立的重要条件。同样地，商标的相同或近似既是认定商标恶意抢注的首要条件，也是认定的第一道难关。

1. 商标相同或近似的内涵

为了在行政实践和司法实践中更好地解决商标纠纷，最高人民法院已经

在《关于审理商标民事纠纷案件适用法律若干问题的解释（2020 修正）》（本章下称《司法解释》）中对商标相同和商标近似的概念和认定方法做出了具体规定，①而国家知识产权局则是在原国家工商行政管理总局 2016 年制定的《商标审查及审理标准》的基础上，于 2021 年制定了新的《商标审查审理指南》（2022 年 1 月 1 日施行，以下简称《指南》）。同时，国家知识产权还于 2020 年 6 月 15 日发布了《商标侵权判断标准》，对商标相同和商标近似的行政执法作出了较为细致的规定。②但需要注意的是，在商标相同或近似认定方面，商标行政审查审理、执法标准与商标司法审理标准其实存在一定区别，《司法解释》《商标审查及审理标准》《指南》以及《商标侵权判断标准》在相关问题的表述上并不完全一致。

首先，在"商标相同"的内涵方面，《司法解释》中所认为的商标相同仅是商标标志的相同，即"视觉上基本无差别"。而原《商标审查及审理标准》中所认为的商标相同不仅包括商标标志的相同，还有商标所使用的商品或服务类别的相同或类似，并且还包括易使相关公众对商品或者服务的来源产生混淆之要求。依照《商标审查及审理标准》之规定内容来看，其实质是认为商标相同包含了商标标志和商品类别两方面的相同，将不同种类商品上的相同商标直接视为了不同的商标，因此在认定商标相同或相似前，应当先认定其商品和服务的相同或类似。而新版《指南》虽并未将商品服务类别类似和容易导致混淆从商标相同的定义中删除，却依然在商标相同的判断方法中强调了需要考虑是否容易导致混淆。但对于该"易使相关公众对商品或者服务的来源产生混淆"要件，有学者指出了其不合理之处，认为其违反了我国《立法法》规定，擅自增减了法律规定的权利义务，商标审查人员其实无须审查申请注册的新商标是否容易导致与

① 参见《最高人民法院关于审理商标民事纠纷案件适用法律若干问题的解释（2020 修正）》第九条、第十条。
② 参见《商标审查及审理标准》第三部分《商标相同、近似的审查》；参见《商标审查及审理指南》下编第五章《商标相同、近似的审查审理》；参见《商标侵权判断标准》第十三条、第十四条、第十五条、第十六条、第十七条以及第十八条。

他人在先商标的混淆。[1] 而作为行政执法实践标准，《商标侵权判断标准》中的规定与该种观点不谋而合，即其并未在对商标相同的定义中强调对商品或服务来源混淆的要求，回归了对商标标志本身相同的强调，将商标相同定义为是商标标志的完全相同，或视觉或听觉感知基本无差别、相关公共难以分辨的商标，并没有将商品或服务类别的相同或类似作为审查商标标志相同的逻辑前提，而是通过另外的单独条款强调了商标侵权判断需要同时认定商标相同或近似、商品服务类别相同或类似，以及容易导致相关公众混淆。[2]

其次，在"商标近似"的内涵方面，《司法解释》和《指南》都根据商标构成要素的不同，分别地作出了解释，包括文字商标、图形商标、组合商标、立体商标和颜色商标等。至于《商标侵权判断标准》，则是直接通过其第十六条的规定援引了《商标审查及审理标准》对商标近似的规定。[3] 具体而言，文字商标的近似是指其字形、字音、含义的近似，图形商标的近似是构图和颜色的近似，文字和图形的组合商标是组合后的整体结构和外观相似，立体商标的近似是立体形状和外观的近似，颜色商标的近似则是颜色和颜色组合近似。另外，原《商标审查及审理标准》中还专门强调了声音商标的近似是听觉感知或整体音乐形象的近似，而新版《指南》则对不同构成要素的商标的近似要素作出了归纳总结，列举了商标的发音、视觉、含义和排列顺序等因素。与此同时，无论是《司法解释》，还是《商标审查及审理标准》，或是《指南》，都在对商标近似的解释中强调了"容易导致相关公众对商品或服务来源产生混淆"这一要件。因此，在商标近似认定的混淆要件方面，也仍然存在与商标相同认定同样的问题。

这一问题产生的原因或与《指南》和《司法解释》的适用程序不同有

---

[1]　曹新明：《我国商标近似认定标准探讨》，《知识产权》2019 年第 3 期。

[2]　参见《商标侵权判断标准》第十九条。

[3]　《商标侵权判断标准》第十六条：涉嫌侵权的商标与他人注册商标是否构成近似，参照 2016 年 12 月修订的《商标审查及审理标准》关于商标近似的规定进行判断。

关。《指南》主要适用于商标注册申请中的审查过程和商标评审中的审理过程。而在商标注册申请审查过程中，商标审查人员原则上是将该申请注册的新商标与在先注册或初步审定公告的商标进行对比来认定是否构成商标近似，但由于商标注册申请并不以实际使用了该商标为必要条件，因此，许多在先注册或已经初步审定公告的商标可能并未投入实际使用，也就不可能产生知名度和影响力。而混淆的认定需要综合考虑商标的实际使用情况、标志的显著性和知名度等因素，并不仅仅是考虑商标标志的相同或近似。因此，审查人员实际上难以判断商标标志的相同或近似是否达到了容易导致公众混淆的程度。而《司法解释》主要适用于商标侵权诉讼的审理过程，而来源混淆正是商标侵权认定的核心，而现实中可能会出现商标标志客观上近似，但不会造成混淆的情形。① 因此，在对是否构成商标侵权进行判断时，是否容易导致相关公众混淆就成了商标相同或近似认定的重要条件，将容易导致混淆作为认定商标近似的要件具有其逻辑上的合理性。

最后，学理上其实既可以将"商标相同或近似"等同于"商标标志的相同或近似"，也可以将其理解为等同于"商标标志的相同或近似 + 商标所使用的商品或服务类别相同或类似"，还可以理解为"商标标志的相同或近似 + 商标所使用的商品或服务类别相同或类似 + 容易导致相关公众混淆"。第一种等同于"商标标志的相同或近似"的"商标相同或近似"是一种客观事实，只需要考虑商标标志在客观上是否会让他人难以分辨。而第二种和第三种"商标相同或近似"是一种主观判断结果，尤其是第三种"商标相同或近似"，其是判断商标权利是否有可能受到实际损害的条件之一。由于一般只有在相同或类似商品或服务上使用相同或近似的商标才有导致市场混淆产生的可能，因此，第二种"商标相同或近似"包含第一种"商标相同或近似"和"商品或服务类别相同或类似"两方面的要件，而第三种"商标相同或近

---

① 例如，在"友阿"商标侵权纠纷案中，法院认为涉案争议商标虽与引证商标构成文字近似，但不会导致混淆。参见湖南省高级人民法院（2014）湘高法民三终字第146号民事判决书。

似"更是在包含第二种"商标相同或近似"的基础上还强调了对"容易导致混淆"的要求，更接近商标侵权认定中的混淆认定标准。但无论如何，前两种"商标相同或近似"的认定其实并不包含对是否"容易导致混淆"的判断，因此理论上至少不应将"商标标志的相同或近似"与"容易导致混淆"等同。

一般而言，混淆认定是商标审查和审理的逻辑终点而非起点，正确的商标审查或审理的逻辑应当是先对"商标标志的相同或近似"和"商品或服务类别的相同或类似"进行认定，在二者皆符合条件的基础上，再综合其他客观因素确认其是否容易导致相关公众的混淆，或者如果能够直接证明现实中确实有导致相关公众混淆的可能或已经产生了混淆的实际效果，也可以放宽对"商标标志相同或近似"和"商品或服务类别相同或类似"的要求。若将"商标相同或近似"理解为"商标标志相同或近似"，则此时的"商标相同或近似"是认定可能产生市场混淆的必要条件之一，该要件本身的含义不应当包含"容易导致混淆"，同时，判断是否"容易导致混淆"实则是商标审查和审理过程中所追求的一种认定结果，即"商标相同或近似"认定实际上是服务于混淆认定之最终目的的，其仅仅是混淆认定中的一个重要方面和环节。而关于"容易导致混淆"的详细论述，参见本节第三部分"对驰名商标的恶意抢注之构成与认定"中的内容。

2. 商标相同或近似认定的标准与方法

需要首先说明的是，接下来所称的"商标相同或近似"是指"商标标志的相同或近似"，而非商标侵权认定中的混淆意义上的商标相同或近似。在明确以上认识的基础上，一般而言，判断商标是否相同或近似需要以相关公众的一般注意力为标准，结合整体观察和部分对比两种方法，对争议商标和引证商标的标志本身的可感知状况，包括商标的读音、外观形状、含义等是否相同或近似进行判断。

（1）"相关公众"的内涵

"相关公众的一般注意力"标准不仅仅是商标相同或近似的认定标准，

还是商品或服务相同或类似、商标的显著性以及混淆可能性等方面的认定标准。并且，这一标准几乎被适用于商标法中所有需要进行主观认定的环节，其范围大小将会直接影响混淆认定的结果，从而决定商标权利保护的范围大小，是商标法中的重要基础概念，故必须首先对相关公众的内涵予以明确。

一般而言，相关公众既应包括该商标所予使用的商品或服务的相关消费者，也应包括与之相关的其他经营者。[①] 其中，相关消费者既包括该商品或服务的实际消费者，也包括潜在消费者，而相关经营者则包括商品或服务的生产者和提供者，参与商品或服务经销过程的经营者或其他相关人员，以及相关行业内的其他人员。[②] 另外，在一些国家的判例或立法中，还会对相关公众的理性程度进行强调。例如，德国商标法认为相关公众是表面注意商标的非理性个体，法国、西班牙商标法认为相关公众是不具有专业知识但又非完全无知的个体，欧盟法院的司法实践中则认为相关公众是具有一般合理谨慎注意力的消费者。[③]

由此可知，相关公众的概念至少应该包含两个方面的重要内容，一是其与商标所使用商品或服务的关联程度；二是其理性程度。

在关联程度方面，从《司法解释》的表述上看，其对待消费者和经营者的标准是有所不同的。对于消费者，《司法解释》仅要求其与商标所标识的商品或服务相关，而对于经营者，《司法解释》采取的表达是"与前述商品

[①] 《最高人民法院关于审理商标民事纠纷案件适用法律若干问题的解释（2020修正）》第八条：商标法所称相关公众，是指与商标所标识的某类商品或者服务有关的消费者和与前述商品或者服务的营销有密切关系的其他经营者。

[②] 参见《驰名商标认定和保护规定（2014修订）》第二条第二款：相关公众包括与使用商标所标示的某类商品或者服务有关的消费者，生产前述商品或者提供服务的其他经营者以及经销渠道中所涉及的销售者和相关人员等；《关于驰名商标保护规定的联合建议》第一章第二条第二款："相关公众"应当包括但不限于：（1）商标所标识的某种商品或服务的实际和潜在消费者；（2）商标所标识的某种商品或服务的销售渠道的参与者；（3）从事商标所标识的某种商品或服务的行业内人士。

[③] 参见李永明、刘筱童：《商标法中"相关公众"的范围界定》，《浙江大学学报（人文社会科学版）》2019年第6期。

或者服务的营销有密切关系”，即经营者的关联程度应当比消费者的关联程度更高并且达到“密切”的程度。

而《司法解释》对于消费者和经营者是否属于相关公众采取不同标准有其自身合理之处。在市场混淆产生时，消费者是最容易直接受到不利影响者，较经营者而言，其在市场交易活动中天然处于更加弱势和更加被动的地位。消费者利益往往需要法律的适当倾斜和特殊保护才能得到良好和充分的保障。因此，出于保护消费者利益的考量，应当认为消费者只要与使用了商标的商品或服务有接触可能即可被视为商标法意义上的相关公众。同时，这一理解方式也与《关于驰名商标保护规定的联合建议》中采取的“实际（Actual）和潜在（Potential）消费者”的表述保持了一致。实际消费者，或称现实消费者，是指对商品或服务有现实需要，并且购买或使用了商品或服务的人，这一类消费者必然与该商品或服务密切相关，其属于相关公众范围毋庸置疑。而潜在消费者，是指当前尚未购买相关商品或服务，但未来有可能转变为实际消费者的人。对经营者而言，这一类潜在消费者的重要性实则并不弱于实际消费者，并且吸引潜在消费者转变为实际消费者正是经营者进一步扩张经营范围、扩大产销规模和提高经营收益的重要努力方向。故鉴于潜在消费者同样具有购买的可能性，在对商标相同或近似和混淆可能性等方面进行认定时，有必要将其与现实消费者一并纳入相关公众的范围中。同时，理论上只要消费者接触了商标所使用的商品或服务，就应当认为其具有购买和使用该商品或服务的可能。因此，相关消费者的合理解释应当为能够接触商标所使用的商品或服务的消费者。而至于经营者，其被纳入相关公众的范畴是由于其经营业务可能与该商品或服务紧密相关。在市场分工明确的情况下，经营者与其他经营者之间若无密切经营活动往来，则一般没有产生混淆之现实基础与可能性，只有当其经营业务与该商品或服务有较为直接的关联时，才会有混淆之虞，特别是上游市场中商标所使用的商品或服务相同或类似且商标标志相同或近似时，下游市场的经营者则有可能会对该商品或服务的来源产生混淆。因此，经营者也可能被纳入相关公众的主体范围中，但只有该经营者与该商品或服务存在较为直接、密切关联时，才属于商标法中所要考虑的相关公众主体范围。

在相关公众的理性程度方面，其标准实则具有不确定性。但总体而言，应当在遵循具体情况具体分析这一原则基础上，遵循一般理性人的标准。首先，相关公众是商标法为了认定法律事实所拟制的主体。在商标实际发挥商品或服务来源区分功能的过程中，是部分社会公众通过感知商标、购买和使用该商标所予使用的商品和服务形成了对该商标的认识。而这一认知过程并非是商标行政管理部门或司法机关依靠其职权所能干预、影响或决定的。因此，法律拟制出了相关公众这一主体，由这一抽象主体代表一种相关消费者或经营者的平均理性水平，这种平均水平包括了生活常识水平、文化水平、智力水平、观察力水平等各个方面的、可能影响相关公众对商品或服务来源作出判断的因素。其次，一般的消费者或经营者应当是具有一般注意力的一般理性人，因此商标法上的相关公众原则上也应当是具有一般理性或一般注意力，或一般谨慎的社会群体。同时，由于经营者是基于经营目的而在经营活动中频繁接触相关商标标志以及相关商品或服务，其一般具有更多相关行业经验和相关知识，注意力程度也往往高于普通消费者。这意味着相关经营者的商标辨认能力一般强于普通相关消费者，更加不容易产生混淆、误认。最后，还要注意的是，消费者和经营者的理性程度并非一成不变，相关公众的注意力程度还会受到商品或服务类别和商品价格水平高低等其他因素的影响，因此，在具体采用相关公众认知水平作为标准时，还要注意结合具体情况对相关公众的理性程度进行分析和认定。

（2）商标相同或近似认定的一般方法

在确定了商标相同或近似认定应当以相关公众的一般注意力程度为标准的基础上，还要明确商标相同或近似的一般认定方法。实质上，商标相同的认定较为简单和直观，即相关公众对商标标志的感知基本完全相同，因此，其认定结果往往具有客观准确性。但商标近似的认定却较为复杂，需要通过反复将抢注商标与他人在先使用的未注册商标进行对比观察才能得出结论，并且即便如此，其结论往往仍具有较大的主观性和不确定性。因此，对于商标相同或近似的认定，只能通过采取尽量科学合理的对比方法来消减这种结果的不确定性。

首先，商标相同或近似认定所需对比的对象原则上是抢注行为人申请注册的商标标志和他人在先使用的未注册商标标志，但若抢注行为人在抢注后实际使用的情况不规范，也可能需要将其实际使用的商标标志与他人在先使用的未注册商标进行对比。例如，"清风"商标和"三青风"商标原本在文字构成上具有明显区别，并不相似，但通过刻意将"三青风"中的"三"字弱化，缩减"三"字与"青"字之间的距离，"三青风"商标在实际使用的过程中可能会使消费者感觉与"清风"商标非常近似。再如，在娜可丝公司诉商评委与第三人郑沧宇案中，被告仅申请注册了"NUXE"商标，而原告的商标是"NUXE PARIS 及树形图"商标，如图 5 所示，其商标标志本身并不相似，但被告在实际使用中将"NUXE"变形并结合了树形图，与原告的"NUXE PARIS 及树形图"商标高度近似。① 因此，当抢注行为人实际使用商标的行为不规范时，有时还需要将抢注人实际使用的商标标志与他人在先使用的未注册标志进行对比。

图 5　NUXE PARIS 及树形图

---

① 参见北京市第一中级人民法院（2012）一中知行初字第 1053 号行政判决书。

其次，商标相同或近似认定需要对抢注商标和他人在先使用的未注册商标的主要部分进行对比。所谓主要部分，应当是指商标标志中显著性较强，具有明显特征的部分。若抢注商标与他人在先使用的未注册商标的起识别作用的主要部分并不相似，而只是其他非主要部分相似，则不宜认定二者构成商标相同或近似。

另外，除了需要对比抢注商标和他人在先使用的未注册商标的主要部分是否相似，还需要对二者整体上的感知进行比较。在整体对比环节，主要是依据抢注商标与他人在先使用的未注册商标相似部分在整体商标中所占的比例大小和影响来判断是否整体近似。抢注商标与他人在先使用的未注册商标相似部分占比越大，其整体上就越具有构成近似的可能性，反之则一般不宜认为二者构成商标相同或近似。需要强调的是，这种比例不仅包括相似部分在他人在先使用的未注册商标中所占的比例，也包括相似部分在抢注商标中所占的比例，任何一种比例较小，都有可能使二者在整体上的感知存在明显区别，也就不构成商标整体相同或近似。

最后，无论是部分对比还是整体对比，都应当采取隔离对比的方式，即将抢注商标和他人未注册商标隔离开来，在不同的时间和空间分别进行辨认和比较。之所以要采取这种隔离对比的方式是为了模拟生活实践中消费者对商标的感知模式。在生活实践中，消费者往往不会有机会直接看到两个商标相似的商品同时一起摆放在眼前。对于在相同或类似商品上同时存在的A商标和与之相似的A'商标，通常而言，消费者首先会通过身边的广告宣传或自身的购买经验对A商标产生认识和了解，然后将这一商标记忆储存在脑海中，直至现实中又另外接触到A'商标时，才会因为感知到A'商标而联想起脑海中对A商标的印象，在其不够耐心、谨慎或注意力程度不够高时，就有可能误认为A'商标是A商标。因此，消费者之所以会产生混淆，往往是对其脑海中记忆的A商标与现实中的A'商标产生了混淆，或对其脑海中同时记忆的A、A'两个相似商标产生了混淆。若直接将A商标和A'商标同时摆放在消费者眼前，则消费者可能会下意识地提高其注意力程度，认真地对二者进行辨认，发现二者存在区别的可能性就会提高，产生混淆的可能性也就会大大降低。因此，若要以相关公众的一般注意力程度为商标相同或近似的认定标准，就有必要模拟现实场景中消费者的注意力程度，也就需要采取隔离对比的方式。

3. 不同构成要素的商标相同或近似认定

在遵循一般的商标相同或近似认定方法和标准的基础上，由不同种类的要素构成的商标，在商标标志相同或近似认定中，有其各自需要考量的不同的主要因素。

（1）文字商标的相同或近似

由于文字具有表意准确，便于辨认、呼叫和记忆的特点，生活中最为常见的一种商标就是文字商标。文字商标的构成要素不仅包括中文的文字，还包括字母、数字以及其他语言的文字。

首先，文字的构成和排序完全相同，或仅存在细微差别的两商标属于相同商标。[①] 所谓文字构成即组成文字商标所使用的全部文字符号，而文字排列既包括文字与文字之间的顺序安排，还包括对文字整体上的相对空间位置和字体大小的安排。因此，文字长度、内容或其排列组合不同的商标不属于相同商标；不同种类的文字符号所构成的商标亦不属于相同商标，即中文商标、英文商标、数字商标和其他不同语种的文字商标之间均不可能属于相同商标；同时，简体文字和繁体文字等其他字体样式明显不同的文字商标之间也不属于相同商标，如"叶"与"葉"，其文字简体写法与繁体写法之间区别就较大，而对于文字简体写法与繁体写法基本相同或区别细微的，如"财"与"財"，实际认定时则不宜一概而论。

其次，近似商标则是在文字的字形、读音和含义方面相似的商标。新版《指南》共列举了17类文字商标的近似情形，并且针对其中部分情形规定了

---

① 《商标审查审理指南》规定：因字体、字母大小写或者文字排列方式有横排与竖排之分使两商标存在细微差别的，或者仅改变汉字、字母、数字等之间的间距、颜色，仍判定为相同商标。

除外情形。① 通过对《指南》中列举的商标近似情形予以归纳分析，可以将文字商标的近似情形进一步整理归纳如下：

A.商标的文字构成相同或近似；

B.商标的文字构成不同，但文字读音相同或近似，且外观相近似；

C.商标的文字构成、读音不同，但字形近似；

D.商标的文字构成、读音、字形不同，但含义相同或近似；

E.商标完整包含他人在先商标的显著识别部分；

以上各项商标近似情形中，由 A 至 D，实则包含了对商标近似进行认定的一般逻辑思维过程：首先对商标构成进行认定，若其文字构成相同，仅有字体或排列上的不同，或构成相似，仅有个别字不同，则属于 A 情形；若不属于 A 情形，则进一步判断其读音，若其读音相同或近似且字形或整体外观近似，则属于 B 情形；若其仍不符合 B 情形，则进一步判断其字形，若字形近似，则属于 C 情形；若其仍不符合 C 情形，则最后还要对其含义进

---

① 《商标审查审理指南》规定了以下 17 种情形中，易使相关公众对商品或者服务的来源产生混淆的，判定为近似商标：（1）中文商标的汉字构成相同，仅字体或设计、注音、排列顺序不同；（2）中文商标的显著识别部分汉字构成相同，仅排列顺序不同；（3）商标文字由字、词重叠而成；（4）商标文字或显著识别部分读音相同或者近似，且字形或者整体外观近似；（5）商标文字构成、读音不同，但商标字形近似；（6）商标文字构成、读音不同，但含义相同或近似；（7）中文商标由三个或者三个以上汉字构成，仅个别汉字不同，整体无含义或者含义无明显区别；（8）商标由一至两个外文字母或数字构成，仅字体或设计不同，整体外观近似；（9）外文商标由三个或者三个以上字母构成，仅个别字母不同，整体无含义或者含义无明显区别；（10）商标由两个外文单词构成，仅单词顺序不同，含义无明显区别；（11）商标文字仅在形式上发生单复数、动名词、缩写、添加冠词、比较级或最高级、词性等变化，但表述的含义基本相同；（12）商标仅由他人在先商标的显著识别部分及本商品的通用名称、型号或直接表示商品的质量、主要原料、功能、用途、重量、数量及其他特点的文字组成；（13）商标仅由他人在先商标的显著识别部分及某些表示商品生产、销售或使用场所的文字组成；（14）两商标存在起修饰作用的形容词或者副词、名词以及其他在商标中显著性较弱的文字的区别，所表述的含义基本相同或相近；（15）两商标或者其中之一由两个或者两个以上相对独立的部分构成，其中显著部分近似；（16）商标完整地包含他人在先具有较高知名度或者显著性较强的文字商标；（17）商标包含汉字及其对应拼音，与含单独相同拼音的商标。

行判断，若其含义相同或近似，则属于 D 情形，否则不构成近似商标。同时，在判断商标文字构成、读音和字形近似程度的过程中，考虑到一般人的阅读习惯是从左至右、从上至下，若商标的首字的读音或字形明显不同，也有可能会使商标整体区别明显。而若两商标整体外观或整体含义区别明显，仍有可能不构成商标法意义上的商标近似。

E 情形则是包含了他人在先商标的特殊近似情形，若某商标仅由他人在先商标加上无显著性或弱显著的部分构成，或某商标完整包含的他人在先商标具有较高知名度或显著性，则该商标与他人在先商标构成近似商标。

（2）图形商标的相同或近似

与文字商标相比，图形商标的缺点在于其不便于呼叫，但图形商标的优点在于其可以突破文字商标的语言障碍，更直观、生动地向相关公众传达商品或服务的信息。所谓图形是二维平面上由点、线、面组合而成的、显示出来的一种形状。而所谓图形商标则是由图形构成的一种平面商标，既可以是简单的几何图案，也可以是繁复的花纹、图案或生动的植物、人物、动物等自然形象。因此，图形商标的相同，是指商标图形在视觉上基本无差别，而图形商标的近似，则需要从图形的构图、设计和图形整体外观等方面进行评定。

图形商标的近似认定方法与文字商标的近似认定方法其实是相似的，文字商标首先要考虑的是文字的构成是否近似，而图形商标则首先要考虑图形的构成是否近似，即所谓构图。具体而言，则是需要考虑图形商标所包含的图形要素是否相同或近似，以及这些图形要素之间的位置排列、布局是否相似。[1] 同时，与文字商标的近似认定一样，若图形商标中完整地包含他人在先具有一定知名度或者显著性较强的图形商标，也属于商标近似的情形。

---

[1] 例如（美国）复生希有限公司商标驳回复审纠纷案中，法院认为申请商标与引证商标均由三个椭圆排列、相交构成且均没有指定颜色，虽然三个椭圆在排列、相交的角度等细节上有所不同，但是上述区别属于细微差异，两商标在整体视觉效果上相似，相关消费者施以一般注意力隔离观察时不易区分。参见北京市第一中级人民法院（2010）一中知行初字第 2617 号行政判决书。

需要额外注意的一点是，在图形商标近似认定的相关标准中，《指南》主要考虑的因素是图形商标的构图，而《司法解释》中主要考虑的因素不仅包括图形商标的构图，还包括了图形的颜色。这是由于《指南》所针对的审查对象是由单一图形要素构成的图形商标，而《司法解释》所针对的审理对象其实是图形与颜色的组合商标。由单一的图形要素构成的图形商标在申请注册时所提交的商标图样是黑白图样，并未指定颜色，因此在对单一图形要素构成的图形商标相同或近似进行认定时，无须考虑其图形的颜色。而由图形和颜色组合的图形商标在申请注册时除了要提交黑白图样，还要提交着色图样，即其图形要具有确定的指定颜色，因此，在对这种颜色和图形的组合商标进行相同或近似认定时，有必要考虑图形颜色是否相同或近似，若其颜色有明显区别，则有可能在整体外观上与该图形和颜色的组合商标并不相似。

（3）组合商标的相同或近似

组合商标是包含了不同种类构成要素的商标，而常见的组合商标一般主要由文字、图形构成。以文字和图形的组合商标为例，在考察组合商标是否相同或近似时，主要需要对比的是其中的文字部分、图形部分以及文字和图形的排列组合方式。

首先，由于文字商标有着便于辨认、呼叫的特征，在组合商标中，文字部分往往是最具有显著性的部分，因此，若组合商标中的文字部分相同或近似，则该组合商标属于商标近似的情形。[①] 而文字部分是否相同或近似，则需遵循与前文所述的文字商标相同或近似认定同样的标准。

其次，除文字部分以外，图形部分也可能是具有较强显著性的部分，因此，即使文字部分不相似，但若其图形部分相同或近似，则该组合商标仍有

[①] 例如，曹晓冬与云南下关沱茶股份有限公司侵害商标权纠纷案中，原告的商标是由繁体"金戈铁马"和树叶图案组成的文字和图形组合商标，而被告的商标是"甲午金戈铁马铁饼"文字商标，法院认为文字"金戈铁马"在原告注册商标构成元素中更为显著，而被告突出使用"金戈铁马"四字，虽然字体不一样，但读音和字意是相同的，故而两者构成近似。参见最高人民法院（2017）最高法民再 273 号民事判决书。

可能属于商标近似的情形。此处，之所以强调是"有可能"而非直接认定为近似，是由于在组合商标中，图形部分有时仅起到装饰、背景作用，[①] 较文字部分而言，其显著性往往更弱一些。因此，即便组合商标的图形部分相同或近似，也仍需进一步从商标整体外观、含义上来进行最后的综合判断，若其图形部分十分近似，但文字部分完全不同或有明显区别，则该组合商标仍不应被认定为近似商标。

最后，即便文字部分和图形部分经过分别认定后并未达到近似程度，但若其文字和图形的排列组合方式相同，则该组合商标的整体含义和外观依然有可能近似，这时，也应该将该组合商标认定为近似商标。

（4）立体商标的相同或近似

顾名思义，立体商标并非文字、图形等平面商标，而是含有三维标志构成要素的商标。劳斯莱斯的汽车商标"飞天女神"就是最为典型的立体商标。由于立体商标的构成要素是三维标志，在立体商标相同或近似的认定过程中，需要格外注意其与平面商标的不同之处，并对其认定方法进行适当调整。

首先，需要对立体商标之间的整体外观形状是否相同或近似进行认定。[②] 在立体商标的申请注册过程中，申请人除了要提交商标图样，还要提交商标使用方式的说明和三维视图。因此，在对立体商标进行相同或近似认定时，必须要全面考虑商标标志的各个维度的外观形状是否相同或近似，从前、后、左、右、上、下不同角度对三维标志的整体外观形状予以观察对比，只有当其整体维度相同或相似时，才构成相同或近似商标。

---

① 例如，在美国都彭（香港）国际有限公司商标驳回复审案中，法院认为引证商标由英文字母"D"和带阴影的矩形框体组成，其中的英文字母"D"为该商标的主要识别部分，亦便于呼叫，而其中带阴影的矩形框体的识别作用较弱。参见北京市第一中级人民法院（2008）一中行初字第 460 号行政判决书。

② 例如，在南京老山营养保健品有限公司与南京九峰堂蜂产品有限公司侵害商标权纠纷上诉案中，法院强调，在对立体商标进行近似性判断时，应以立体商标中的立体形状进行整体对比，而不能简单地就各个部分分开对比。参见江苏省高级人民法院（2013）苏知民终字第 0038 号民事判决书。

其次，立体商标标志中可能还包含了具有显著性的文字或图形等其他平面要素，若立体商标中所包含的平面要素与其他立体商标中的具有显著性的平面要素相同或近似，且并无其他平面要素存在明显区别的，则该立体商标也应当被认定为与其他立体商标相同或近似的商标。

最后，还需要对立体商标是否与其他平面商标相同或近似进行认定。立体商标与平面商标的近似主要包含两种情形，一种是立体商标中包含了平面要素，该平面要素与其他平面商标相同或近似，另一种则是立体商标本身的视觉效果与其他平面商标相同或近似，符合以上两种情形的立体商标与其他平面商标构成近似商标。

（5）颜色组合商标的相同或近似

颜色组合商标并非一般意义上的由不同构成要素构成的组合商标。颜色组合商标中的"组合"是指不同种类的颜色的组合，而非文字、图形等不同构成要素的组合。之所以称其为"颜色组合商标"而非"颜色商标"，是由于颜色资源非常具有有限性，因此单一颜色往往难以具有显著性，一般只有两种及两种以上的颜色组合才能起到区分商品或服务来源的作用和被申请为注册商标。同时，由于原则上应禁止商标权人通过一个注册商标衍生出多个标志，颜色组合商标在注册申请时需要附加明确的使用方式说明，即虽然颜色是抽象的、没有固定形状的，但颜色组合商标必须具有某种确定的使用方式，并且以该确定的使用方式为保护范围。换言之，颜色组合商标的显著特征主要在于其组合的颜色和颜色的排列、使用方式。例如，在我国首例侵害颜色组合商标专用权的案件迪尔公司诉九方泰禾案[①]中，迪尔公司就在农业机械、收割机等商品类别上申请注册了由黄色和绿色构成的颜色组合商标，并且在申请注册时载明了使用方式是"绿色用于车身，黄色用于车轮"。因此，在颜色组合商标的相同或近似认定中，除了需要考虑颜色组合商标的构成是否相同或近似，还需要考虑颜色的使用方式是否会导致商标整体外观相同或近似。若仅仅只是颜色构成相同，但颜色使用方式完全不同，则往往不

---

① 参见北京市高级人民法院（2014）高民终字第382号民事判决书。

属于与颜色组合商标相同或近似的情形。

　　具体而言，在颜色组合商标的相同或近似认定中，首先，需要注意的是，尽管颜色组合商标在申请注册的过程也需要提交商标图样，但其本身并非图形商标，不具有固定的形状，商标申请书中的商标图样只是表示颜色组合方式的色块或表示颜色使用位置的图形轮廓，其形状会随着商品形状和使用方式的不同而改变。因此，在对颜色组合商标的相同或近似进行认定时，不能局限于通过商标图样进行对比，更不能认为与商标图样中的图形相同或者近似是与该颜色组合商标相同或近似。在实践中，颜色组合商标的近似认定往往需要借助实际的产品进行对比，相对于观察商标图样和阅读商标使用方式的说明，观察产品实物可以使观察者对商标是否近似、是否容易造成混淆产生直观的感受和判断。但与此同时也要注意，颜色组合商标并不具有固定的形状，将其用于不同形状的商品上会呈现不同的效果。故商品实物亦不等于颜色组合商标，颜色组合商标不可以用商品实物完全代替，在近似对比过程中，仍然要以商标申请书中的商标图样和使用方式为准。

　　其次，在颜色组合商标之间的商标相同或近似认定中，一般需要先对颜色组合商标中的颜色构成是否相同或近似进行认定。颜色构成包括颜色的种类、数量和颜色的排列组合方式。其中，颜色种类是指颜色的名称和色号，需要将颜色的色相、纯度、明度等信息进行对比认定。若颜色组合商标的颜色种类、数量和排列相同或相似，则属于近似商标，但若其中有一项明显不同，则可能导致相关公众对商标的整体感观产生明显改变，不属于近似商标。

　　最后，还需要结合颜色组合商标的使用方式对整体视觉效果进行对比。颜色组合商标的使用方式主要包括颜色使用的位置以及不同颜色所占的比例大小，只有当颜色使用的位置与不同颜色所占的比例大小相同或近似，该颜色组合才可能构成近似商标。另外，若颜色组合商标和图形商标或立体商标的指定颜色相同或近似，且其整体视觉效果相同或近似的，也可能与图形商标或立体商标构成近似。

(6) 声音商标的相同或近似

2013 年《中华人民共和国商标法》修改以后，声音商标的地位才在我国商标法中得以确认，而据学者统计，截至 2018 年 11 月 30 日，我国仅有 15 件注册声音商标注册成功。[①] 这是由于声音商标与前述由文字、图形、三维标志或颜色构成的商标不同，不具有可视性，只能通过听觉感知，并且不具有固定形态，因此难以获得显著性。同时，声音商标的不可视特性也给与其有关的商标相同或近似认定带来了极大困难，即一般的商标相同或近似认定方法和标准难以直接适用于声音商标的相同或近似认定中，声音商标之间的相同或近似认定仅能凭借直接听取声音样本以进行主观判断。

同时，即便声音商标在申请注册时需要提交对声音样本的描述声明，[②] 但这种对声音的描述并不直观，尤其是那些无法通过乐谱描述的非乐音性质的声音商标，其声音本身就难以准确描述，这种强加文字描述的方式事实上也难以助益于商标相同或近似的认定。但值得一提的是，有学者提出了应用计算机音频软件技术解决声音商标的相同近似对比问题，即通过计算机技术，将声音商标转化为可视的音频波动图像，再采用一般的商标相同或近似认定方法对音频波动图像进行对比观察。[③] 目前，我国获得核准注册的声音商标尚且不多，凭借直接听取声音样本的方法进行商标相同或近似认定尚无太多不妥，但随着社会经济的发展，声音商标的数量一定会逐渐上升，届时，这种过于粗暴直接的审查方法必然无法适应审查需要，因此，应用高科技技术解决法律问题的思路亦不失为一种可能的选择和可行的方法。

[①] 盛晓伟、贾晓东等：《我国声音商标注册实质审查标准完善研究——以 QQ 提示音商标注册案为例》，《中国商论》2019 年 17 期。

[②] 《商标法实施条例》第十三条：以声音标志申请商标注册的，应当在申请书中予以声明，提交符合要求的声音样本，对申请注册的声音商标进行描述，说明商标的使用方式。对声音商标进行描述，应当以五线谱或者简谱对申请用作商标的声音加以描述并附加文字说明；无法以五线谱或者简谱描述的，应当以文字加以描述；商标描述与声音样本应当一致。

[③] 参见盛晓伟、贾晓东等：《我国声音商标注册实质审查标准完善研究——以 QQ 提示音商标注册案为例》，《中国商论》2019 年 17 期。

另外，声音商标也有可能与其他可视性商标相同或近似。若声音商标中包含的声音与其他可视性商标中的文字读音或其他要素读音相似，则可能与该可视性商标构成近似商标。

（二）商品或服务相同或类似的认定

在商标恶意抢注的认定过程中，认定商品或服务是否相同或类似应当以抢注商标申请注册时指定的商品或服务类别与他人在先使用的未注册商标实际使用的商品或服务类别进行对比，并且同样以相关公众的一般注意力程度为标准，考虑在商品和服务中使用相同或者近似商标是否足以造成相关公众的混淆。

首先，认定商品和服务是否类似，原则上应当以《类似商品和服务区分表》（以下简称《区分表》）为首要判断依据。[①] 这并不仅是因为法律规定了应当参照《区分表》对商品或服务类别是否相同或类似进行认定，而是由于《区分表》是在国际商标分类的基础上，通过对大量的、长期的商标审查、审理实践进行总结而得出的结果，其已经尽量充分地考量了商品和服务分类中应当考量的各种因素，因此具有较高的权威性。但在具体案件中，《区分表》仅是认定商品或服务类别是否相同或类似的参考标准，而非绝对标准。随着市场经济的不断发展，市场上的商品和服务的类似关系也会随着市场交易的客观实际情况发生变化，即时刻会有新的商品或服务类别产生的可能，同时原有的商品或服务的特征也可能会发生改变，从而导致原有商品或服务之间的类似程度改变。而《区分表》中的分类天然地具有一定程度的滞后性，无法随时随地更新以适应这种市场经济的发展变化，因此，在某些个案中可能会有对《区分表》进行突破的必要。要而言之，在具体案件中需要对商品或服务进行认定时，《区分表》固然应当作为重要参考，却并非认定

[①] 《最高人民法院关于审理商标民事纠纷案件适用法律若干问题的解释（2020修正）》第十二条：人民法院依据商标法第五十二条第（一）项的规定，认定商品或者服务是否类似，应当以相关公众对商品或者服务的一般认识综合判断；《商标注册用商品和服务国际分类表》《类似商品和服务区分表》可以作为判断类似商品或者服务的参考。

时应当完全遵照的唯一准绳。但同时也要注意，《区分表》的突破应当遵循个案原则，并且必须遵循必要原则，只有符合一定条件才能谨慎突破《区分表》，包括抢注商标与他人在先标志近似程度较高，商品或服务关联性较强，他人在先标志显著性、知名度和独创性较强，抢注行为人主观恶意明显以及容易导致相关公众混淆误认等，否则将不利于维护商标注册秩序的稳定和保护商标权人的合法利益。

同时，商品或服务相同与商品或服务类似的认定方法存在一定区别。商品或服务是否相同应当遵照客观认定标准，而商品或服务是否类似应当遵照主观认定标准。

具体而言，商品或服务是否相同应当直接依据《区分表》的分类进行认定，如果商品或服务的名称相同，或名称不同但名称所指的事物或内容相同，则可认定其构成类别相同的商品或服务，反之则否。鉴于此，商品和服务之间原则上不可能构成相同类别，只有商品与商品、服务与服务之间可能构成类别相同。《指南》中也只规定了商品之间类别相同和服务之间类别相同的情形，而商品与服务之间只可能构成类似。同时，依照《指南》之规定，商品之间是否类似则需要综合考虑商品在功能、用途、原料、工艺、生产部门、销售渠道、销售场所、消费习惯和消费对象等方面是否具有共性；服务之间是否类似则需要综合考虑服务在目的、内容、方式、提供者、接受对象和场所等方面是否具有共性；商品和服务之间是否类似则需要综合考虑商品和服务之间的联系密切程度，以及在用途、用户、通常效用、销售渠道、销售习惯等方面的一致性。由此可见，商品或服务类别的类似需要审查人员凭借自己的主观认识进行判断，其结果具有一定程度的不确定性。例如，在著名的"非诚勿扰"商标侵权案①中，一审法院就认为"非诚勿扰"虽然与婚恋交友有关，但终究是电视节目，与原告在申请注册的"交友服务、婚姻介绍所"服务类别并不相似，相关公众一般不会认为两者存在特定联系，而二审法院却认为"非诚勿扰"节目内容是相亲、交友，与原告注册

---

① 参见广东省高级人民法院（2016）粤民再 447 号民事判决书。

的"非诚勿扰"商标相同，而最后，再审法院又认为二者在服务目的、内容、方式和对象上均区别明显，不构成类似服务，理由是不能简单、孤立地将电视节目的某种表现形式或某一题材内容从整体节目中割裂开来，而应当综合考察节目的整体和主要特征，把握其行为本质。

上述案件中判决结果的曲折足以表明商品或服务类似认定具有模糊性，而商品与服务之间是否构成类似更是实务中的复杂难题，难以分清其类似与否的界限。虽然商品和服务原则上并不类似，但某些特定种类的商品和服务之间，尤其是商品与商品销售服务之间，确实存在特定联系。以食品和餐饮服务为例，若在食品和餐饮服务上使用相同或近似的商标，即使餐饮服务提供者所销售的食品不是自己制造的，消费者一般也会将提供餐饮服务的经营者视为制造该食品的经营者，即食品和餐饮服务之间存在特定联系，容易造成相关公众混淆。但也有些商品与销售该商品的服务之间是否存在特定联系难以判断。以药品和药品销售为例，若以相关消费者的一般认知为标准，依据日常生活经验判断，通常消费者不会对药品商品和药品销售服务的来源产生混淆。在淄博新华大药店诉淄博众康医药案①中，法院就认为药品与药品销售并不构成商品和服务的类似，认为药品商品和药品销售服务在功能上相距甚远；药品生产企业和药品经营企业所需的经营资质不同；并且基于药品及其管理的特殊性，药品销售服务与药品商品的相关性从制度上和日常生活经验上均不易使相关公众对二者产生混淆。但在山东宏济堂制药集团诉山东宏济堂医药案②中，法院考虑到原被告双方存在特殊历史关系，认定了药品商品与药品零售服务构成类似商品和服务。由此可见，司法实践中，法院对于同一组的商品和服务之间是否类似的最终认定结果并不相同，即个案差异仍会影响对商品或服务是否类似的认定结果。

---

① 参见山东省高级人民法院（2015）鲁民三终字第 164 号民事判决书。
② 参见山东省济南市中级人民法院（2017）鲁 01 民初 717 号民事判决书。

（三）在先使用的认定

在恶意抢注他人在先使用的未注册商标情形中，除了需要对商标相同或近似、商品或服务类别相同或类似进行认定，还需要格外注意对该未注册商标的在先使用时间的认定。未注册商标所有人何时开始使用该未注册商标对认定是否构成商标恶意抢注具有决定性意义，只有当该未注册商标开始使用的时间早于抢注商标注册申请时间时，才有进一步构成商标恶意抢注的可能，反之，则并无构成商标恶意抢注的可能。

1. 在先使用是连续的在先使用

在恶意抢注他人在先使用的未注册商标情形中，在先使用应当是一种连续的在先使用。举例以明，假设甲最早在 A 时间开始使用某未注册商标，乙在 B 时间将该未注册商标申请注册，若 A 时间早于 B 时间，则甲可能构成对该未注册商标的在先使用，乙可能构成恶意抢注他人在先使用的未注册商标。但若在以上情形中，甲最早在 A 时间使用了未注册商标后，又于 C 时间停止了使用，则需要考量 C 时间与 B 时间的先后关系和具体时间差距。这是由于我国《商标法》规定，无正当理由连续三年不使用的即为可撤销的商标，对于已经注册的商标，若其商标权人连续三年不使用都可以由任何人向商标局申请撤销。[①] 由重及轻，可知在先使用的未注册商标若停止使用满三年，理应同样失去阻却他人申请注册的效力。因此，若 B 时间晚于 C 时间三年以上，则甲不再构成对该未注册商标的在先使用，反之则否。另外，若在以上情形中，甲最早在 A 时间使用了未注册商标后，于 C 时间暂停了使用，又于 D 时间恢复了使用，则需要判断究竟是以 A 时间为在先使用的时间还是以 D 时间为在先使用的时间。若 C 时间与 D 时间的间隔为三年以上，则应当以 D 时间为在先使用的时间，将 D 时间与 B 时间进行对比，判断是否构成在先使用。反之，若 C 时间与 D 时间的间隔在三年以内，则可

[①] 《中华人民共和国商标法》第四十九条：注册商标成为其核定使用的商品的通用名称或者没有正当理由连续三年不使用的，任何单位或者个人可以向商标局申请撤销该注册商标。

视为甲在 A 时间以后仍持续使用了该未注册商标，因此，应当以 A 时间为其在先使用的时间，将 A 时间与 B 时间作为判断是否构成在先使用的依据。

同时，依照《指南》以及《最高人民法院关于审理商标授权确权行政案件若干问题的规定（2020)》（本章以下简称《规定》）的相关规定，判断商标注册申请是否侵害他人在先权利应当以商标申请日为参照时间。但关于"在先使用"认定的时间点选择问题上，也有学者对以 B 时间——商标注册申请的时间为对比对象存有疑虑，认为应当以商标初步审定公告的时间为准，而非注册申请的时间。但这种观点实际并不妥当。因为商标恶意抢注行为的恶意应当是产生于商标注册申请之时，若其在申请注册之时未注册商标权人尚未开始使用商标，则其在申请注册之时不可能存在主观恶意，而依据在先申请原则，在先申请者即可正当地取得注册商标专用权。若将对比的时间点延后至初步审定公告之时，实质就给了在后申请者通过抢先使用的方式获得注册商标专用权的可能，也就违背了在先申请原则。因此，判断是否构成恶意抢注他人在先使用的未注册商标，理应以抢注行为人申请注册商标的时间为准。

2.在先使用是商标法意义上的商标使用

在恶意抢注他人在先使用的未注册商标情形中，在先使用除了必须是一种连续的在先使用，还应当是一种商标法意义上的商标使用，或称商标性使用。

在商标法语境下，"商标使用"并不能直接与"使用商标"画等号。"使用商标"是一种客观事实，不因法律意志而改变，是一种通俗表达，而"商标使用"则是能够引起商标法律关系产生、变更和消灭的法律事实，是商标法中的专有名词，是否构成商标使用需要结合客观事实并依据法律规定进行主观判断。[1] 现行《商标法》虽并未直接给商标使用下定义，但较为明确地

---

[1]　刘铁光:《〈商标法〉中"商标使用"制度体系的解释、检讨与改造》，《法学》2017 年第 5 期。

规定了商标使用的具体方式，^①从中可提炼出两个关键词，即"用于商业活动中"和"用于识别商品来源"，这两个关键词正是"商标性"的核心内涵，商标性使用不仅是对商标的商业性使用，更是对商标的来源识别性使用。因此，"在先使用"也应当同时具备商业性和来源识别性。

其一，商标法意义上的在先使用是商业性使用。"商业性"的本质是营利，即通过经营获取利益，因此，商标法中的"商业活动"应当泛指以营利为目的的商行为，既包括直接以营利为目的的基本商行为，也包括为了辅助和推动基本商行为而附带进行的附属商行为。^②例如，对于销售商品的经营者而言，销售商品属于基本商行为，商品运输、储存、广告宣传等行为则属于附属商行为，无论是将商标直接附着于商品、商品包装上用于基本商行为，还是将商标用于广告宣传等附属商行为，均属于商标性使用。同时，现有的商标使用方式已经十分多样，难以穷尽列举，可谓无业不商，而随着数字网络技术带来的经济业态发展和变化，势必还会产生新的商标使用方式，使商标使用的外延呈现不断扩张之动势。

其二，商标法意义上的在先使用是来源识别性使用。商标的本质是一种来源区分符号，因此，在具有商业性的基础上，在先使用还应当具有来源识别性，只有将商标用于区分商品或服务来源的商业性使用才属于商标法意义上的在先使用。因此，若他人只是将未注册商标使用于企业名称字号、商品包装装潢等非商标性质的其他商业标志中，则并不能理所当然地视为其对该未注册商标进行了在先使用。但若这些非商标性质的商业标志经过使用产生了显著性，亦可被视为未注册商标。例如，在合肥伍伍壹诉上海拍拍贷案^③中，被告拍拍贷在其经营的网站中使用了"拍拍贷""PPDAI"标志，并在域名中使用了"ppdai"，法院就认为其属于在先使用了未注册商标的情形。

① 《商标法》第四十八条：本法所称商标的使用，是指将商标用于商品、商品包装或者容器以及商品交易文书上，或者将商标用于广告宣传、展览以及其他商业活动中，用于识别商品来源的行为。

② 雷兴虎、樊启荣主编：《商法概论》，清华大学出版社 2011 年版，第 23—25 页。

③ 参见上海市浦东新区人民法院（2014）浦民三（知）初字第 68 号民事判决书。

另外，《商标侵权判断标准》中对商标使用的详细规定对厘清商标使用与非商标使用的界限具有重要意义。《商标侵权判断标准》不仅在《商标法》第四十八条的基础上进一步明确了商标使用的内涵，增加了对于在服务场所使用商标的规定，还详细列举了商标使用的具体表现方式，列明了许多互联网技术背景下的新型商标使用方式，如在网站、即时通讯工具、社交网络平台、应用程序等互联网载体上使用商标。①《商标侵权判断标准》还强调了认定是否构成商标使用时应当考虑的因素，即除商标使用的客观表现方式外，还要综合考虑使用人的主观意图、宣传方式、行业惯例、消费者认知等因素。② 同时，《指南》中也新增了对商标使用的一般构成要件的规定，包括商标使用人、使用方式、使用地点等方面。③

3.在先使用是相同或类似商品或服务类别上的使用

在恶意抢注他人在先使用的未注册商标情形中，在先使用除了必须是来源识别性的使用，还应当是相同或类似商品或服务类别上的使用，即他人在先使用的未注册商标的商品或服务类别，应当与抢注商标申请注册时所指定的商品或服务类别相同或类似。若未注册商标所有人虽实际使用了未注册商

---

① 《商标侵权判断标准》第五条：商标用于服务场所以及服务交易文书上的具体表现形式包括但不限于:(一) 商标直接使用于服务场所，包括介绍手册、工作人员服饰、招贴、菜单、价目表、名片、奖券、办公文具、信笺以及其他提供服务所使用的相关物品上;(二) 商标使用于和服务有联系的文件资料上，如发票、票据、收据、汇款单据、服务协议、维修维护证明等。《商标侵权判断标准》第六条：商标用于广告宣传、展览以及其他商业活动中的具体表现形式包括但不限于:(一) 商标使用在广播、电视、电影、互联网等媒体中，或者使用在公开发行的出版物上，或者使用在广告牌、邮寄广告或者其他广告载体上;(二) 商标在展览会、博览会上使用，包括在展览会、博览会上提供的使用商标的印刷品、展台照片、参展证明及其他资料;(三) 商标使用在网站、即时通讯工具、社交网络平台、应用程序等载体上;(四) 商标使用在二维码等信息载体上;(五) 商标使用在店铺招牌、店堂装饰装潢上。

② 参见《商标侵权判断标准》第七条。

③ 《商标审查审理指南》下编第一章第三节"商标的使用"规定，商标的使用一般需满足以下要件：一是商标使用人是商标权利人或经权利人授权的人；二是商标使用在指定或核定使用的商品或服务上；三是规范使用商标标志；四是商标使用地点在中国境内，包括在中国境内从事商品的生产、加工、销售或提供的相关服务；五是使用应为公开、真实、合法得到商业性使用。

标，但其所使用的商品或服务类别与抢注商标申请时所填写的商品或服务不同也不类似，则其虽实际上在先使用了，却不是相对于该抢注行为人的在先使用，不构成商标法意义上可以阻却他人恶意抢注的在先使用。例如，在"美孚 Meifull"商标案[①]中，法院明确认为广州力孚汽车用品有限公司在"洗车液、表板蜡"商品类别上的使用不构成在核定使用的"清洁制剂、皮革保护剂"商品类别上的实际使用。

4. 在先使用是注册国家或地区范围内的使用

在恶意抢注他人在先使用的未注册商标情形中，在先使用应当是在抢注商标的申请注册国家或地区范围内的使用。商标法具有地域性，商标使用也同样具有地域性，只有在某一国家或地区范围实际使用了未注册商标，才有在该国家或地区被视为在先使用的合理基础。例如，依照我国商标法的规定，我国所承认的在先使用就应当是在我国境内的商标使用行为，若他人仅仅是在他国或地区使用了尚未在我国申请注册的商标，并且未在我国地域范围内实际使用该商标，则无论该未注册商标在他国或地区的知名度有多高或影响力有多大，都不影响我国商标审查或审理人员否定其构成在先使用。

（四）有一定影响的认定

在恶意抢注他人在先使用的未注册商标情形中，除在商标相同或近似，商品或服务相同或类似，以及在先使用方面有要求以外，还需要他人通过在先使用令未注册商标已经产生了一定影响，即并非所有普通未注册商标的在先使用者都可以获得禁止他人恶意抢注的权利，只有已经通过商标使用积累了一定市场影响力的未注册商标能够阻却他人的恶意抢注行为。若他人实际使用了该未注册商标，但由于使用的范围、时间、程度不够，产生的市场影响力极其微小，无法达到商标法中所规定的"有一定影响"之程度，则他人将该未注册商标申请注册的行为不构成商标恶意抢注。因此，如何界定"有一定影响"的概念和理解"一定"的程度高低，就成了商标恶意抢注认定中

---

① 参见北京市高级人民法院（2019）京行终 2468 号行政判决书。

的重要问题。

　　《指南》中对"有一定影响"的解释是"为中国一定范围内相关公众所知晓",而《规定》则强调"有一定影响"需由在先使用人举证证明"有一定的持续使用时间、区域、销售量或者广告宣传"。[①] 从《指南》和《规定》的表述上看,其并未直接对"一定"的程度进行说明。而事实上,"一定"程度究竟是何种程度本身就是难以说明,甚至无法说明的问题。因此,《指南》和《规定》都选择了回避直接回答"有一定影响"是何种程度的影响,转而规定了在先使用者的举证方式和举证责任,其中《指南》更是详细列举了在先使用者可以提供的证据材料的类型。[②]

　　尽管"有一定影响"的具体程度无法直接通过立法或相关法律解释予以明确,但仍然可以通过对商标法的体系化解读予以进一步明确。由于商标受到的保护程度应当与其知名度和影响力相适应,而《商标法》第十三条专门规定了对于未注册驰名商标的禁注保护,[③] 据此至少可以首先确定,"有一定影响"的程度应当弱于驰名商标,即无须达到在全国范围被相关公众知晓之程度,即可将"驰名"视为"有一定影响"的程度上限。但如何确定"有一

---

①　《最高人民法院关于审理商标授权确权行政案件若干问题的规定》第二十三条第二款:在先使用人举证证明其在先商标有一定的持续使用时间、区域、销售量或者广告宣传的,人民法院可以认定为有一定影响。

②　《商标审查审理指南》规定,证明商标具有一定影响,可以提供下列证据材料:(1)该商标最早使用时间和持续使用情况等相关资料;(2)该商标所标示的商品或者服务的合同、发票、提货单、银行进帐单、进出口凭据、电商平台交易单据或者交易记录等;(3)该商标所标示的商品或者服务的销售区域范围、销售量、销售渠道、方式、市场份额等相关资料;(4)该商标的使用人在广播、电影、电视、报纸、期刊、网络、户外等媒体发布的商业广告及上述媒体中所有涉及该商标的评论、报道以及其他宣传活动资料;(5)该商标所标示的商品或者服务参加展览会、博览会、拍卖等商业活动的相关资料;(6)该商标的获奖等商誉资料;(7)其他可以证明该商标有一定影响的资料。用以证明商标使用情况的证据材料,应当能够显示所使用的商标标识、商品、服务、使用日期和使用人。

③　《中华人民共和国商标法》第十三条第二款:就相同或者类似商品申请注册的商标是复制、摹仿或者翻译他人未在中国注册的驰名商标,容易导致混淆的,不予注册并禁止使用。

定影响"的最低限度则仍是一个棘手的问题。甚至有观点认为，只要在先使用了就一定会产生影响，因此"有一定影响"要件并无规定的意义和必要。

事实上，除了《商标法》第十三条，《商标法》第五十九条关于未注册商标先用权的表述中，也出现了"有一定影响"一词。[①] 从立法目的上看，第五十九条之目的主要在于保护在先使用的未注册商标所有人可以在原使用范围内继续正常经营，而《商标法》第三十二条[②] 之目的主要在于给予在先使用的未注册商标所有人对抗恶意抢注的权利。因此，有学者认为，能够对抗恶意抢注的未注册商标所受到的保护力度强于仅享有先用权的未注册商标，即《商标法》第三十二条中的"有一定影响"之程度应当强于第五十九条中的"有一定影响"之程度。[③] 这一观点确有其可考之处。事实上，《商标法》第五十九条的存在意义并不仅限于保护未注册商标的在先使用人在他人善意注册后仍然可以在原先范围内使用而不视为侵权，其还是在先使用人对抗恶意抢注失败的最后退路和保障。依照《商标法》关于商标无效宣告期限之规定，违反第三十二条情形的，在先权利人或利害关系人应当在五年以内提出无效宣告的请求。因此，若未注册商标的在先使用人错过了五年的无效宣告请求期限，就会丧失无效宣告请求权。但其通过在先使用所取得的正当法益其实并不会因请求期限届满而消失，因此只能退而求其次，通过赋予其禁止恶意抢注以外的权利保护在先使用者的合法利益，即先用权。因此，从立法体系上看，逻辑上至少能够推定第三十二条中的"有一定影响"的程度应当不弱于第五十九条中的"有一定影响"。

在司法实践中，法院对于《商标法》第三十二条中"有一定影响"的认定主要考虑的是在先使用的未注册商标的影响力是否及于抢注商标行为人所

---

① 《中华人民共和国商标法》第五十九条第三款：商标注册人申请商标注册前，他人已经在同一种商品或者类似商品上先于商标注册人使用与注册商标相同或者近似并有一定影响的商标的，注册商标专用权人无权禁止该使用人在原使用范围内继续使用该商标，但可以要求其附加适当区别标识。

② 《中华人民共和国商标法》第三十二条：申请商标注册不得损害他人现有的在先权利，也不得以不正当手段抢先注册他人已经使用并有一定影响的商标。

③ 参见张鹏：《规制商标恶意抢注规范的体系化解读》，《知识产权》2018年第7期。

在地。例如，在北京鸭王烤鸭店诉上海淮海鸭王烤鸭店案[①]中，商评委曾裁定认为，北京鸭王在先使用的商号"鸭王"仅在北京范围内产生了一定影响力，其影响力未及于上海鸭王，因此不符合"有一定影响"条件，而一审、二审法院则认为，京沪两地是经济交流中心，两地人员和信息交流频繁，因此北京鸭王的影响力并非仅限于北京，因此符合"有一定影响"条件，即在该案中，法院所认定的"有一定影响"地域范围涵盖了某一省或市的范围，且必须能够及于被告所在地。

由此可见，对于《商标法》第三十二条中的"有一定影响"的认定，应当采取弹性标准，除应当满足在一定地域范围内被相关公众知悉外，其影响力还应该能够及至抢注行为人所在地。换言之，在恶意抢注行为认定过程中，对在先使用的未注册商标是否"有一定影响力"进行认定时，其认定标准并非具体的需要被多大地域范围内的相关公众知悉，而是以其影响力范围能否及至商标抢注行为人所在地为主要标准，这样也可以避免回答"有一定影响"的程度究竟应当达到全国、数个省或某省、数个市或某市，还是某县乡这一难以回答的问题。

（五）不正当手段的认定

要判断是否构成对未注册普通商标的恶意抢注，还需要判断抢注行为人是否采取了不正当手段，即认定其主观上是否存在"恶意"，在明知其所注册的商标是他人在先使用的有一定影响的未注册商标的情况下，仍然故意在相同或类似商品或服务类别上申请注册与该未注册商标相同或近似的商标。[②] 而是否"明知"则应当结合个案中的具体客观情形进行综合判断，判断过程中需要考虑的因素主要包括以下几个方面。

[①]　参见最高人民法院（2012）知行字第 9 号行政裁定书；参见北京市高级人民法院（2010）高行终字第 53 号行政判决书。

[②]　《最高人民法院关于审理商标授权确权行政案件若干问题的规定》第二十三条第一款：在先使用人主张商标申请人以不正当手段抢先注册其在先使用并有一定影响的商标的，如果在先使用商标已经有一定影响，而商标申请人明知或者应知该商标，即可推定其构成"以不正当手段抢先注册"。

1. 抢注商标与在先标志的近似程度和商品类似程度

认定抢注行为人主观上是否"明知"应当首先考虑其抢注的商标标志与他人在先使用的未注册商标标志之间的近似程度，以及二者所使用的商品或服务类别的类似程度。商标近似或商品类似程度亦有一般近似或类似、高度近似或类似和基本相同的高低之分，而抢注商标标志与他人在先使用的未注册商标标识近似程度越高、商品或服务类别越类似，抢注行为人主观上"明知或应知"的可能性也就越大，同时越容易造成相关公众的混淆。

2. 在先标志的显著性程度

在考虑抢注商标与在先标志的近似程度的基础上，认定抢注行为人主观上是否"明知"，还应当考虑他人在先使用的未注册商标的显著性程度，其显著性程度越高，抢注行为人主观上"明知"的可能性也就越大。

显著性之于商标，就好比创造性之于专利、独创性之于作品。显著性是指商标所具有的区分此商品或服务与彼商品或服务之来源的功能或特征，而商标法意义上的"商标"正是指"能够将自然人、法人或者其他组织的商品与他人的商品区别开的标志"，因此，显著性既是商标最重要的功能特征，也是商标必不可少的构成要件。依据商标显著性的来源可以将显著性分为其标志本身的固有显著性和通过商标使用而拥有的获得显著性，[①] 固有显著性，是指由于商标标志本身具有一定独创性而具备的区分商品或服务来源的功能。而所谓获得显著性，是指商标经过持续实际使用而产生的区分商品或来源的功能。

一般而言，商标标志与其所使用的商品或服务之间的联系程度决定了商标标志的固有显著性，学理上依此将商标标志划分为臆造性商标、任意性商标、暗示性商标、描述性商标以及通用名称，其固有显著性程度由高

---

① 《与贸易有关的知识产权协定》和我国《商标法》明确规定标志可以通过使用获得显著性。参见《TRIPs》第十五条：如果标记缺乏区别有关商品或服务的固有能力，各成员可以将可否注册取决于通过使用所获得的显著性；《中华人民共和国商标法》第十一条：前款所列标志经过使用取得显著特征，并便于识别的，可以作为商标注册。

至低。[①] 其中通用名称是指某一类商品或服务的一般名称，包括法定名称和俗称、简称。描述性商标是指直接描述了商品或服务的品质、原料、用途等特点的商标，如用于加热器上的"热得快"。无论是通用名称还是描述性标志，都属于缺乏固有显著性而无法申请注册的商标。而暗示性商标是指不直接描述商品或服务特征，但经由进一步联想可能与商品或服务产生联系，从而暗示商品或服务具有某种特征的商标，其固有显著性程度较任意性商标更次之，如用于笔记本电脑上的"Think Pad"等。任意性商标是指与商品或服务本身没有任何联系的任意现有词汇，其固有显著性程度稍次于臆造性商标，如手机、电脑上的"苹果"商标、用于服装上的"THE BEAST"商标等。臆造性商标则是指由商标设计者凭借主观臆想、杜撰、自创的标志，不属于公共领域的现有表达，一般也不具有固定或特定的含义，因此不会与任何类别的商品或服务产生联系，固有显著性程度最高，如"柯达KODAK""兰蔻LANCOME"等。由此可见，除标志与商品或服务之间的联系程度以外，商标标志本身所蕴含的创造性程度的大小也会影响商标标志的固有显著性程度高低，具有较强创造性的商标标志往往也具备较强的固有显著性。而若商标标志本身具有较强的固有显著性，则他人在未接触该商标标志的情况下，出于巧合而申请注册相同或近似商标标志的概率就越小，反过来即可推知其主观上是"明知"的可能性就越大。

而商标的获得显著性则与其实际使用的时间、地域范围和广告宣传的程度有关。商标实际使用的时间越长、地域范围越广、广告宣传的程度越深，其被相关公众所知悉的可能性自然越大，相关公众也就越容易将商标与特定商品或服务来源联系起来，即商标通过使用获得了显著性。不仅具有固有显著性的商标标志可以通过实际使用而获得更强的显著性，原本不具有或者缺乏固有显著性的商标标志也可以通过实际使用而产生新的显著性。同时，商

---

① 该种判断商标固有显著性的理论方法由美国 Timbers Friendly 法官在 1976 年"Abercrombie"案中提出，也被称为"固有显著性谱系理论"。参见谢晴川：《论含国名商标的法学分类及法律规制》，《法学评论》2018 年第 4 期。See Abercrombie & Fitch Co.V. Hunting World, Inc., 537 F.2d4（2d Cir.1976）。

标的知名度也取决于商标使用的持续时间、范围和广告宣传程度，因此可将商标的知名度作为其是否具有获得显著性以及获得显著性程度高低的重要判断标准。商标的知名度越高，意味着其所具有的影响力范围也就越大，商标抢注行为人申请注册前知悉该商标存在的可能性也就越大。同时商标知名度越高，其所蕴含的经济价值和所能带来的市场竞争优势也就越大，则商标抢注行为人主观上具备搭便车、攀附他人声誉等不良目的的可能性也就越大。因此，商标的获得显著性程度越高，抢注行为人主观上具有"明知"之故意的可能性也就越大。

3. 抢注行为人与在先使用人的关系

除考察商标标志以外，抢注行为人与未注册商标的在先使用者之间是否存在特定联系也是判断是否构成"不正当手段"的重要考量因素。

（1）特殊关系

若抢注行为人与在先使用者之间存在代理、代表、合同、贸易等特殊关系，则其申请注册前知悉该未注册商标存在的可能性可谓极高。因此，在无反证的情况下，法律上甚至可以直接依据这种特殊关系而推定其主观上为明知，即构成"采取了不正当手段"。

（2）行业关系

若抢注行为人与在先使用者之间并无特殊关系，但与在先使用者处于相同行业或关联行业时，则考虑到一般经营者往往会对同行业竞争者或相关行业的经营者予以较高程度的关注，抢注行为人主观上同样具有较高的明知他人在先使用的可能性，并且更具有通过商标恶意抢注来攀附他人商誉或排除、限制竞争的可能性。因此，若抢注行为人与在先使用者处于相同行业或关联较大的行业，亦可作为其是否明知的重要参考。

（3）地理关系

若抢注行为人与在先使用者之间既无特殊关系，也并非处于相同行业，则可进一步考虑其地理关系，包括抢注行为人是否与在先使用者处于同一地域范围内，或其所在地域是否处于在先使用者的生产经营地域范围以内，或其所在地域是否会受到在先使用者广告宣传活动的影响。若抢注行为人与在先使用者之间存在上述特定地理关系，则其主观上同样具有明知的较大可能。

4.抢注行为人的其他客观行为

在判断抢注行为人的主观状态时，除了商标近似和商品类似程度、在先标志的显著性以及抢注行为人与在先使用人的地理关系，某些抢注行为人的其他客观行为同样可以作为判断是否明知的参考标准。

（1）注册后不实际使用商标

一般的、正常的、善意的商标注册申请人应当具有在其生产经营活动中实际使用该注册商标的目的。因此，若无政策限制、自然灾害等不可抗力，或存在破产清算等其他正当理由，商标抢注行为人在注册后一直未实际使用该商标，或从未实施相关准备活动的，则其当初申请注册的意图就十分值得怀疑，在其抢注商标与他人商标近似的情形下，其主观上则极有可能存在扰乱他人正常生产经营活动，或排除、限制竞争，或转让、许可商标以牟利，或谋取独家代理等不正当的目的。换言之，相对于注册后实际使用了该商标的抢注行为人，注册后无正当理由不实际使用商标的抢注行为人更加具有主观上明知的可能。

（2）误导性宣传、使用

抢注后不实际使用的固然有明知之嫌疑，但这并不代表抢注后实际使用了该抢注商标者就可以摆脱恶意抢注之嫌疑，毕竟有相当一部分恶意抢注者的动机是搭便车、利用他人积累的良好声誉、不劳而获地取得市场竞争优势。因此，抢注行为人在实际使用该抢注商标的过程中，是否进行了误导性的宣传和使用可以作为判断其主观是否具有不正当目的的重要参考标准之一。若抢注行为人在实际使用时，通过虚假宣传等不正当竞争行为误导了消费者认为其所提供的商品或服务为他人所提供的商品或服务，或令消费者误认为提供商品或服务的经营者与他人之间存在授权许可等其他关联，则可认为其主观上具有较大的明知可能性。例如，在本田与东阳摩托商标纠纷一案[①]中，东

[①]　参见最高人民法院（2013）行提字第15号行政判决书。

阳公司在网站上以"本田太子系列"和"本田王系列"为名宣传产品，而且在实际使用争议商标时将争议商标的"HONTO"字体换用为引证商标所使用的独创字体，刻意使消费者产生混淆，再审法院将东阳摩托具有误导性宣传行为作为认定其构成恶意抢注行为的参考标准之一。

（3）存在其他恶意抢注行为

若抢注行为人除抢注本商标以外，还实施了其他商标恶意抢注行为，则可推断，抢注行为人对于本商标可能同样具有抢注的恶意。例如，在小米卫浴商标无效纠纷案②中，小米卫浴公司在多个商品或服务类别上申请注册了大量商标，除了诉争商标，还包括"小米""XIAO MI""MI""小米之家""米优""七牧王"等众多与他人具有较高知名度商标相同或近似的商标，因此，北京市高级人民法院认为，其申请注册"MIUI"属于采取了不正当手段的恶意抢注行为。

（4）商标恶意诉讼等谋取不正当利益的行为

若抢注行为人在申请注册成功以后，并未着重于将商标投入自身的生产经营活动中，而是急于通过滥发商标侵权警告函、恶意提起商标侵权诉讼等方式，扰乱他人正常生产经营活动或谋取不正当利益，则其主观上极有可能具有恶意抢注之故意。

一般而言，这种具有谋取不正当利益之目的的商标恶意抢注行为人在获得核准注册以后，会首先向被抢注人发放商标侵权警告函，以提起侵权诉讼为由，威胁被抢注人以不合理的高价购买该商标，若其要求被拒绝，则会提起侵权诉讼，索要侵权损害赔偿，而诉讼后若情势对其不利，则通过撤诉以逃避败诉风险。例如，在中讯公司与比特公司的商标纠纷案③中，比特公司与中讯公司属于同行业竞争者，比特公司抢注商标后，曾对中讯公司发送警告函、进行工商举报以及提起商标侵权诉讼，并要求判令中讯公司赔偿经济损失 612 万元，而后又申请撤回起诉，但其诉讼已经给中讯公司造成了诉讼

---

② 参见北京市高级人民法院（2020）京行终 2893 号行政判决书。

③ 参见最高人民法院（2019）最高法民申 366 号民事裁定书、江苏省高级人民法院（2017）苏民终 1874 号民事判决书。

费用、交易机会、物料、人工等方面的损失。因此，若商标抢注人不着重于实际使用注册商标，而是一味地通过提起侵权诉讼或以侵权诉讼相威胁来谋取不正当利益的，则其主观上往往具有"明知"之故意。

另外，除了商标恶意诉讼，其他谋取不正当利益的客观行为也会增加抢注行为人主观上具有"明知"故意的可能性。例如，试图以注册商标专用权为要挟谋求独家代理权，要求被抢注人以不合理的高价赎回商标等。这些注册成功后谋求不正当利益的行为虽然无法直接证明抢注行为人在申请注册时就具有"明知"的故意，但也可作为判断其是否具有抢注恶意的参考。

5. 抢注行为人的合理解释

商标恶意抢注中的恶意是指"明知"，不包括"应知但事实不知"的情形，因此，若抢注行为人能够为其申请注册的行为提供合理的解释，即能够证明其事实上的"不知"或证明其确实没有攀附他人商誉之目的，[①]则仍应当将其行为视为正当的商标注册申请，认定不构成商标恶意抢注。

例如，若商标抢注行为人在申请注册该商标前已经在先使用了该商标，或在企业名称、商品名称中在先使用了该商标标志，则将与自身的企业名称、商品名称相似的商标标志，或在先使用过的商标标志申请注册具有其合理性。同时，若其在实际使用的过程中并无误导宣传或误导使用的行为，并且附加了其他区分标志，或由于商品包装装潢等其他方面的不同而导致其商品或服务与他人的商品或服务存在明显区别，不会导致相关公众混淆，则可认为其主观上并无攀附他人商誉之目的，即不构成商标恶意抢注。

三、对驰名商标的恶意抢注之构成与认定

首先，需要特殊说明的是，此处所谓的"恶意抢注驰名商标"并非指

---

① 参见《最高人民法院关于审理商标授权确权行政案件若干问题的规定》第二十三条第一款后段：但商标申请人举证证明其没有利用在先使用商标商誉的恶意的除外。

行为人主观上一定要具有"明知"的故意，而是对于抢注行为侵害了他人在先合法权益的一种评价结果，称其为"恶意抢注"。因此，对未注册驰名商标的恶意抢注，其构成要件仅包括"未注册商标驰名""商标相同或近似""商品或服务类别相同或近似"以及"容易导致混淆"，而对于已注册驰名商标的恶意抢注，其构成要件仅包括"已注册商标驰名""商标标志相同或近似""可能造成损害"以及"误导公众"，即无论是抢注未注册驰名商标还是抢注已注册驰名商标，均不以抢注行为人具有主观恶意为构成要件。

其次，抢注驰名商标虽不以行为人主观上具有"恶意"为构成要件，但抢注行为人主观上仍然有可能具有"明知"的故意，并且，由于驰名商标是指在全国范围内被相关公众所知悉的商标，在无反证时，实质上一般可以推定抢注行为人对该驰名商标的在先使用应当是处于"明知"的状态。

最后，抢注驰名商标的行为人主观是否具有恶意虽不影响对其行为是否构成商标恶意抢注的评价结果，但却会影响驰名商标所有人请求无效宣告的期限，因此，抢注行为人的主观恶意虽然不是恶意抢注驰名商标的构成要件，但却是影响驰名商标所有人能否获得救济的重要因素。[1] 例如，在"施華洛及图"商标无效宣告案[2] 中，诉争商标"施華洛及图"构成对驰名商标"施华洛世奇"的复制、摹仿，并且在实际使用中有攀附他人驰名商标的主观故意，因此即便施华洛世奇公司提起无效宣告的时间超过诉争商标注册之日起五年，也仍然应当宣告其无效，而若诉争商标不属于存在恶意的情形，

---

① 《巴黎公约》第六条之二〔商标：驰名商标〕：（1）本联盟各国承诺，如该国法律允许，应依职权，或依有关当事人的请求，对商标注册或使用国主管机关认为在该国已经属于有权享受本公约利益的人所有而驰名、并且用于相同或类似商品的商标构成复制、仿制或翻译，易于产生混淆的商标，拒绝或取消注册，并禁止使用。这些规定，在商标的主要部分构成对上述驰名商标的复制或仿制，易于产生混淆时，也应适用。（2）自注册之日起至少五年的期间内，应允许提出取消这种商标的请求。本联盟各国可以规定一个期间，在这期间内必须提出禁止使用的请求。（3）对于依恶意取得注册或使用的商标提出取消注册或禁止使用的请求，不应规定时间限制。

② 参见国家知识产权局原商标评审委员会网站：《第 3746575 号"施單洛及图"商标无效宣告案》，2020 年 6 月 9 日，见 http://spw.sbj.cnipa.gov.cn/alpx/202006/t20200609316736.html。

则施华洛世奇公司将会因其提起无效宣告的时间超过诉争商标注册之日起五年而失去请求权。

同时，由于对商标的保护力度应当遵循比例原则，即应当与商标的知名程度相适应，而未注册驰名商标通过其长期的实际使用和广泛、深入的广告宣传，已经在事实上达到了与商标注册几乎相同的公示效果，因此，商标法对未注册驰名商标实际给予了与普通注册商标同等程度的保护力度，即可以禁止他人在相同或类似商品或服务上申请注册相同或近似的商标标志，而无须考虑行为人主观上是否具有恶意。而对于已注册的驰名商标，其兼具注册公示效力和实际使用带来的公示效力，因此，商标法对其保护程度超越了普通注册商标和未注册驰名商标，给予了驰名商标注册人禁止他人在不同类别的商品或服务上申请注册的权利，[①] 以防止其商标显著性淡化。

而具体认定某一抢注行为是否构成对驰名商标的恶意抢注时，判断商标标志是否相同或近似、商品或服务类别是否相同或类似可以遵循与恶意抢注未注册商标同样的判断方法和原则，但特殊之处在于需要对商标知名度是否达到驰名以及是否"容易导致混淆"或"误导公众""可能损害驰名商标注册人利益"作出判断。

（一）驰名商标的认定

驰名商标的认定是对驰名商标予以特殊保护和扩大保护的前提条件。

1.驰名商标的认定原则

商标法理论上的驰名商标是指具有极高的知名度且具有良好声誉的商标，而司法实践中的驰名商标是指在某一国家或地区范围内为相关公众所熟知的商标，如我国的驰名商标即为在中国范围内为相关公众所知悉的

---

① 《与贸易有关的知识产权协定》第十六条；《巴黎公约》（1967）第六条之二在细节上作必要修改后应适用于与已注册商标的货物或服务不相类似的货物或服务，只要该商标在对那些货物或服务的使用方面可表明这些货物或服务与该注册商标所有权人之间存在联系，且此类使用有可能损害该注册商标所有权人的利益。

商标。① 对于商标恶意抢注中的驰名商标，还应注意其知名度达到驰名程度的时间应当早于抢注商标申请注册的时间，并且遵循个案认定和被动保护的原则。②

所谓个案认定，意味着驰名商标并非荣誉称号，而是在具体的商标争议发生时，决定商标的保护范围和保护程度的一种认定标准，商标知名度达到了这一标准即可给予更大范围和更高程度的法律保护，因此，只能在个案中根据案件当下的具体客观情况和当事人提供的证明材料来认定涉案商标是否驰名，并且在该案中认定的驰名与否的结果仅对该案具有法律效力，在另一案中，则需重新依据案件情况进行驰名认定，此前在其他案件中被认定为驰名商标仅能作为参考因素。这是由于商标的知名度和影响力并非是一成不变的，即使某一商标曾经由于广泛地使用和宣传而达到了在全国范围内被相关公众知晓的程度，但若其后来停止了使用和宣传，则其影响力必然会随着时间的推移而逐渐消退。因此，一时被认定为驰名商标并不意味着永远都可以被认定为驰名商标，此前在某案中被行政司法部门认定为驰名商标的，不代表其在另一案中可以直接凭借该认定记录而取得驰名商标的地位。

而所谓被动保护则是指在当事人未主动主张权利，要求提供驰名商标保护时，行政、司法部门不能主动地将其认定为驰名商标并给予特殊保护，驰名商标的特殊保护必须由当事人主动向行政、司法部门书面申请或提出，并且提交相应的证明材料，因此，驰名商标的认定和保护主要出现在商标异议、商标无效宣告、商标行政诉讼和侵权诉讼以及商标违法行政查处程序中。

2.驰名商标的认定标准

在具体的认定标准方面，《商标法》第十四条列明了认定驰名商标应当

---

① 参见《驰名商标认定和保护规定》第二条。
② 参见《驰名商标认定和保护规定》第四条。

考虑的因素，① 同时《最高人民法院关于审理涉及驰名商标保护的民事纠纷案件应用法律若干问题的解释》(2020修正) ② 和《驰名商标认定和保护规定》③ 也对《商标法》第十四条之内容进行了解释和补充，总体而言，其所规定的可用于证明商标驰名的证据主要围绕以下三个方面：

其一，商标使用和广告宣传的时间、范围以及程度。该商标被使用的时间越长，在广告宣传方面投入的资金越多，广告宣传媒体的种类越多元，宣传范围越广，则其被相关公众知悉的可能性就越大。《驰名商标认定和保护规定》中还特别强调，已注册驰名商标的使用时间应当不少于三年，而未注册驰名商标的使用时间应当不少于五年。这种直接硬性地将商标使用时间限定为三年或五年以上的做法或许有些过于僵硬和绝对，难以灵活适应市场经

---

① 《中华人民共和国商标法》第十四条：驰名商标应当根据当事人的请求，作为处理涉及商标案件需要认定的事实进行认定。认定驰名商标应当考虑下列因素：(一)相关公众对该商标的知晓程度；(二)该商标使用的持续时间；(三)该商标的任何宣传工作的持续时间、程度和地理范围；(四)该商标作为驰名商标受保护的记录；(五)该商标驰名的其他因素。

② 《最高人民法院关于审理涉及驰名商标保护的民事纠纷案件应用法律若干问题的解释》第五条：当事人主张商标驰名的，应当根据案件具体情况，提供下列证据，证明被诉侵犯商标权或者不正当竞争行为发生时，其商标已属驰名：(一)使用该商标的商品的市场份额、销售区域、利税等；(二)该商标的持续使用时间；(三)该商标的宣传或者促销活动的方式、持续时间、程度、资金投入和地域范围；(四)该商标曾被作为驰名商标受保护的记录；(五)该商标享有的市场声誉；(六)证明该商标已属驰名的其他事实。前款所涉及的商标使用的时间、范围、方式等，包括其核准注册前持续使用的情形。

③ 《驰名商标认定和保护规定》第九条：以下材料可以作为证明符合商标法第十四条第一款规定的证据材料：(一)证明相关公众对该商标知晓程度的材料。(二)证明该商标使用持续时间的材料，如该商标使用、注册的历史和范围的材料。该商标为未注册商标的，应当提供证明其使用持续时间不少于5年的材料。该商标为注册商标的，应当提供证明其注册时间不少于3年或者持续使用时间不少于5年的材料。(三)证明该商标的任何宣传工作的持续时间、程度和地理范围的材料，如近3年广告宣传和促销活动的方式、地域范围、宣传媒体的种类以及广告投放量等材料。(四)证明该商标曾在中国或者其他国家和地区作为驰名商标受保护的材料。(五)证明该商标驰名的其他证据材料，如使用该商标的主要商品在近3年的销售收入、市场占有率、净利润、纳税额、销售区域等材料。前款所称"3年"、"5年"，是指被提出异议的商标注册申请日期、被提出无效宣告请求的商标注册申请日期之前的3年、5年，以及在查处商标违法案件中提出驰名商标保护请求日期之前的3年、5年。

济发展变化和个案差异，但也侧面反映了商标持续使用时间对商标知名度的重要影响。

其二，使用了该商标的商品的市场份额、销售额等经济指标。使用了该商标的商品所占据的市场份额越大，销售范围越广，销售额、利润等经济指标数额越大，则其商品数量也就越大，生产经营活动往往也更加规模化，能够接触到该商品的消费者也就越多，同时商标的影响力能够覆盖的地域范围也就越大，也就意味着其知名程度越高。

其三，作为驰名商标被保护的记录。该商标受到驰名商标保护的记录时间越近，对其驰名认定的参考意义也就越重大。一般而言，若被抢注商标三年以内曾有作为驰名商标被保护的记录，则可作为其商标知名程度如今依然达到驰名的重要佐证。同时，《巴黎公约》中规定了各国对他国驰名商标的国际保护，[①] 不仅抢注地的驰名商标保护记录可以作为驰名认定的证明材料，该商标在其他国家或地区受到的驰名保护记录亦可作为参考。另外，经营者在社会上获得的其他相关奖项亦可作为其商标具有影响力的证明材料，尽管这些社会奖项并非驰名商标保护记录，权威性可能有所欠缺，但由于驰名商标遵循被动认定和个案认定原则，并非所有知名度达到驰名程度的商标都有获得驰名认定之机会，因此，经营者就该商标或使用该商标的商品所获得的相关奖项亦可作为该商标具备较高知名度，尤其是美誉度的补充证明。

（二）"容易导致混淆"与"误导公众"之辨析

在认定驰名商标的基础上，对于恶意抢注未注册驰名商标的，还需要满足"容易导致混淆"之条件，而对于恶意抢注已注册驰名商标的，则还需要满足"误导公众"之条件。事实上，恶意抢注他人普通未注册商标中的"商标相同或近似"构成要件亦包含了"容易导致混淆"的要求，但由于在抢注已注册驰名商标的情形中，还涉及了"误导公众"这一与"容易导致混淆"相近似的概念，因此，此处特别地将"容易导致混淆"放到抢注驰名商标的

---

① 参见《巴黎公约》第六条之二。

相关问题中予以展开，与"误导公众"的相关问题一并进行讨论。

1."混淆"与"误导"概念的厘清

"混淆"与"误导"概念常常在商标法中一同出现，这也导致人们对"混淆"与"误导"概念的认识不清，并容易错误地将二者混为一谈。实质上，"混淆"与"误导"是两个不同的概念，若一言以蔽之，则可言"误导是因，混淆是果"，即误导是造成混淆结果的原因和过程，混淆是由误导行为所造成的结果中的一种。

"混淆"是商标法上的重要概念和基础理论，是商标侵权认定的重要判断标准，也是恶意抢注他人商标的重要判断标准。具体而言，混淆是指相关公众对商标所指示的商品或服务来源的误认，即错误地认为经营者提供的商品或服务是由他人提供的或与他人存在许可、投资、合作、赞助、关联等特定关系，其中，直接将商品来源误认为是由他人提供的，属于直接混淆的情形，而误认为商品或服务来源与他人存在特定关系的，则属于间接混淆的情形。学理上，按照混淆所发生的时间，还可以将混淆划分为售前混淆、售中混淆及售后混淆。售前混淆是指消费者在购买前就对商品服务来源产生了混淆，因而被该商品或服务所吸引，而在真正意图购买时，往往能够通过注意力程度的提高而辨认出商标标志的不同，但即使消费者在购买时发现了商标标志的不同，也有继续购买的可能。而售中混淆则是指消费者在购买过程中对商品或服务来源产生了混淆，也是最为传统和典型的混淆类型，直接侵害了消费者和经营者的合法利益。而售后混淆则是指消费者在购买前或购买时均未对商品或服务来源产生混淆，但其购买后使用该商品或服务时，造成了身边其他社会公众对该商品或服务来源的混淆。

而"误导"则是指在相关商品或服务上使用与他人商标相同或近似的商标标志等误导公众的行为，但误导行为的结果并不一定是使相关公众对商品或服务的来源产生混淆，其结果既有可能是造成混淆，也有可能由于相关公众的注意力程度较高或其他因素而并未产生混淆，只是会令相关公众在一定程度上联想到他人商标。由此可知，只有通过实施误导公众的行为，才能产生令相关公众混淆的结果，即混淆结果以实施误导行为为前提，而误导却并不以造成混淆为结果要件。故某种意义上，"混淆"实质包含了"误导"之意，是一种比"误导"更高的认定标准。

2."容易导致混淆"与"误导公众"的认定

由前文可知，"混淆"和"误导"实质上都需要对在相关商品或服务上使用与他人商标相同或近似商标标志的可能效果进行判断，只不过"容易导致混淆"要求相关公众有可能对商品或服务的来源产生误认，而"误导公众"并不强调这一来源混淆结果。因此，在认定是否构成"容易导致混淆"或"误导公众"时，其所需要综合考虑的各方面因素其实是具有一致性的，只是对各个因素的具体程度要求不同，也正是因此，《指南》中直接将认定"混淆"和"误导"应当参考的因素一并规定于同一条款中，认为应当综合考虑同样方面的因素。

首先，"容易导致混淆"意味着并不需要消费者实际产生了混淆，只需要理论上，按照相关公众的一般注意力程度来判断，具有对商品或服务来源产生混淆的可能性即可。同理，"误导公众"也只需要具有误导公众的可能性即可。因此，认定是否"容易导致混淆"和"误导公众"同样需要以相关公众的一般注意力程度为标准，综合各方面的客观因素进行判断。而在具体的混淆可能性和误导可能性认定过程中，行政实践标准与司法实践标准中所规定的应当综合考虑的因素仍存在一定的区别，情况见表2。

表2　商标混淆认定应当综合考虑的因素归纳

《商标审查审理指南》中认定混淆、误导可能性的参考因素①	《商标侵权标准》中认定混淆的参考因素②	《审理商标授权确权若干规定》中认定混淆的参考因素③	《审理商标授权确权若干规定》中认定误导的参考因素④
1.商标的近似程度	1.商标标志的近似程度	1.商标标志的近似程度	1.商标标志是否足够近似
2.商品或服务的关联程度	2.商品或服务的类似程度	2.商品的类似程度	2.指定使用的商品情况
3.驰名商标的独创性和知名度	3.驰名商标的显著性和知名度	3.请求保护商标的显著性和知名程度	3.引证商标的显著性和知名程度
	4.相关公众的注意和认知程度	4.相关公众的注意程度	4.相关公众的重合程度及注意程度

5.商品或服务的特点和商标使用的方式	5.商标申请人的主观意图以及实际混淆的证据	5.与引证商标近似的标志被其他市场主体合法使用的情况
其他相关因素		

注：①参见《商标审查审理指南》下编第十章"复制、摹仿或者翻译他人驰名商标的审查审理"第7节"混淆、误导可能性的判定"。②参见《商标侵权判断标准》第二十一条。③参见《最高人民法院关于审理商标授权确权行政案件若干问题的规定》第十二条。④参见《最高人民法院关于审理商标授权确权行政案件若干问题的规定》第十三条。

（1）行政实践标准和司法实践标准的异同

由表2可见，尽管在有些具体表述方式上略有不同，但无论是在行政实践标准还是司法实践标准中，都明确规定了应当将"商标的近似程度（第1项)""商品或服务的类似程度（第2项)""驰名商标的显著性和知名度（第3项）"作为考量是否容易导致混淆的参考因素。同时，除了《指南》，其他规范性文件中还一致强调了对相关公众的注意力程度（第4项）的考察。

但行政实践标准与司法实践标准的不同之处在于，司法实践标准中强调了"商标申请人的主观意图以及实际混淆的证据（第5项）"可以作为考察因素，即认为若申请人主观上具有恶意，或者有证据证明实际中已经有相关公众对商品或服务来源产生误认，则其客观上导致混淆的可能性也就更大。而行政实践标准中则强调了对"商品或服务的特点和商标使用的方式（第5项）"的考察。事实上，在对商品或服务类别是否类似进行认定的过程中，就已经需要对商品或服务的功能、用途、内容、方式、对象、销售渠道、场所等特征是否具有一致性进行考察，同时商品或服务的价格、功能等特点也会决定相关公众的注意力程度。而商标使用的方式则是在商标相同或近似认定中需要考察的因素，即需要结合商标使用的方式从整体上判断商标是否相同或近似。因此，《商标侵权判断标准》中的第5项实则并非完全独立的参考因素，而是会对前几项参考因素产生影响的因素。

同时，尽管行政实践标准和司法实践标准中所明确列举的参考因素并不完全相同，但都用"其他相关因素"作为了兜底条款，即二者规定的"容易导致混淆"或"误导公众"认定应当参考的因素均不仅限于已经列明的事项，这种开放式的规定方式也在一定程度上缓和了行政实践标准与司法实践标准的不一致，有利于行政司法实践标准的统一。

（2）混淆认定标准与误导认定标准的异同

如表2所示，混淆认定标准与误导认定标准所需要综合考虑的因素整体上是类似的，都包括了"商标的近似程度""驰名商标的显著性和知名度"以及"相关公众的注意程度"，但二者最大不同在于对商品或服务类别类似程度的要求。在误导公众的认定参考因素中，《规定》中关于商品或服务类别因素的表述为"指定使用的商品情况"，即并不要求商品或服务之间存在相同或类似关系，并且在相关公众因素方面表述为"相关公众的重合程度及注意程度"，即抢注商标所指定使用的商品或服务类别可能与驰名商标并不相同或类似，因此才需要考虑其相关公众的重合程度。同样地，《指南》中关于商品或服务类别因素的表述亦为"商品或服务的关联程度"而非"商品或服务的类似程度"，同样旨在表达误导公众的商标可能是使用在与驰名商标既不相同也不类似的商品或服务之上的。

而商标法对已注册驰名商标采取这种跨类保护有其合理性和必要性。首先，由于驰名商标的知名度和声誉极高，即便是在不相同或不类似的商品或服务上使用与之相同或类似的商标，也有可能会导致相关公众认为是驰名商标注册人开拓了新的商品市场，从而对商品或服务来源产生混淆。其次，进一步而言，联想理论和淡化理论也可为驰名商标的跨类保护提供理论支撑。即使由于商品或服务的不同导致相关公众不会实际产生混淆，但仍然无法避免相关公众在感知到与驰名商标相同或近似的抢注商标时联想到驰名商标，长此以往，相关公众在感知到相同或近似标志时，不仅有可能首先联想起驰名商标注册人，也有可能首先联想起抢注商标者。换言之，这种在不同商品或服务类别上使用与驰名商标相同或近似商标标志的行为，会导致驰名商标与其特定商品或服务之间的联系程度被削弱，影响相关公众对驰名商标的联想过程，即淡化驰名商标的显著性，从而导致驰名商标注册人利益受损。

（三）"可能损害驰名商标注册人利益"的认定

在恶意抢注他人已注册驰名商标的特殊构成要件中，除了"误导公众"还需符合"致使该驰名商标注册人的利益可能受到损害"要件，而司法解释中将这种损害解释为对驰名商标显著性的淡化、或对其市场声誉的贬损以及对驰名商标市场声誉的不正当利用。[①] 实质上，行政司法实践中一般是将"误导公众"和"可能损害驰名商标注册人利益"两要件合二为一，作为同一构成要件来进行认定，既将"可能损害驰名商标注册人利益"视为"误导公众"所导致的损害结果，同时将"可能损害驰名商标注册人利益"作为判断是否具有"误导公众"可能性的标准。这一损害结果要件也决定了已注册驰名商标的保护范围虽然可以突破《区分表》所规定的相同或类似的商品或服务范围，但却也并非全类保护，必须要以"可能损害驰名商标注册人利益"为限度，而其保护范围具体可以扩大至何种程度，则应当在遵循比例原则的基础上，根据具体的案件情况来综合确定。

例如，在"圣象"驰名商标纠纷案中，争议商标被核定使用在"石膏、石膏板、水泥"等商品上，驰名商标则被核定使用在"地板"等商品上，其商品类别虽不同，但关联性极强，因此构成误导公众和可能损害驰名商标注册人利益。[②] 但在六福商标无效宣告案[③]中，台州六福机电在"矿井排水泵、水族池通气泵"商品类别上申请注册了"六福 LIUFU"商标，而六福集团在"宝石、贵重金饰品（首饰）、贵重金属及其合金"商品类别上享有知名度较高的"六福"商标，而法院认为，尽管六福集团能够证明其引证商标在全国范围内具有一定知名度，但排水泵等商品与宝石等商品在功能、用途、

---

① 《最高人民法院关于审理涉及驰名商标保护的民事纠纷案件应用法律若干问题的解释》第九条：足以使相关公众认为被诉商标与驰名商标具有相当程度的联系，而减弱驰名商标的显著性、贬损驰名商标的市场声誉，或者不正当利用驰名商标的市场声誉的，属于商标法第十三条第二款规定的"误导公众，致使该驰名商标注册人的利益可能受到损害"。

② 参见最高人民法院（2013）行提字第 24 号行政判决书。

③ 参见北京知识产权法院（2019）京 73 行初 10730 号行政判决书。

销售场所等方面差异较大，关联性较弱，不会误导公众进而损害六福集团的利益。即在该案中，法院并未否认六福集团在"宝石"等商品类别上注册的"六福"商标达到了驰名程度，但却并未基于"六福"商标的驰名而直接给予其跨类保护，且认为由于诉争商标与引证商标的商品类别明显不同，并不至于误导公众而损害驰名商标注册人的利益。而在"杏花村"商标纠纷案[①]中，虽然引证商标"杏花村"被二审法院认定为驰名商标，但法院认为"杏花村"商标源自杜牧诗句，其本身显著性不强，同时被告所在地本就为诗中"杏花村"所在地，因此被告在旅行社等服务上申请注册"杏花村"商标，理由正当，并未不正当利用引证商标的市场声誉或减弱引证商标的显著性，即其重点考虑了引证商标的固有显著性以及争议商标申请人申请注册的主观意图。

由以上司法实践可知，法院在认定是否"误导公众"时，所需要考虑的因素实质上与混淆认定所要考虑的因素基本一致，而驰名商标能否在某一特定的、不类似的商品或服务类别上获得跨类保护，仍然需要对商品或服务的关联程度进行考量，虽然不需要其关联程度达到相同或类似的程度，但若其商品或服务类别毫无关联，如六福商标案中的"宝石"和"排水泵"，则其依然难以跨类获得排他性保护。因此，在目前的司法实践中，"误导公众，致使该驰名商标注册人的利益可能受到损害"虽不以商品或服务类似为要件，但仍然需要商品或服务之间存在一定程度的关联从而减弱驰名商标的显著性或不当利用其市场声誉。例如，需要两种商品或服务所涉及的相关公众之间应当存在一定重合，或其行业具有一定相关性等。

四、特定关系人的恶意抢注之构成与认定

在规制特定关系人的商标恶意抢注行为方面，立法上一直在不断地进行补充和完善，"特定关系人"的内涵也在不断地随着商标法立法的修改

---

① 参见北京市高级人民法院（2010）高行终字第 1086 号行政判决书。

完善而扩张，从代理人扩张至特定关系人。① 目前，商标抢注意义上的特定关系人既包括代表人、代理人，也包括存在合同、业务往来关系的其他特定关系人，而二者在商标恶意抢注的构成要件方面与普通的恶意抢注他人在先使用的未注册商标是有所不同的，且二者的构成要件之间也存在不同。

首先，特定关系人的恶意抢注的构成要件与恶意抢注他人在先使用的未注册商标的构成要件十分类似，均要求"商标标志相同或近似"和"商品或服务类别相同或类似"，但特定关系人的恶意抢注不以"采取不正当手段"为要件，而是以存在特殊关系为要件，通过存在特殊关系来推定抢注行为人主观上具有恶意。

其次，代理人和代表人的恶意抢注不以被代理人或被代表人在先使用商标为要件，而其他特殊关系人的恶意抢注则仍然需要以他人在先使用该未注册商标为要件。这是由于代理人和代表人对被代理人和被代表人负有更加严格的诚实信用义务和信赖利益保护义务，被代理人和被代表人有理由因这种特殊关系而对其产生合理信赖。即使被代理人和被代表人尚未使用该商标，代理人和代表人的抢注行为可能并未令其产生实际损失，但这种辜负他人信赖而以自己名义抢注商标的行为是当然违反诚实信用原则的，即当然构成商标恶意抢注行为。

最后，其他特殊关系人的恶意抢注虽然应当以他人在先使用为要件，但却无须在先使用的未注册商标已达到"有一定影响"的程度。这则是由于，其他特殊关系人虽然并未像代理人和代表人一样肩负重大信义，但却依然有遵守商业道德和诚实信用原则的义务，若他人已经在先使用该未注册商标，而明知此情形的特殊关系人却故意抢注该商标，则其行为同样违背了商业道德和诚实信用原则，即同样构成商标恶意抢注。

---

① 1993 年，我国《商标法实施细则》第 25 条第 1 款规定禁止代理人未经授权以自身名义抢注被代理人的商标；2001 年，我国《商标法》在原有基础上增加了有关代表人的相关规定；2013 年，我国《商标法》又在原有基础上增加了有关合同、业务往来等其他特殊关系人的相关规定。

（一）代表人、代理人的恶意抢注之认定

在代表人、代理人恶意抢注被代表人、被代理人的特殊商标恶意抢注情形中，并不需要直接将主观恶意作为构成要件，而是通过"存在代理、代表关系"和"未经授权"两个特殊要件来认定行为人主观上为明知。因此，必须要对"代理人、代表人"和"未经授权"两个要件进行严格认定，才能保障主观恶意之认定结果的准确性。

1. 代表、代理关系的认定

首先，依照《指南》与《规定》中的相关规定，商标恶意抢注中所谓的代表人和代理人，应当作扩大解释，并不仅限于民法中一般所指的企业法定代表人或委托代理人。商标抢注意义上的代表人既包括法定代表人，也包括其他从属于被代表人，因职务关系而知悉被代表人商标的董事、监事和其他高级管理人员及有关执行人员；而代理人既包括一般的商标代理人，也包括经营销售代理意义上的代理人。例如，在重庆正通药业与四川华蜀动物药业的商标纠纷案[①]中，华蜀公司作为独家经销商未经授权，申请注册了其生产商正通公司的未注册商标，法院就明确指出应对"代理人"进行扩大解释，并依据华蜀公司与正通公司签订的《专销协议书》认定二者之间具有销售代理关系，构成代理人擅自注册被代理人商标之情形。

其次，代表人或代理人申请注册时，仍处于磋商建立代表或代理关系阶段的，只要其已经知悉了被代表人或被代理人的商标，则仍然属于具有代表和代理关系的恶意抢注。同样地，代表人或代理人申请注册时，代表或代理关系已经终止的，也仍然属于具有代表和代理关系的恶意抢注。换言之，只要抢注行为人是基于代表或代理关系而知悉被代表人或被代理人的商标的，无论其申请注册时，代表或代理尚未完全建立或已经终止，都属于具有特定关系的商标恶意抢注行为。例如，在哈加姆公司与北京弘基的商标纠纷案[②]

---

① 参见最高人民法院（2007）行提字第 2 号行政判决书。
② 参见北京市高级人民法院（2016）京行终 4802 号行政判决书。

中，法院认为，哈加姆公司提供的证据可以证明，在代表、代理关系磋商阶段，弘基公司已经知悉了"hajom"品牌，并且有代理该品牌的意向，因此，虽然弘基公司申请注册时与哈加姆公司尚未形成代理关系，但其行为仍然属于具有代理关系的商标恶意抢注行为。

最后，商标抢注行为人与代表人或代理人恶意串通的，也应当视为属于具有代表或代理关系的商标恶意抢注行为。一般而言，行为人与代表人或代理人之间存在代表、代理关系或存在亲属关系的，即可推定抢注行为人与代表人或代理人之间具有恶意串通行为，主观上同样具有抢注恶意。例如，在新东阳企业（集团）有限公司与新东阳股份有限公司的商标纠纷案[①]中，麦石来受新东阳股份有限公司董事会委任全权负责中国大陆市场业务，是新东阳股份公司在中国大陆的代表人，因此，法院认为，麦石来通过其任法定代表人的新东阳企业（集团）有限公司的名义申请注册诉争商标，属于与代表人恶意串通抢注商标之情形。又如，在TKD电缆商标纠纷案[②]中，法院认为依据注册申请人与代理人之间存在姐弟关系，可以直接认定注册申请人与代理人之间存在串通合谋行为，从而认定注册申请人与被抢注人之间存在代理关系。

另外，认定存在代理或代表关系，往往需要直接的证据证明，包括书面的代理合同、经销合同、交易凭证、采购资料、企业注册登记资料、任职文件、劳动合同、保险材料等。若抢注行为人仅仅是与被抢注人具有一般的贸易往来关系，则不属于具有代表、代理关系的情形。例如，在UMC商标纠纷案[③]中，华迪公司与UMC公司签订了书面协议，明确约定华迪公司为代理人、UMC公司为被代理人，因此，法院认定华迪公司与UMC公司之间存在代理关系，但迪迈公司与UMC公司之间并未签订类似协议，因此，法院并未认定迪迈公司与UMC公司形成了代理关系或者代表关系。

2. 未经授权的认定

首先，由于代表或代理关系的成立必须基于被代表人或被代理人的明确

---

① 参见最高人民法院（2013）知行字第97号行政裁定书。

② 参见北京市高级人民法院（2019）京行终812号行政判决书。

③ 参见北京市高级人民法院（2017）京行终2822号行政判决书。

意思表示，因此，应当首先由代表人或代理人承担获得授权的举证责任，若其无书面授权协议或其他充分证据以证明其申请注册时已经取得了授权，则可认为其未经授权，属于擅自注册被代表人或被代理人商标的情形。

其次，若代表人或代理人在申请注册时未能取得授权，但在申请注册后通过被代表人或被代理人的追认取得了授权，则应当尊重被代表人或被代理人的意志，视为代表人或代理人取得了授权。

最后，若被代表人或被代理人在知悉代表人或代理人的申请注册行为后，未在合理时间内表示异议的，则可视为其默示许可了代表人或代理人的申请注册行为。换言之，代表人或代理人是否构成商标恶意抢注往往取决于被代表人或被代理人的意志，只有当被代表人或被代理人明确提出异议时，才会构成代表人或代理人的商标恶意抢注。但代表人或代理人在申请注册时已经取得了授权，而申请注册后被代表人或被代理人反悔的，则属于例外情形，仍应认定代表人或代理人取得了授权。

（二）其他特殊关系人的恶意抢注之认定

其他特殊关系人的恶意抢注构成要件与对普通未注册商标的恶意抢注构成要件类似，包括"商标标志相同或近似""商品或服务类别相同或类似""他人在先使用该未注册商标""存在其他特定关系"，而关于前三个构成要件，其认定方法已经在前文有所讨论，故此处不再赘述，仅针对"存在其他特殊关系"的认定予以说明。

其他特殊关系是指除了代表人、代理人以外的，可以据此推定行为人在申请注册时明知他人在先使用商标的特殊关系，主要包括买卖、承揽等合同关系，投资、广告、磋商、加盟、赞助等与合同业务往来性质相近的关系，以及亲属关系、隶属关系等。① 例如，在上述 UMC 商标纠纷案中，虽然法

---

① 司法解释中还规定了"营业地址邻近"，"曾就达成代理、代表关系进行过磋商，但未形成代理、代表关系"，"曾就达成合同、业务往来关系进行过磋商，但未达成合同、业务往来关系"三种属于"其他关系"的情形。参见《最高人民法院关于审理商标授权确权行政案件若干问题的规定》第十六条。

院认为迪迈公司与 UMC 公司不具有代理关系或者代表关系，但由于有发票可以证明迪迈公司与 UMC 公司在诉争商标申请日之前曾存在买卖货物的交易关系，因此，法院认为，可以认定迪迈公司与 UMC 公司形成合同、业务往来或其他特殊关系。

需要注意的是，实践中可能存在间接的合同、业务往来关系，同样有可能导致抢注行为人知悉他人在先使用商标的存在。例如，在乔佩斯与特丝丽的商标纠纷案① 中，乔佩斯公司与特丝丽公司之间并不存在直接合同、业务往来关系，但特丝丽公司与凯瑞公司之间存在委托加工合同关系，乔佩斯与凯瑞公司之间又存在买卖关系，由凯瑞公司委托特丝丽加工的"CHOPPIES"洗衣粉，最终会由凯瑞公司销售给乔佩斯公司，而特丝丽公司基于这种间接的业务往来关系知悉了乔佩斯公司在先使用的"CHOPPIES"商标，尽管其与乔佩斯公司之间不具有直接的业务关系，但这种间接的业务关系也应当属于具有特定关系的情形。

五、损害他人在先权益的恶意抢注之构成与认定

他人在先权益是指除商标权益以外的其他他人合法在先权利和利益，主要包括企业名称或字号权、姓名权、肖像权、著作权、外观设计专利权、商品化权以及其他合法权益。损害他人在先权益的恶意抢注的构成要件表面上主要包括两个方面，即"商标相同或近似"和"损害他人现有在先权益"。但事实上，与恶意抢注他人未注册商标不同，侵害他人在先权益的恶意抢注的认定需要着重判断抢注商标是否侵犯了他人现有在先权益，需要从在先权益的角度对是否构成侵权进行判断，其"商标相同或近似"也并非是指商标与商标之间的相同或近似，而是指抢注商标与他人在先权益相关标志的相同或近似，而这种"商标相同或近似"其实就是"损害他人现有在先权益"的构成要件。因此，也可以直接认为，损害他人在先权益的恶意抢注的构成要

---

① 参见北京知识产权法院（2016）京 73 行初 1441 号行政判决书。

件其实只有一个，即"损害了他人现有在先权益"。而如何判断是否"损害了他人现有在先权益"则需要依据他人在先权益的性质来具体认定。

（一）侵害他人企业名称、字号权的商标恶意抢注之构成与认定

侵害他人企业名称、字号权的商标恶意抢注的构成要件主要包括两个方面：一是他人必须在先登记或使用了企业名称或字号；二是抢注商标与他人企业名称或字号相同或近似，容易导致相关公众混淆，损害企业名称权或字号权人的利益。

1.企业名称与字号的在先登记或使用

首先，企业名称是市场主体在工商行政管理部门办理登记注册手续时所登记使用的名称，一般由行政区划、字号、行业和企业组织形式构成。需要注意的是，企业名称与商标存在本质上的不同，二者在功能、取得方式和使用等方面均存在差异。商标是企业用于区分商品或服务来源的商业标志，可以由文字、图形、三维标志、颜色、声音等要素构成，而企业名称是用于区分市场主体的商业标志，仅由文字构成，且一个企业只能通过登记注册而拥有和使用一个企业名称，但却可以同时自由使用多个商标而无须经过注册申请。虽然企业名称并非商标，其上不具有商标性的权益，但企业对其登记使用的企业名称享有名称权，拥有自行使用该名称和禁止或授权他人使用该名称的权利，因此，擅自将与他人已经登记的企业名称相同或近似的文字作为商标申请注册的，属于侵犯他人企业名称权的侵权行为，进而构成商标恶意抢注。

其次，企业名称中的行政区划、行业和企业组织形式本身并不具备显著性，只有当其与字号组合在一起时，企业名称才能发挥区分市场主体的功能，换言之，字号才是企业名称发挥市场区分功能的关键词。例如，"湖北武汉恒泰建筑股份有限公司"这一企业名称中，"湖北武汉"表明了其行政区划，"建筑"表明了其行业和经营范围特征，"股份有限公司"表明了其组织形式，而"恒泰"才是能够将该企业与其他企业真正区分开来的字号部分。因此，仅将与他人已经登记的企业名称中的字号相同或近似的文字作为商标申请注册的，也属于侵害他人企业名称权的侵权行为，同样构成商标恶意抢注。

最后，企业名称权必须通过工商登记得以确认，但字号权却可以通过使用取得，并不以工商登记注册为取得权利的要件。事实上，字号的概念古已有之，其原本就为"店铺名称"之意，如"同仁堂""六必居""全聚德"等传承已久的老字号，其在将字号作为企业名称中的一部分登记注册前，早就已经在市场经营活动中直接将字号作为店铺名称来使用了，这些经过使用的字号同样具备市场区分功能，因此，字号权人同样拥有禁止他人擅自使用其字号的权利。因此，将与他人已经使用了的字号相同或近似的商标申请注册的，也构成侵害他人在先字号权的商标恶意抢注。

2. 混淆可能性的认定

企业名称权与字号权的保护范围和程度并非完全不受限制，只有当其名称或字号具有一定知名度，将其申请注册为商标容易导致相关公众混淆时，其在先权益才有受到损害之可能，并进而凭此对抗他人在后的注册商标权。此处的混淆同样是指来源混淆，即相关公众误认为抢注商标所使用的商品或服务来源于企业名称权或字号权人，或误认为二者之间存在其他特定关系。判断抢注商标是否会容易导致相关公众混淆所需要考虑的因素主要包括以下两个方面。

（1）抢注商标与他人企业名称或字号之间的近似程度。

由于企业名称和字号均由文字组成，判断抢注商标与他人企业名称或字号之间的近似程度首先可以依照文字商标的近似认定方法进行判断，即同样需要以相关公众的一般注意力程度为标准，通过部分对比、整体对比和隔离观察的方法进行判断。但企业名称或字号本质上仍旧并非商标，一般并不用作区分商品或服务来源，因此，一般只有当抢注商标与他人企业名称或字号基本相同或高度近似，且该企业名称或字号具有一定知名度时，才会容易导致相关公众的混淆，如抢注商标完整地包含他人具有一定知名度的企业名称或字号的情形。

（2）抢注商标与他人实际经营的商品或服务类别的类似程度

企业名称并非商标，因此，其并无核定使用的商品或服务类别，因此，在判断是否容易导致混淆时，应当以企业实际经营的商品或服务类别作为对比的对象，判断商品或服务类别是否相同或类似。原则上，与恶意抢注未注册商标的认定类似，只有当抢注商标与他人实际经营范围内的商品或服务相同或类似，才有导致相关公众混淆的可能性。但当他人企业名称或字号具有极高的知名度和显著性时，也有突破商品或服务相同或类似的限制，获得扩大保护的可能。

需要注意的是，在恶意抢注他人企业名称或字号的认定中，他人企业名称或字号的知名度和显著性是十分重要的影响因素。若企业名称或字号并不具备一定知名度，则其原则上甚至无法起到区分商品或服务来源的作用，也就不存在混淆的可能性，而不存在混淆的可能性也就不存在损害他人在先企业名称权或字号权的可能。换言之，侵害他人在先企业名称权或字号权实质上应当以该企业名称或字号具备一定知名度和影响力为条件。同时，企业名称或字号的知名度或显著性也是判断其与抢注商标是否近似和商品或服务类别是否类似的重要影响因素，而商标的近似程度和商品或服务的类似程度又是判断是否容易导致相关公众混淆的重要影响因素。因此，企业名称或字号的知名度或显著性实质上也是判断是否容易导致混淆、从而侵害他人在先权益的重要因素。例如，在"LEXANI"商标纠纷案①中，申请人在车轮等商品上申请注册了"LEXANI"商标，莱克桑尼车轮公司（LEXANI WHEEL CORPORATION）提出异议，认为该注册申请侵害了其在先字号权，而在诉争商标和莱克桑尼公司在先使用的字号基本相同、且诉争商标所指定使用的商品类别与莱克桑尼公司所经营的商品类别也相同的情况下，法院仍然着重考察了莱克桑尼公司在中国地区使用"LEXANI"字号的情况，以在中国的相关公众中具备一定知名度作为侵害在先字号权的必要条件。

（二）侵害他人姓名权的商标恶意抢注之构成与认定

侵害他人姓名权的商标恶意抢注的构成要件主要包括两个方面，一是抢

---

① 参见北京市高级人民法院（2014）高行（知）终字第3108号行政判决书。

注商标与他人姓名具有对应关系；二是对他人姓名权可能造成损害。具体而言，侵害他人姓名权的商标恶意抢注是指未经他人许可，将与他人姓名存在对应关系的商标申请注册，容易导致相关公众误认为抢注商标与该姓名权人之间存在对应关系。

首先，与商标或字号不同，自然人姓名固然具有成为商标的潜质，但其本质是用于区分自然人与自然人的符号，因此姓名权具有强烈的人身属性，是基于人身自由和尊严而产生的人格权益，自然人对与自身存在稳定对应关系的姓名或其他特别名称都应享有姓名权，[①] 有权依法使用或许可他人使用自己的姓名，也有权禁止他人不正当地使用其姓名，避免其姓名与他人或他物之间产生混淆，这也是在先姓名权可以阻却恶意商标抢注的根本原因所在。

而需要强调的是，与自然人存在稳定对应关系的笔名、艺名、网名、译名等别称也属于姓名权的保护范围。事实上，有时社会公众甚至会对自然人的特别称呼比对其本名更加熟悉，尤其是作家的笔名、演员的艺名、网络红人的网名。例如，人们可能对知名作家巴金、网络红人 papi 酱十分熟悉，但他们的本名李尧棠、姜逸磊却并未拥有同样程度的知名度和影响力，甚至少有人知悉。可见对于某些特定身份的人物而言，其笔名、艺名、网名等别称往往比本名更具有知名度和影响力，也就更加容易成为商标抢注对象。因此，对于这些与自然人形成了稳定对应关系的其他名称，理应同样纳入在先姓名权的范围，赋予其对抗商标恶意抢注的权利。

其次，由于能够对抗恶意商标注册申请的"他人在先权利"应当是"现有在先权利"，因此，若该在先权利在抢注人申请注册时已经不存在，则不构成侵害他人在先权利。而姓名权是一种人格权，而人格权原则上始于自然人出生，终于自然人死亡，并且不得转让、继承，故自然人死亡后其姓名权也会随之消灭。因此，侵害他人在先姓名权的商标注册申请一般并不包括侵害死者姓名权的情形，《指南》也明确规定"他人姓名权"中的"他人"应当是指"系争商标注册申请时在世的自然人"。但需要注意的是，姓名权虽

---

① 参见石冠彬：《姓名权侵权纠纷的裁判规则研究》，《当代法学》2018 年第 3 期。

然因其人身属性而无法继承，但由姓名权而延伸出的财产性利益却属于可以继承的财产性法益，同时死者虽不具有姓名权，却仍然可能具有法律所保护的人格利益。因此，若商标抢注行为侵害了这种由姓名权延伸出的财产性法益或人格利益，同样属于侵害了他人在先权益的恶意抢注情形，只是其所侵害的在先权益并非姓名权本身，而是由姓名权延伸出来的其他正当法益。同时，这一理论也同样适用于侵害他人肖像权的商标恶意抢注情形。

再次，抢注商标与他人姓名之间存在对应关系并不意味着抢注商标一定要与他人姓名完全相同，只要抢注商标体现了姓名的主要特征，可能导致相关公众认为抢注商标指向了姓名权人，就应当视为二者之间存在对应关系。同时，这种对应关系并不一定要是唯一对应关系，即使该姓名权人同时有其他称呼，其姓名权可能同时指向不同名称，但只要抢注商标能够单向地指向姓名权人，则可视为二者之间具有稳定的对应关系。

最后，虽然损害他人姓名权的侵权行为不以该姓名具有一定知名度为构成要件，但可以阻却商标恶意抢注的在先姓名权一般应当是具有一定知名度的自然人的姓名权。这是由于构成侵害他人姓名权的恶意抢注需要满足"相关公众误认为抢注商标与他人姓名存在对应关系"之条件。而此条件暗含了一个逻辑前提，即相关公众必须首先知悉该姓名的存在，否则无从谈及相关公众的误认可能性。试想若将一个籍籍无名之辈的姓名作为商标注册，则相关公众甚至可能根本就不知道该商标为姓名商标，即使相关公众能够通过商标的文字构成特征判断出该商标可能是姓名商标，但鉴于现实中自然人姓名出现重合的可能性并不低，相关公众依然难以将该商标与特定自然人对应起来，也就不可能对该自然人的姓名权造成损害。因此，能够阻却商标恶意抢注的自然人姓名一般应当具有一定知名度，至少应当在某一地域范围内或某一行业领域内具有一定影响力，并被该范围内的相关公众所熟知。并且现实中，只有具备一定知名度的姓名才能为经营者吸引更多的消费者关注和带来其他流量，从而获得更多经济利益，因此，往往也只有具备一定知名度的自然人姓名才会成为商标抢注的对象，毫无名气的普通人姓名则少有抢注者问津。

（三）侵害他人肖像权的商标恶意抢注之构成与认定

侵害他人肖像权的商标恶意抢注与侵害他人姓名权的商标恶意抢注之构成和认定具有较多共通之处，同样需要认定抢注商标与他人肖像之间具有对应关系，以及可能对他人肖像权造成损害。

肖像权与姓名权一样，是一种重要的人格权。《民法通则》曾规定的侵害肖像权的行为是未经本人同意、以营利为目的使用他人肖像的行为，[①] 而 2021 年 1 月 1 日起施行的《民法典》规定的侵害肖像权的行为是指未经肖像权人同意，制作、使用、公开肖像权人的肖像。[②] 虽然《民法通则》与《民法典》所规定的侵权要件有所不同，前者强调擅自"以营利为目的的使用"他人肖像，后者则只需擅自"制作、使用、公开"了他人肖像，但未经他人同意将其肖像申请注册为商标的行为显然是一种以营利为目的使用他人肖像的行为，且不属于合理使用情形，[③] 因此，无论是依照新法还是旧法，擅自将他人肖像申请注册为商标都应当被视为侵害他人肖像权的行为。

同时，与姓名权类似，判断抢注商标是否侵害他人肖像权的关键同样在于判断抢注商标与他人肖像之间是否存在对应关系。

所谓肖像，是指通过影像、雕塑、绘画等方式在一定载体上所反映的特定自然人可以被识别的外部形象。[④] 肖像的根本特征在于其可识别性，即他人能够通过该外部形象识别出特定自然人，因此，这种外部形象并不仅限于自然人的面部五官特征，还包括了具有识别性的自然人整体形象或局部形象。

[①] 《中华人民共和国民法通则》第一百条。

[②] 《中华人民共和国民法典》第一千零一十九条。

[③] 《中华人民共和国民法典》第一千零二十条：合理实施下列行为的，可以不经肖像权人同意：（一）为个人学习、艺术欣赏、课堂教学或者科学研究，在必要范围内使用肖像权人已经公开的肖像；（二）为实施新闻报道，不可避免地制作、使用、公开肖像权人的肖像；（三）为依法履行职责，国家机关在必要范围内制作、使用、公开肖像权人的肖像；（四）为展示特定公共环境，不可避免地制作、使用、公开肖像权人的肖像；（五）为维护公共利益或者肖像权人合法权益，制作、使用、公开肖像权人的肖像的其他行为。

[④] 《中华人民共和国民法典》第一千零一十八条。

因此，只要抢注商标反映了特定自然人的外部形象特征，使相关公众容易将抢注商标与特定自然人对应起来就应当视为将他人的肖像申请注册了商标。

需要强调的是，侵害他人肖像权不以他人肖像具有一定知名度为条件。自然人的肖像与姓名虽然同属人格权益，但存在些许不同。自然人的姓名由文字构成，而文字来自公共符号资源，因此，自然人并不具有禁止他人使用相同姓名或使用姓名中的相同文字的权利，故从商标角度来看，普通人姓名并不具备强烈的显著性。但肖像作为自然人的外部形象，其内容完全来自自然人本身，体现了自然人的强烈个人特征，与自然人之间的联系也比姓名更加单一和稳固，故从商标角度来看，肖像具有强烈的显著性。因此，若抢注商标系清晰反映了自然人肖像特征的照片，即使其肖像并不具有知名度，相关公众也依然可以将自然人的肖像与该自然人对应起来。而若抢注商标系反映他人肖像的美术作品，如漫画、素描等肖像画或其他图形，则需要判断该商标标志的写实程度和可识别程度，同时也应将他人肖像的知名度作为判断可识别程度的参考因素。

（四）侵害他人著作权的商标恶意抢注之构成与认定

判断商标抢注行为是否侵害了他人著作权则需要重点判断他人是否在先取得了著作权和是否满足"接触＋实质性相似"的著作权侵权标准。

首先，应当对他人所主张的在先权利客体是否构成著作权法意义上的具有独创性的作品进行认定。尽管著作权法对作品的要求仅为独创性，对作品的创造性程度不作太高要求，但仍然应当具有最低限度的创造性，能够体现作者的个性和独特选择、安排。因此，著作权法上的作品至少应当具备一定内容长度或复杂性，过于短小的文字或简单的图形不宜认定为具有独创性的作品，否则不利于文学、艺术、科学领域的文化传播、创新和发展。若他人所主张的在先权利客体仅为简单的文字或图形，则不构成在先著作权。例如，在"禾葡兰"商标纠纷案[1]中，欣所罗门公司主张其"禾葡兰

---

[1] 参见北京市高级人民法院（2020）京行终 1073 号行政判决书。

HerbPlantist 及图"标志（如图 6）具备独创性，属于在先著作权，但法院以其设计较为简单、常见为由，否定了该标志的独创性。

图 6　禾葡兰 HerbPlantist 及图

其次，他人取得著作权的时间应当早于商标申请注册的时间。尽管著作权原则上自作品创作完成之时起自动取得，不以登记为要件，但在行政司法实践中，作品完成的时间仍然需要通过证明材料加以证明，即在先权利人需要承担在先取得著作权的举证责任。一般而言，若著作权人进行了著作权登记，或公开发表了其作品，则至少可以确定其完成该作品的时间为著作权登记或公开发表前。同时，其他能够证明作品完成时间在先或权利取得时间在先的证据也可用于证明其在先取得著作权。但若在先权利人无法证明其在先取得了著作权的，即使其在客观事实上可能在先完成了作品，法律上也仍不应视其为在先权利，而在先权利人则需要承担此种举证不能的不利后果。另外，完成作品并非一定要是完成了完整的作品，也可是完成了作品的某一阶段，如美术作品的底稿、文学作品的初稿等，只要作品中已经能够体现一定程度的独创性，即可视为"完成"作品而取得了著作权。

另外，在确认他人在先取得了著作权的基础上，还应当确认商标抢注行为人在申请注册前"接触"了他人在先权利作品或有"接触可能性"。若商标抢注行为人在申请注册前并无接触他人在先权利作品的可能或能证明抢注商标系由他人独立完成，则其所申请注册的商标标志并非是从他人在先作品处复制、抄袭而来，也就不构成著作权侵权。需要强调的是，在"接触"认定中，并无须证明抢注行为人实际接触过在先权利作品，而只需要证明其具有接触可能性即可。当然，若著作权人有直接证据可以证明抢注行为人实际接触了在先权利作品，则可直接认定抢注行为人接触了在先权利作品。但若著作权人并无直接证据予以证明，则只要其证明在先通过公开方式向社会公众发表、传播了其作品，就可直接依据生活经验和常识，推定侵权人有接触在先权利作品的可能。

最后，认定著作权侵权最关键的步骤在于判断抢注商标是否与他人在先权利作品构成实质性相似。实质性相似是指抢注商标与他人作品中具有独创性的表达之间的相同或相似。其一，判断是否构成实质性相似应当以普通公众的感知结果为标准，从普通公众的角度出发，判断抢注商标与他人作品相似程度是否达到了足以认定抢注商标是抄袭、复制他人作品的程度。其二，应当区分思想与表达，仅以抢注商标与他人作品中的表达进行对比，判断其表达是否相同或相似。其三，若其表达中存在相似部分，则需要判断该相似表达是否属于具有独创性的表达，剔除属于公共领域的非独创性表达。若相似部分为具有独创性的表达，则有构成实质性相似之可能。反之，若相似部分不具有独创性，即使抢注商标与他人作品相似部分占比较大，也不构成实质性相似。其四，在抢注商标与他人在先作品中的独创性表达构成相似的基础上，还需要对相似部分的"质量"和"数量"进行综合考量。"质量"即相似部分相对于整体作品的重要性，"数量"则是相似部分相对于整体作品所占的比例大小。只有抢注商标与他人作品之间相似部分的"质量"与"数量"均达到一定程度，才能彻底排除抢注商标也是由他人独立完成，与他人在先作品中的独创性表达相似仅为巧合的可能性，从而认定构成侵害他人在先著作权的商标恶意抢注行为。

（五）侵害他人外观设计专利权的商标恶意抢注之构成与认定

外观设计是指对产品的整体或者局部的形状、图案或者其结合以及色彩与形状、图案的结合所作出的富有美感并适于工业应用的新设计。[①] 因此，

---

① 参见《中华人民共和国专利法》第二条。

外观设计亦有成为商标的潜质，若抢注商标与他人在先外观设计相同或近似时，则有可能侵害他人在先外观设计专利权。而判断商标抢注行为是否侵害了他人在先外观设计专利权，主要需要判断他人是否享有现有在先外观设计专利权，以及抢注商标是否落入外观设计专利的保护范围。

首先，应当确定他人是否在先取得了外观设计专利权，以及其权利是否存续至抢注商标注册申请之日。与著作权不同，由于专利权必须由国家专利行政部门依法授予才能取得，外观设计专利权具有较为明确的权利取得时间，即其公告授权之日。① 因此，在抢注商标的注册申请日以前获得公告授权的外观设计专利原则上可以被认定为在先权利。但若商标抢注行为人在注册申请日前已经使用了商标标志，且使用的时间早于他人外观设计专利的授权公告之日，则该外观设计专利权不构成在先权利。另外，外观设计专利权与著作权的另一个不同之处在于，著作权人自完成作品之日起，在权利保护期限内，都无条件地持续享有著作权，而外观设计专利权人在专利保护期限内需要缴纳年费以维持其专利权，并且还可以通过书面声明放弃其专利权。② 因此，若外观设计专利权人未及时按规定缴纳年费，或曾通过书面声明放弃其专利权，或其外观设计专利权的十五年保护期限届满，导致其外观设计专利权在抢注商标的注册申请日前已经终止的，则不再视其为在先权利。

其次，在确定了他人在先取得了外观设计专利权的基础上，还需要着重判断抢注商标是否落入了外观设计专利权的保护范围。其一，外观设计专利权的保护范围以其申请时所提交的图片或照片，以及简要说明为准。③ 其二，外观设计专利的保护范围仅限于与其专利产品相同或类似的产品类别上，因

---

① 《中华人民共和国专利法》第四十条：实用新型专利权和外观设计专利权自公告之日起生效。

② 《中华人民共和国专利法》第四十四条第一款：有下列情形之一的，专利权在期限届满前终止：（一）没有按照规定缴纳年费的；（二）专利权人以书面声明放弃其专利权的。

③ 《中华人民共和国专利法》第六十四条第二款：外观设计专利权的保护范围以表示在图片或者照片中的该产品的外观设计为准，简要说明可以用于解释图片或者照片所表示的该产品的外观设计。

此，需要判断抢注商标所指定使用的商品或服务类别与外观设计专利产品的类别是否相同或类似，可以参照商标法上认定商品或服务相同或类似的方法和原则，在参考《区分表》的基础上，重点考虑产品的用途、功能、销售情况、实际使用情况等因素。其三，只有当产品类别相同或类似，且抢注商标与他人外观设计专利相同或近似时，该抢注商标才会落入该外观设计专利的保护范围。[①] 而判断抢注商标与他人外观设计专利是否相同或近似，应当以一般消费者的知识水平和认知能力为标准，[②] 参照商标相同或近似的认定方法进行比较观察。

以商标的角度来看外观设计专利，其构成要素主要包括三维立体标志、图形以及颜色，因此，立体商标、图形商标以及颜色组合商标的相同或近似认定方法同样可以适用于外观设计专利。但需要注意的是，外观设计中的文字部分并不属于其保护范围。例如，在"清飞扬"商标纠纷案[③] 中，法院认为，诉争商标为"清飞扬 QINGFEIYANG"文字商标，虽然奥洁公司的外观设计专利主视图上有"清飞扬"文字，但该文字不是外观设计专利保护的内容，因此，诉争商标与奥洁公司两项外观设计专利未构成相同或近似，诉争商标的注册申请并未损害奥洁公司在先外观设计专利权。同时，在进行对比观察时，应当重点比较外观设计中具有创新性的主要部分和消费者容易观察到的主要部分，若抢注商标的形状、图案和颜色及其组合与外观设计专利中的设计要部相同或近似，包含了外观设计专利的设计特征，且其整体视觉效果相同或近似，[④] 则应当认定该抢注商标落入了该外观设计专利权的保护范

---

① 《最高人民法院关于审理侵犯专利权纠纷案件应用法律若干问题的解释》第八条：在与外观设计专利产品相同或者相近种类产品上，采用与授权外观设计相同或者近似的外观设计的，人民法院应当认定被诉侵权设计落入专利法第五十九条第二款规定的外观设计专利权的保护范围。

② 参见《最高人民法院关于审理侵犯专利权纠纷案件应用法律若干问题的解释》第十条。

③ 参见北京市高级人民法院（2019）京行终 5849 号行政判决书。

④ 《最高人民法院关于审理侵犯专利权纠纷案件应用法律若干问题的解释》第十一条：人民法院认定外观设计是否相同或者近似时，应当根据授权外观设计、被诉侵权设计的设计特征，以外观设计的整体视觉效果进行综合判断；对于主要由技术功能决定的设计特征以及对整体视觉效果不产生影响的产品的材料、内部结构等特征，应当不予考虑。

围，即构成侵害他人在先外观设计专利权的商标恶意抢注。

六、商标囤积之构成与认定

不以使用为目的大量申请注册商标的商标囤积行为亦属于广义上的商标恶意抢注，但相较于其他的商标恶意抢注类型，商标囤积行为具有一定的特殊性，即其恶意并不主要体现于侵害特定主体的合法权益，而是主要体现于扰乱了商标注册秩序，浪费了行政、司法资源以及侵占了公共符号资源。

（一）商标囤积的概念和构成

商标囤积一词并非商标法上的专门用语，其概念和构成在学理上目前也尚未清晰，仍有争论。

有学者认为，商标囤积是指违反诚实信用原则，大量将他人使用在先的商标通过恶意抢注据为己有，或者大量注册与他人正在使用的商标尽可能相近似的商标，但注册的目的不是为了使用这些注册商标，而是欲通过兜售或诉讼要挟的方式，从商标使用人处谋取不正当利益的行为。[①] 这种观点认为商标囤积是侵害他人合法权益的牟利行为，其要件包含"大量抢注他人使用在先的商标""不以使用为目的"和"通过兜售或诉讼要挟以谋取不正当利益"。也有学者认为，商标囤积是指大量抢注他人权利标识和公共资源标识的行为。[②] 这种观点则是认为商标囤积既包括侵害他人合法权益的行为，也包括侵害公共利益的行为，其是在第一种观点的基础上，将商标囤积的内涵进一步扩大，将大量抢注公共资源标识的行为也囊括至商标囤积概念中，并且未强调不以使用为目的，即其认为商标囤积的构成要件仅包含"大量申请注册"。还有学者认为，商标囤积是指不以实质性使用为目的，超出经营需

[①]　祝建军:《囤积商标牟利的司法规制——优衣库商标侵权案引发的思考》,《知识产权》2018 年第 1 期。

[②]　范亚利:《严把商标实质审查程序，遏制恶意注册》,《中华商标》2018 年第 6 期。

求之外恶意注册商标的行为。① 最后这一种观点中所要求的"超出经营需求"实质是对"大量申请注册"的一种具体解释与另一种表达。因此，第三种观点实质上是在第二种观点的"大量申请注册"的基础上增加了"不以使用为目的"和"恶意"要件。

实质上，囤，即为储存；积，即为积累。"囤积"一词原是指投机商人为了等待时机高价出售而把货物存放起来，暂时不用。② 依照这种理解，则"商标囤积"应当是指申请人大量申请注册商标，将商标储存起来，不实际使用商标，以待时机通过高价转让或其他方式获利。因此，从文义解释的角度来看，"商标囤积"一词其实主要包含"不以使用为目的"和"大量"两个基本构成要件。结合上述几种学术观点具体来分析：

首先，第一种观点中所强调的"通过兜售或诉讼要挟以谋取不正当利益"其实是抢注行为人的一种主观目的和行为动机。事实上，所有商标恶意抢注行为都具有谋取不当利益之目的，而"不以使用为目的"同样是对抢注行为主观目的的一种描述，"通过兜售或诉讼要挟以谋取不正当利益"实际可以理解为是"不以使用为目的"的一种具体表现方式，并且是最常见的一种表现方式。但反过来，"不以使用为目的"却并不仅限于"通过兜售或诉讼要挟以谋取不正当利益"这一种表现形式。由此可见，"通过兜售或诉讼要挟以谋取不正当利益"要件不仅与"不以使用为目的"要件存在被包含关系，还可能会不当地缩限商标囤积的内涵。故第一种观点中的"通过兜售或诉讼要挟以谋取不正当利益"要件理论上其实应当被"不以使用为目的"要件所吸收。另外，第一种观点将商标囤积的抢注对象限定为"他人使用在先的商标"，同样不当地缩小了商标囤积的内涵，除了他人在先使用的商标，其他非商标性的在先权利相关标志和公共符号资源同样可能成为商标囤积的对象。因此，第一种观点未周全地考虑到恶意抢注他人其他在先权益相关标

① 李春芳、彭榕:《商标囤积现象的规制》,《华南理工大学学报（社会科学版）》2019 年第 6 期。

② 中国社会科学院语言研究所词典编辑室编:《现代汉语词典》,商务印书馆 2005 年版,第 1388 页。

志和公共符号资源的商标囤积行为，其对商标囤积的定义尚不够全面。

其次，第二种观点弥补了第一种观点未考虑到他人其他在先权益相关标志和公共符号资源的缺陷，也强调了商标囤积应当是大量申请注册的行为，却忽略了商标囤积行为人主观上应当具备"不以使用为目的"条件，而"不以使用为目的"恰恰是认定商标囤积行为具有恶意的重要因素，也是商标囤积区别于一般商标恶意抢注行为的重要特征之一。囤积旨在储存起来、暂不使用，因此，若申请人申请注册了大量公共符号资源，但具有真实使用的目的，则即使其申请数量十分巨大，从理论上讲，也依然不构成商标囤积。当然，实践中，受限于企业的生产能力和经营范围，申请数量十分巨大而仍能真实使用的情形会十分罕见。

最后，第三种观点则直接对商标囤积的对象不设要求，仅重点强调了"不以使用为目的""超出经营需求"和"恶意"。其一，这种对商标囤积的对象不设要求的做法意味着商标囤积的对象既可以是他人在先标识，也可以是公共符号资源，这种做法实质与第二种观点具有一致性。其二，"超出经营需求"与"大量申请注册"其实是同一要件，"超出经营需求"本意是对"大量"的程度和认定标准的进一步明确，即以商标申请注册的数量是否超过实际经营需求为标准认定是否构成"大量申请注册"情形，这种解释方法固然十分可取，司法实践中也多以此为重要衡量标准，但直接将其作为构成要件却可能会使"大量申请注册"的认定方法变得僵硬，导致丧失以其他角度或方法认定是否构成"大量申请注册"的可能。其三，第三种观点强调增加"恶意"要件其实是考虑到了防御商标的存在，旨在将大量申请注册防御商标的行为排除在商标囤积行为之外。但实质上，"不以使用为目的"和"大量申请注册"两个要件就是用于表明商标囤积行为具有恶意，并且一般也足以证明商标囤积行为具有恶意。因此，"恶意"要件实质上和"不以使用为目的""大量申请注册"两个要件出现了内涵上的交叉和重叠。故理论上可以考虑通过对"不以使用为目的"和"大量申请注册"进行充分解释，或直接对防御商标作出除外规定来做到将防御注册排除在商标囤积行为之外。因此，并不一定需要强行增加"恶意"要件。

综上所述，无论是从文义解释角度，还是从学理解释角度，商标囤积行为的构成要件都应当包含"不以使用为目的"和"大量申请注册"两个方面，一般只要满足这两个要件，即可认定其具有恶意，从而构成商标囤积行为，同时构成广义上的商标恶意抢注。

（二）商标囤积的认定

前文虽然已经确认商标囤积行为应当同时具备"不以使用为目的"和"大量申请注册"两个要件，但两个要件的内涵和认定标准仍不明确，还需进一步对其内涵进行阐释，并明确其认定标准和方法。

1. 不以使用为目的的认定

首先，"不以使用为目的"中的"使用"应当是商标法意义上的商标使用，即一种商业性和来源识别性的商标使用。因此，若商标囤积行为人并未将抢注商标用于商品或服务上，而仅仅是将商标转让、许可给他人，则这种"使用"商标的行为虽然属于对商标权的行使，但并不属于商标法意义上的商标使用，也就无法用于证明其具有使用目的，反而证明了其申请注册商标的目的可能是通过收取转让、许可费用来谋取不正当利益。

其次，"不以使用为目的"中的"使用"既包括实际使用，也包括意图使用。实际使用是指抢注行为人在商业活动中公开、真实地使用了商标，将商标用于区分商品或服务来源，而意图使用则是指尚未实际使用，但主观上具有实际使用的意图。一般而言，已经将商标投入实际使用的，自然可以直接认定其主观上具有真实的使用意图，不构成商标囤积行为，但对于未投入实际使用的，则需要进一步判断其是否具有真实使用商标的意图。换言之，"不以使用为目的"意味着商标囤积行为人应当既没有实际使用商标，也没有意图使用商标。反之，若想要证明抢注行为不构成商标囤积，也并不要求行为人必须实际使用了商标，而只要证明其具有真实的商标使用意图便可。一般而言，若抢注行为人在注册后长时间不使用商标，又无政策变化、自然灾害、破产清算等正当理由的，则可认定其主观上缺乏真实的商标使用意图。同时，抢注行为人在注后连续不使用商标的时间虽未达到一定长度，但积极实施了兜售商标、滥发侵权警告、提起恶意诉讼等其他具有不正当性的客观行为的，也可以推定其主观上不具有真实使用意图。但若抢注行为人能够证明其已经为实际使用商标进行了准备活动的，如已经准备了生产所需原材料、生产设备、营业场所，或者能够证明其已经做好进入相关商品市场或地域市场的计划安排的，则应当认定其具有真实的使用意图，不构成商标囤积行为。

最后，"不以使用为目的"中的"使用"还应当是真诚使用。无论是实际使用还是意图使用，其实都应当是一种真诚的商标使用。有时，即使抢注行为人形式上实际使用了商标，也并不一定代表其内心真实存在使用商标的意图。这是由于行为人为了防止商标被无效或撤销，可能会选择偶尔地或突击性地将商标用于经营活动中，但其本质上仍然不具有真诚的商标使用意图，这种形式使用虽然符合商标使用的形式要件，但却不符合商标使用的内在实质要求，不属于真诚的商标使用。因此，若抢注行为人注册后仅对商标进行了偶尔的、突击性使用，则应当将这种形式上的商标使用行为排除在商标使用之外，认定抢注行为人不具有真诚的使用意图。

2. 大量申请注册的认定

事实上，大量申请注册这一要件不仅是商标囤积行为会扰乱公共秩序、浪费行政、司法资源以及侵占公共符号资源，导致公共利益损害结果的原因，也是对商标囤积行为人不具有真实使用目的的一种有力证明。

首先需要明确，"大量"并非是指一种明确的数字界限。司法实践中，既有申请注册1000多件商标被认定为构成商标囤积的，也有仅申请注册30余件商标被认定为构成商标囤积的。[①] 因此，不能简单地认为商标申请注册的件数超过100或1000等具体数字就达到了大量的程度，从而构成商标囤积；反过来，也不能简单地认为商标申请的数量仅几十件就认定其未达到大量的程度，不构成商标囤积。

实质上，"大量"一词本身带有一定模糊性，并且这种模糊性不能、也

---

① 参见北京市高级人民法院（2020）京行终1836号行政判决书；参见北京市高级人民法院（2019）京行终7230号行政判决书。

不需要完全克服，正确的做法并不是直接明确"大量"的界限，而是在具体案件中结合具体情况对商标申请数量是否达到"大量"程度进行综合认定。具体而言，"大量"并非是一种绝对标准，而是一种相对标准，一般是指商标注册申请的数量相对于抢注行为人的生产能力和经营范围等实际情况而言超过一定限度，乃至可以确定抢注行为人难以将如此巨大数量的商标全部投入实际使用。换言之，即可以认定抢注行为人实际使用全部商标的可能性极低，从而推定其在申请注册时就缺乏实际使用的意图，构成商标囤积。

因此，在认定抢注行为是否构成"大量申请注册"时，需要结合抢注行为人的具体情况，综合考虑其实际经营状况、商标申请注册数量、商标申请注册的商品或服务类别等因素。

通常，经营者的经营范围越广泛，其所涉及的商品和服务类别也就越多，即使其只使用了一种商标标志，也需要在多种商品和服务类别上进行注册，其申请注册的数量也就相对更多。同时，经营者的经营规模越大，其所使用的商标标志种类往往也会增加，可能会为了标示商品或服务品质或其他特征的不同，而在同一种类的、具有不同品质或其他不同特征的商品上使用不同的等级商标，进行市场细分，以便于相关公众区分同种类的不同品质的商品和作出购买选择。此外，由于商标具有地域性，若经营者的经营地域范围包含多个不同的国家或地区，则其可能还需要在每一个国家或地区都重复提交同样的商标注册申请，其商标申请数量将会呈倍数增加。因此，对于一个经营范围广泛、经营规模庞大的大型跨国企业而言，其所需要申请注册的商标数量之巨大可能是难以想象和预估的。但对于一些规模相对较小的中小型企业而言，其经营业务范围往往较小或较为单一，实际需要使用的商标标志往往也不多，所需申请注册的商标数量也就自然更低。而至于个体工商户，某些商标意识较强的经营者可能会在其经营范围内申请注册其主要使用的商标，但更多的经营者甚至可能并无申请注册商标的意识，也无申请注册商标的现实需要。由此可见，对于不同的经营者而言，其所正常需要的注册商标申请数量是完全不同的，应该根据经营者实际的生产经营规模、涉及的商品和服务范围、地域范围和其他经营状况来判断其所申请的商标数量是否达到"大量"的程度。若抢注行为人所申请注册的商标数量超过了其正常经营需求，足以推定其对大部分商标并无真实使用意图，则可认定其构成商标囤积行为。

另外，在考察抢注行为人的商标申请注册数量是否超出其正常经营范围时，还应当将其关联公司的商标注册申请数量、指定使用的商品服务类别等相关情况一并纳入考量范围。例如，在"无比滴"商标纠纷案[①]中，法院就综合考虑了珍尔姿公司与其关联公司的注册情况，认为二者共同注册了70余件商标，数量众多，涵盖商品或服务类别广泛，超出正常经营需要，构成商标囤积行为。

3. 大量申请注册防御商标的商标囤积认定

对于大量注册防御商标的申请人，尽管其主观上同样不具有实际使用该防御商标的意图，但其申请注册的行为是出于对正商标的保护，不具有囤积商标后高价转售牟利之目的，并未侵害他人合法权益，也不会对商标注册秩序或其他公共利益造成损害。因此，尽管大量注册防御商标符合商标囤积的形式要件，但考虑到申请人主观上是出于防御目的，其申请注册的行为具有合理性，故仍然不宜直接否定其正当性。

对此，理论上可以有几种不同的处理方法：第一种是直接承认注册防御商标属于不以使用为目的大量申请注册的行为，即构成商标囤积，但将其作为一种单独的例外情形，直接专门规定不予禁止注册防御商标。第二种则是对"大量申请注册"要件进行特殊解释，将申请注册防御商标视为申请人的一种正常经营需求，即认为相对于申请人而言，申请注册防御商标并未超过其正常经营需求，不属于过量申请注册商标的行为，自然也就不构成商标囤积。第三种则是对"不以使用为目的"要件进行特殊解释，突破传统商标使用理论，将申请人对正商标的使用视为同时对防御商标也进行了使用，也就可以将注册防御商标排除在"不以使用为目的"的商标囤积行为之外。

而实践中，《商标法》第四条明确禁止了"不以使用为目的的恶意注册

---

① 参见北京市高级人民法院（2020）京行终1573号行政判决书。

申请"，同时依照北京市高级人民法院颁布的《商标授权确权行政案件审理指南》对《商标法》第四条之解释，申请人明显缺乏真实使用意图、大量申请注册商标且缺乏正当理由的属于第四条所规定商标恶意注册申请情形。由此可见，《商标授权确权行政案件审理指南》将"大量申请注册且缺乏正当理由"直接认定为具有恶意的情形，这一规定也与前文所述的商标囤积的两大构成要件基本相符。同时，《商标授权确权行政案件审理指南》通过强调"缺乏正当理由"也给注册防御商标的行为留下了适当的实施空间，使防御商标申请人可以通过证明"存在正当理由"而从商标恶意抢注中得以赦免。这种处理方法与上述第二种处理方法较为相似，虽然没有直接将防御商标排除在"大量申请注册"情形之外，但通过将"大量申请注册"要件进一步明确为"缺乏正当理由的大量申请注册"，为注册防御商标建立了正当、合法基础，既避免了第一种处理方法在立法逻辑上的生硬，同时避免了第三种处理方法中突破传统商标使用理论可能带来的其他问题和麻烦。

第二节　商标恶意抢注的处置

一、恶意抢注商标的处置

对于恶意抢注的商标的处置方式，主要包括驳回其注册申请，对其作出不予注册决定，对其作出撤销决定以及对其作出无效宣告决定或裁定，情形如图 7 所示。

（一）尚未核准注册的恶意抢注商标的处置

首先，《商标法》所规定的从商标注册申请到初步审定公告之间的审查期限为九个月，对于尚处于审查过程中、未初步审定公告的恶意抢注商标，应当由商标局驳回其注册申请。

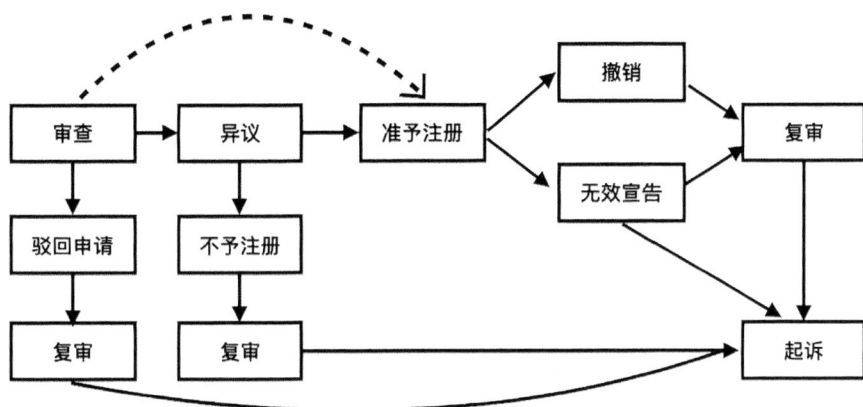

图 7　恶意抢注商标的处置

在审查过程中，若商标局经过审查发现注册商标存在与他人在先注册或初步审定公告的商标相同或近似，或与他人未注册商标相同或近似，或侵害了他人在先权益，或缺乏真实使用意图等情形，并认定其构成商标恶意抢注的，则应当驳回其注册申请。需要注意的是，对于代表人、代理人恶意抢注被代表人、被代理人商标的，以及存在合同、业务往来等其他特定关系人的商标恶意抢注，需要由他人提出异议后商标局才会进行审理，即商标局并不会在此阶段就审查注册申请是否为具有特定关系的商标恶意抢注，更不会因此而驳回其注册申请。

其次，对于审查人员未能发现而通过了商标初步审查，并进入三个月公示期的恶意抢注商标，则可在第三人提出异议后，由商标局对其注册申请作出不予注册的决定。

需要注意的是，《商标法》在 2013 年修改以前，并未对商标异议的主体资格进行限制，[①] 而《商标法》在 2013 年修改以后，则对商标异议的主体

---

① 《中华人民共和国商标法（2001 年修正）》第三十条：对初步审定的商标，自公告之日起三个月内，任何人均可以提出异议。

资格进行了部分限制，^①对于以绝对禁注事由提出异议的，其异议主体资格仍然不作限制，但对于以相对禁注事由提出异议的，则其异议主体仅限于在先权利人或利害关系人。这是由于相对禁注事由一般与侵害他人在先权益有关，其注册申请的结果主要影响的是在先权益的所有人以及与该在先权益存在利害关系的人。因此，为了防止他人滥用异议权扰乱商标注册秩序，同时为了提高商标注册申请审查效率，《商标法》将以相对禁注事由提出异议的主体限制在了直接或间接地受申请注册结果影响的在先权利人和利害关系人范围内。抢注他人驰名商标、抢注他人未注册商标、特定关系人抢注以及损害他人其他在先权益的商标恶意抢注情形均属于《商标法》所规定的相对禁注事由。因此，对于以上所述侵害他人在先权益的商标恶意抢注，一般只能由该在先权利人或利害关系人以侵害他人在先权益为由提出异议。在先权利人是指相关在先权益被侵害的注册商标权人、未注册商标所有人以及其他在先权利人或在先权益的所有人，其合法权益将会直接因商标注册申请而受到损害，与该注册商标申请结果之间存在直接的利害关系。利害关系人是指与被侵害的在先权益存在直接利害关系的人，例如在先权益的被许可使用人、继承人或受让人，与该注册商标申请结果之间存在间接的利害关系。同时，利害关系人与在先权利人的资格认定时间标准并不相同。审查异议主体是否为在先权利人，需要以抢注商标申请注册的时间为准，判断其在商标申请注册日前是否已经取得并仍享有在先权益，而审查异议人是否为利害关系人，则需要以其提出商标异议的时间为准，判断其在提出异议时是否与在先权益存在直接利害关系。但同时，《商标法》2019 年修改以后，在第四条中增加了新的条款"不以使用为目的的恶意商标注册申请，应当予以驳回"，而新增条款所规定的情形属于绝对禁注事由。因此，对于商标囤积和不以使用为

---

① 《中华人民共和国商标法》第三十三条：对初步审定公告的商标，自公告之日起三个月内，在先权利人、利害关系人认为违反本法第十三条第二款和第三款、第十五条、第十六条第一款、第三十条、第三十一条、第三十二条规定的，或者任何人认为违反本法第四条、第十条、第十一条、第十二条、第十九条第四款规定的，可以向商标局提出异议。公告期满无异议的，予以核准注册，发给商标注册证，并予公告。

目的抢注他人在先标志的恶意商标抢注，其异议主体资格仍未受到限制，任何人均可以该商标注册申请违反了《商标法》第四条之情形而提出异议。

另外，《商标法》2013 年修改后，除商标异议主体资格发生变化外，异议双方申请复审的权利也发生了改变。

《商标法》2013 年修改前，异议程序的双方当事人对异议结果不服的，均有在 15 日内向商标评审委员会申请复审的权利，[①] 而《商标法》2013 年修改后，注册商标的申请人对异议结果不服的，仍有权申请复审，异议人对异议结果不服的，只能直接向商标评审委员会请求无效宣告。[②] 毫无疑问，这一修法举措同样是为了提高商标注册申请的审查效率。商标局在听取异议双方的陈述、审查异议双方提供的证明材料后，可以直接作出是否予以核准注册的决定，而非异议裁定，若是其认为异议理由不成立，则可直接作出核准注册的决定，异议人无权申请复审，申请人也就无须再经历复审程序才能取得注册商标专用权。依据《商标法》第三十五条的规定，商标复审的审理期限为十二个月，特殊情况还可延长六个月，若异议人仍然需要向商标评审委员会申请复审，则显然容易导致商标注册申请程序的整体审查周期过于冗长，有碍于提高商标注册申请的审查效率。尽管这一做法整体上有利于提高商标注册申请的审查效率，可以促进善意的商标注册申请人尽快取得具有稳定性和确定性的商标专用权，但不利于恶意商标抢注的被抢注人维护其合法权益。由于商标局主要是依靠异议双方所提供的证明材料来作出异议决定，因此异议人所能提供的证明材料是否有效和充分至关重要。相对于恶意

① 《中华人民共和国商标法（2001 年修正）》第三十三条：当事人不服的，可以自收到通知之日起十五日内向商标评审委员会申请复审，由商标评审委员会做出裁定，并书面通知异议人和被异议人。

② 2018 年 11 月 15 日《中央编办关于国家知识产权局所属事业单位机构编制的批复》（中央编办复字〔2018〕114 号）规定，将原国家工商行政管理总局商标局、商标评审委、商标审查协作中心整合为国家知识产权局商标局。2019 年 2 月 18 日，国家知识产权局发布了《关于变更业务用章及相关表格书式的公告（第 295 号）》，该公告明确，于 2019 年 4 月 1 日起使用新业务印章，统一以国家知识产权局的名义开展商标审查工作，原商标评审委员会的机构名称不再使用。但为了与《商标法》条文保持一致和区分不同商标审查审理环节以便研究，本书将依旧使用原称呼"商标评审委员会"。

的商标注册申请人，异议人原本就处于被动地位，不仅需要在短暂公示期内及时发现其在先标志被抢注，还需要及时地提出异议，在这样的情况下，异议人很有可能因为证明材料不足或其他准备不充分而无法证明其在先权益被侵害，致使商标局在对实情不了解的情况下做出核准注册的决定。一旦核准注册的决定由商标局作出，恶意抢注行为人就可以凭借其已经取得的注册商标专用权任意施为，异议人就会陷入更加被动的局面，其损失也会进一步扩大。

（二）已经核准注册的恶意抢注商标的处置

对于已经核准注册的恶意抢注商标，应当由商标局决定撤销该注册商标或宣告该注册商标无效，或由商标评审委员会裁定宣告该注册商标无效。

同时需注意，尽管当事人对商标局或商标评审委员会的决定或裁定不服的，可以向法院提起行政诉讼以寻求救济，但由于司法实践中需要严格遵循"司法不干涉行政"的原则，即便法院经审理已经认定该商标为恶意抢注商标，属于应当撤销或无效宣告的情形，认为商标局或商标评审委员会作出的决定或裁决有误，也只能判决撤销该决定或裁决，责令其重新作出行政行为，不能直接代替商标局或商标评审委员会撤销商标或宣告商标无效，即有关商标权利效力的事项必须由商标行政机关决定，司法机关只能起到监督作用。

1. 恶意抢注商标的撤销

首先，恶意抢注商标的撤销决定应当由商标局依当事人申请作出。尽管并非所有商标撤销程序都需要依当事人的申请启动，但商标局能够依职权而主动启动的商标撤销程序仅限于《商标法》第四十九条规定的注册商标权人不规范使用商标并且拒不改正的应撤销情形，其他撤销情形则并不属于应撤销情形，而是属于可撤销情形，因此需要由申请人向商标局提出书面申请，从而依申请启动撤销程序。

对于恶意抢注商标而言，被申请商标撤销的主要理由是该注册商标具有《商标法》第四十九条规定的"没有正当理由连续三年不使用"的可撤销情形，并且这一理由往往也是唯一可行的撤销恶意抢注商标的理由。除了上述不规范使用商标并且拒不改正的应撤销情形和"没有正当理由连续三年不使用"的可撤销情形，《商标法》第四十九条还规定了"丧失显著性"的可撤销情形。纵观以上三种撤销情形，恶意抢注商标显然难以符合不规范使用商标并且拒不改正或"丧失显著性"的情形。除了以搭便车为目的的恶意抢注商标行为，其余相当一部分恶意抢注商标行为并不以实际使用该商标为目的，对于这些未投入实际使用的恶意抢注商标，若其连续不使用的期间达到了法定三年期限，则属于"没有正当理由连续三年不使用"的可撤销情形，被抢注人则可以向商标局申请撤销该抢注商标。在《商标法》第四条修改以前，通过"没有正当理由连续三年不使用"撤销恶意抢注商标也是处置大量抢注公共资源的商标囤积行为的重要方法和手段。

通过商标撤销程序处置恶意抢注商标的优势在于，其并不需要证明注册申请人的恶意，无须对商标是否近似、商品或服务是否类似、是否具有混淆可能性等复杂问题进行判断，只需要证明恶意抢注商标在客观上长期未被使用，便可依法撤销该注册商标，其适用条件相对简单明了和确定。

但同时，通过商标撤销程序处置恶意抢注商标也具有诸多局限性。首先，《商标法》中连续不使用可撤销情形的适用具有三年法定期限限制，在法定期限届满之前，只能任由该恶意抢注商标有效存在，并且恶意抢注行为人很可能在法定期限届满前就已经将商标权转让给他人了。其次，商标撤销程序只能适用于连续不使用的恶意抢注商标，而具有搭便车目的的恶意抢注行为人具有真实使用意图，显然不符合该撤销情形，即无法通过撤销程序处置基于搭便车目的而申请注册的恶意抢注商标。另外，即使是不以使用为目的的恶意抢注行为人，在明知该可撤销情形的情况下，其往往会有针对性地实施应对措施，对商标进行突击使用和形式使用，以避免商标因连续不使用而被撤销，因此司法实践中的这种突击使用和形式使用也会给这一可撤销情形的适用带来一定困扰或阻碍。最后，由于商标撤销决定的效力并不溯及既往，恶意抢注商标的专用权仅在撤销公告之日起终止，在撤销公告前其仍为有效的注册商标，即无法彻底地通过商标撤销确认恶意抢注商标的违法性。

2. 恶意抢注商标的无效宣告

首先，与商标异议程序类似，商标无效宣告程序的启动方式也因其无效的事由不同而有所不同。对于存在绝对禁注事由的恶意抢注商标，既可以依申请人的申请启动无效程序，也可以由商标局依职权主动启动无效程序进行审查。对于存在相对禁注事由的恶意抢注商标，仅能依申请人的申请启动无效程序，并且该申请人必须是恶意抢注商标的在先权利人或利害关系人，[①]并且申请人应当是在商标注册之日起五年内提出申请，而商标局则不能依职权主动启动无效程序进行审查。

其次，无效宣告的启动方式不同，进行无效宣告审查的主体也不同，其审查结果的法律性质也不同。依申请人的申请启动的无效宣告程序由商标评审委员会进行审查，其审查后作出的认定结果是无效宣告裁定，而商标局依职权启动的无效宣告程序由商标局自身进行审查，其审查后作出的认定结果是无效宣告决定。裁定与决定的不同之处在于，当事人对于商标评审委员会作出的无效宣告裁定不服的，可以在三十日内向法院起诉，而注册商标权人对商标局作出的无效宣告决定不服的，则应当先在十五日内向商标评审委员会申请复审，对复审结果不服的，才有权在复审结果通知到达的三十日内向法院提起诉讼。另外，与无效宣告决定类似，当事人对商标撤销决定不服的，也无权直接向法院起诉，同样需要先向商标评审委员会申请复审。这是由于"裁定"意味着商标评审委员会更多地处于居中裁判的地位，其所审查的事项主要围绕注册商标是否侵害了他人在先权益，因此其实质上是在注册商标权人和在先权利人或利害关系人之间进行了利益衡量和裁判。"决定"意味着商标局或商标评审委员会是基于自身职权对注册商标本身是否合法进行了审查，与该注册商标是否侵害了他人在先权益并无必然联系，因此需要通过复审程序给予商标行政部门自我纠正的机会。

最后，与商标撤销决定不同，商标无效宣告决定或裁定具有溯及力，被

[①] 商标无效宣告程序中审查申请人是否属于利害关系人应当以其请求无效宣告的时间为准，与商标异议程序中的利害关系人认定时间标准相同。

宣告无效的注册商标被视为自始无效。事实上，商标恶意抢注原本就是违反诚实信用原则，或侵害他人在先权益和公共利益的行为，在注册申请阶段本就应该驳回其申请，因此，对于侥幸被核准注册的恶意抢注商标，无效宣告本就是其应有的归宿。在司法实践中，一般也是囿于商标无效情形的复杂性和在先权益人的举证困难，才会有退而求其次选择申请商标撤销以处置恶意抢注商标的需要。

3.恶意抢注商标被撤销或被无效宣告后的隔离期

依据《商标法》第五十条的规定，注册商标被撤销或被无效宣告后，一年内他人申请注册与之相同或近似的商标的，不予核准，即商标被撤销或被无效宣告后存在一年的隔离期。但这一隔离期的规定并不能当然适用于被撤销或被无效宣告的恶意抢注商标。

《商标法》中设置隔离期的本意是在于防止市场混淆，因为即使注册商标被撤销，但使用了该注册商标的商品或服务却仍然有可能在市场上流通，此时，若不设置一定的隔离期，任由新的申请人立即申请注册相同或近似的商标，则新的申请人所提供的商品或服务极有可能与使用了原注册商标的商品或服务产生混淆。因此，有必要设置一定的隔离期，给原注册商标和其商品或服务留下一定的影响力消退时间，以避免在其影响力未完全消退时产生市场混淆。

但对于被撤销的恶意抢注商标而言，其之所以被撤销是由于商标连续三年以上未使用，因此其根本就尚未在相关市场上产生任何影响力，也不可能存在尚在流通的商品或服务，即并无设置隔离期的必要性。对于被无效宣告的恶意抢注商标，则需视情形而定。其中商标囤积和其他不以使用为目的的恶意抢注商标与前述被撤销的恶意抢注商标类似，同样尚未产生实际影响力，并无设置隔离期的必要性。对于其他已经经过了实际使用的恶意抢注商标，若不设置隔离期，则确有产生市场混淆之忧。但若设置了隔离期，则又会导致被抢注人在维权后不能通过及时申请注册而获得注册商标专用权，很可能在此过程中又被其他恶意抢注者乘虚而入，引发新的商标抢注纠纷，显然不利于被抢注人积极维护其合法利益。

综上所述，虽然《商标法》中明确规定了注册商标被撤销或被无效宣告后再次申请注册的隔离期，但对于被撤销或被无效宣告的恶意抢注商标则不宜适用该隔离期规定，尤其是对于其中尚未实际使用的恶意抢注商标，更应当直接将其规定为适用隔离期的除外情形。

二、商标恶意抢注行为人的处置

对商标恶意抢注行为人的处置，主要是指商标恶意抢注行为人需要承担的法律责任，主要包括民事责任和行政责任。

（一）商标恶意抢注的民事责任

首先，在讨论商标恶意抢注的民事责任时，需要对商标恶意抢注与商标侵权行为的概念加以区分。通常所指的商标侵权行为是指侵犯了注册商标专用权的行为，其所侵害的对象是注册商标。商标恶意抢注本质上是申请注册商标的行为，其所侵害的对象是未注册商标，具体而言，则是他人在先使用的未注册商标或其他在先标识。因此，商标恶意抢注的民事责任与商标侵权行为的民事责任不可同日而语，《商标法》中所规定的各种适用于侵犯注册商标专用权的法律责任条款并不能同样适用于商标恶意抢注。

《商标法》明确规定了恶意抢注行为人应当承担的民事责任主要是不当得利返还责任。[①] 不当得利是指没有合法的根据取得利益，致使他人遭受损失的事实，是债的发生原因之一，也称"不当得利之债"。[②] 在"不当得利之债"的法律关系中，受损人有向受益人请求返还不当得利的债权，受益人则有向

---

① 《中华人民共和国商标法》第四十七条：宣告注册商标无效的决定或者裁定，对宣告无效前人民法院做出并已执行的商标侵权案件的判决、裁定、调解书和工商行政管理部门做出并已执行的商标侵权案件的处理决定以及已经履行的商标转让或者使用许可合同不具有追溯力。但是，因商标注册人的恶意给他人造成的损失，应当给予赔偿。依照前款规定不返还商标侵权赔偿金、商标转让费、商标使用费，明显违反公平原则的，应当全部或者部分返还。

② 吴汉东、陈小君主编：《民法学》，法律出版社 2013 年版，第 436 页。

受损人返还不当得利的债务，即具有不当得利返还责任。由于恶意抢注商标应当被视为自始无效，商标恶意抢注行为人通过该注册商标所获得的利益自然属于没有合法根据的不当利益。若商标恶意抢注行为人通过提起侵权诉讼、转让或许可使用等方式获得了侵权损害赔偿、商标转让费或商标许可费等财产性利益，导致了他人利益受损，则这种财产上的变动显然不符合公平原则，需要通过不当得利返还制度矫正不公正的财富分配，使之恢复到公平状态。换言之，商标恶意抢注行为人需要对其所获得的不正当利益承担返还财产的民事责任，将因恶意抢注而获得的侵权损害赔偿、商标转让费和许可费返还至侵权人、受让人或被许可人。若侵权人、受让人或被许可人为被抢注人，则被抢注人应在请求不当得利返还和请求侵权损害赔偿中择一而为之。

其次，商标恶意抢注与抢注后使用商标亦分属不同的法律行为，在讨论商标恶意抢注的民事责任时，还应当明确该责任是由单纯的商标恶意注册申请行为导致的民事责任，不能将商标恶意抢注与抢注后使用商标的行为直接混为一谈。当然，若恶意抢注后实际使用了该抢注商标，并且给被抢注人带来了实际损失的，恶意抢注行为人也要为其注后使用该抢注商标造成的侵权损害结果承担相应的民事责任。例如，在"福力思通"商标案[①] 中，梁山水浒轮胎公司恶意申请注册了与普利司通公司的在先商标"普利司通"相似的"福力思通"，并且将该商标投入了实际使用，法院依据梁山水浒的获利数额判令其赔偿普利司通经济损失300万元，以及赔偿维权合理开支约3万元。由此可见，与使用该抢注商标所造成的明显损害结果不同，商标恶意抢注行为本身对被抢注人所能造成的损害结果是极为有限的，一般而言，被抢注人的实际损失可能仅仅是为商标异议、撤销或无效宣告以及后续行政诉讼程序所支出的维权费用。

最后，在明确商标恶意抢注与商标侵权行为和注后使用商标行为存在区别的基础上，并不难发现，《商标法》中并未建立完善的商标恶意抢注民事

---

① 参见苏州中院（2018）苏 05 民初 572 号民事判决书；江苏高院（2019）苏民终 1402 号民事裁定书。

责任制度。纵观整部《商标法》，与商标恶意抢注行为民事责任相关的条款可谓寥寥无几，这也意味着，不以使用为目的的恶意商标抢注行为人几乎无须承担实质性的民事责任，一般只需要对被抢注人的合理维权费用承担损害赔偿责任和对特定主体的不当得利返还责任。事实上，被抢注人因商标恶意抢注而产生的实际损失远不止于维权费用，对于被抢注人而言，商标恶意抢注行为带来的最主要的负面影响并非是维权费用的支出，而是其正常的生产经营活动所受到的严重干扰。在维权期间，被抢注人的相关商品或服务很可能因为商标恶意抢注行为而无法正常流通，由此耽搁和影响被抢注人的生产经营活动和市场发展计划，可能会使其为实际使用商标所做的大量准备付诸东流，同时商标争议的爆发还可能会导致相关公众对被抢注人商标的评价降低，使被抢注人在无形中丧失大量交易机会却难以得知。

（二）商标恶意抢注的行政责任

事实上，与民事责任制度一样，商标恶意抢注的行政责任制度同样并不完善。《商标法》2019 年修改以后，才在第六十八条中增加了对商标恶意抢注行为的行政处罚条款，原则性地简单规定了可依据情节给予商标恶意申请注册行为人警告、罚款等行政处罚，[①] 商标恶意抢注的行政责任制度至此才初步建立。由于立法中关于商标恶意抢注的行政处罚规定过于粗略，国家市场监督管理总局随后颁布了《规范商标申请注册行为若干规定》，对如何处

---

① 《中华人民共和国商标法》第六十八条：商标代理机构有下列行为之一的，由工商行政管理部门责令限期改正，给予警告，处一万元以上十万元以下的罚款；对直接负责的主管人员和其他直接责任人员给予警告，处五千元以上五万元以下的罚款；构成犯罪的，依法追究刑事责任：（一）办理商标事宜过程中，伪造、变造或者使用伪造、变造的法律文件、印章、签名的；（二）以诋毁其他商标代理机构等手段招徕商标代理业务或者以其他不正当手段扰乱商标代理市场秩序的；（三）违反本法第四条、第十九条第三款和第四款规定的。商标代理机构有前款规定行为的，由工商行政管理部门记入信用档案；情节严重的，商标局、商标评审委员会并可以决定停止受理其办理商标代理业务，予以公告。商标代理机构违反诚实信用原则，侵害委托人合法利益的，应当依法承担民事责任，并由商标代理行业组织按照章程规定予以惩戒。对恶意申请商标注册的，根据情节给予警告、罚款等行政处罚；对恶意提起商标诉讼的，由人民法院依法给予处罚。

罚恶意商标申请行为作出了进一步的解释。

《规范商标申请注册行为若干规定》中首先明确了恶意申请商标注册行为的内涵，明确列举了不以使用为目的的恶意申请商标注册、抢注他人驰名商标、特殊关系人抢注、侵害他人在先权利、恶意抢注他人已经使用的有一定影响的未注册商标等违背诚实信用原则的商标恶意抢注行为。[①] 其次，其规定了对于以上违反诚实信用原则的商标恶意申请注册行为，由申请人所在地或者违法行为发生地县级以上市场监督管理部门根据情节给予警告、罚款等行政处罚，[②] 即在《商标法》第六十八条的基础上明确了有权实施行政处罚行为的行政主体。最后，其进一步明确了罚款的适用原则，规定了对于有违法所得的，可以处违法所得三倍最高不超过三万元的罚款，没有违法所得的，可以处一万元以下的罚款。[③] 从该条款的表述上来看，其采用了"可以"处以罚款，而非"应当"处以罚款的表述，这意味着即使有违法所得，执法部门也并不一定会对恶意抢注行为人处以罚款，而是否应当采取罚款，需要执法部门"根据情节"自由裁量，其处罚标准依然不甚明确，甚至暗含了一种执法部门原则上应当对给予罚款处罚持审慎态度的意味。另外，从该条款规定的罚款数额来看，其对于有违法所得的罚款仅规定了三倍上限和三万元上限，并未规定罚款数额的下限，对于无违法所得则仅规定了一万元的罚款上限，罚款数额显然并不算太高。2019 年《商标法》修改后，对于侵犯注册商标专用权的，其赔偿数额已经提升至违法经营数额的一倍至五倍，法定赔偿数额上限也由原先的三百万元上升为五百万元。由此可见，立法者对于加强打击商标侵权行为的决心，而打击商标恶意抢注与打击商标侵权行为具有同样的重要性。但相较于《商标法》所规定的侵犯注册商标专用权的赔偿数额，《规范商标申请注册行为若干规定》中对恶意商标抢注所规定的罚款力度显然不强，即便考虑到恶意抢注行为所造成的损害结果一般的确小于侵犯注册商标专用权的损害结果，但恶意抢注行为的行政处罚力度依然明显偏

[①]　参见《规范商标申请注册行为若干规定》第三条。

[②]　参见《规范商标申请注册行为若干规定》第十二条第一款。

[③]　参见《规范商标申请注册行为若干规定》第十二条第二款。

轻，难以有效地震慑具有投机心理的商标恶意抢注行为人。

但同时，尽管《商标法》第六十八条中对于商标恶意抢注行为人的行政责任规定仍然不明，对商标代理机构恶意申请商标注册的行政责任规定却相对严格，明确规定了应当对恶意申请注册的商标代理机构和直接责任人员给予警告和不同程度罚款，并且对于情节严重的，商标局或商标评审委员会可以决定停止受理其办理的商标代理业务。这是由于商标代理机构的职能是接受他人委托，以他人名义办理商标注册申请等商标事宜，深谙商标注册申请规则与程序，并因其职能而具有抢注商标的天然优势地位。因此，相较于普通经营者，商标代理机构需要遵守更高的职业道德，若其实施了违反诚实信用原则或职业道德的恶意抢注行为，则属于"知法犯法，罪加一等"，需要承担比一般的恶意商标抢注行为人更加严苛的行政责任。例如，新冠肺炎疫情期间，江苏英正知识产权服务有限公司代理他人申请注册了"钟南山""钟楠山""雷神山"等商标，而钟南山是此次抗击疫情的领军人物，雷神山则是疫情中心地区武汉市抗击疫情的前线医院，二者均已经为全国公众所熟知，未经授权将"钟南山"和"雷神山"申请注册商标，显然是侵害他人姓名权和名称权的行为，并且容易造成重大社会不良影响。因此，即便申请人中途主动撤回了部分商标注册申请，并且其余申请由于未缴费被视为撤回了申请，并未实际造成严重后果，但其已经完整实施了商标恶意申请注册行为，已经构成了商标恶意抢注。因此，英正公司所在地的市场监督管理局对其恶意抢注行为进行了行政处罚，对其给予了警告和一万元罚款。[①]

三、商标恶意抢注第三人的处置

在处置商标恶意抢注行为的过程中，除了要驳回恶意抢注申请、对恶意抢注商标的效力予以否定、明确商标恶意抢注行为人的民事责任和行政责任，有时还会涉及第三人利益，主要包括恶意抢注商标的受让人、被许可人

[①] 参见连云港市市场监督管理局连市监处字〔2020〕00001号行政处罚决定书。

和被侵害的在先权利的受让人的利益。在先权利的受让人可以继承在先权利人的相关实体权利和诉讼权利，这一点并无过多争议，但恶意抢注商标的受让人或被许可人能否取得抢注商标的专用权却未有定论。

（一）恶意第三人的处置

若受让人主观上为恶意，即明知其受让的商标系恶意抢注而取得，则其当然不能以商标是受让取得为由维持商标注册有效，即不能正当取得该注册商标专用权，甚至可能构成与抢注人恶意串通的情形。同理，若被许可人主观上为恶意，明知被许可使用的商标系恶意抢注而取得，也不能正当取得商标使用权。

例如，在"温碧泉"商标纠纷案[①]中，诉争商标的原注册申请人成达电子公司申请注册了包含诉争商标在内的多件与他人在先商标近似的商标，并将其中多件商标转让给了三江公司，可知原注册申请人的行为构成商标恶意抢注无疑，而涉案诉争商标的转让时间为2015年6月7日，彼时巧美公司已经在化妆品、护肤品商品上广泛使用和宣传了"温碧泉"商标，其商标知名度已达到了较高的程度，并且在经营范围及实际经营项目均不涉及化妆品工具的情况下，三江公司曾于2014年在叉、剪刀等手工具商品类别上申请注册"工具也用温碧泉"商标，可见其受让诉争商标时主观上并非不知情的善意状态。因此，法院认定诉争商标属于以不正当手段取得注册的情形，应予宣告无效。由此可见，对于明知转让商标属于他人恶意抢注的商标情形的受让人，应当宣告其注册商标无效。

再如，在"雷迪"商标转让纠纷案[②]中，被告吴某擅自以雷迪公司的名义将注册商标"雷迪"无偿转让给了华趣多公司，法院认为华趣多公司未支付合理对价，不符合善意第三人的条件，应将商标返还给雷迪公司。在该案中，受让人华趣多公司委托了吴某为商标转让代理人，在受让商标后又将该

[①]　参见北京市高级人民法院（2019）京行终7230号行政判决书。
[②]　参见上海市高级人民法院（2011）沪高民三（知）终字第8号民事判决书。

商标许可给由吴某担任总裁的上海雷迪机械仪器有限公司使用，可见该案中还存在受让人与转让人恶意串通损害他人利益的可能，其转让合同属于应当无效的情形。

（二）善意第三人的处置

若受让人或被许可人主观上为善意，不知受让商标或被许可商标系抢注而来，则其能否"善意取得"该注册商标专用权应取决于商标法中能否适用物权法上的善意取得制度，而这一问题无论是在司法实践还是理论上均未有定论。

目前，民法中仅规定了物权，包括动产和不动产的取得，可以适用善意取得制度，对于商标、专利等知识产权则并未进行明确规定。知识产权和物权分别保护不同类型的权利客体，在没有明确规定的情况下将物权法中的制度直接套搬至知识产权法中显然并不妥当。但商标权等知识产权与物权之间也并非完全没有共通之处，仍需要考虑在商标法中类推适用善意取得是否具有必要性和可行性。

商标权等知识产权与物权的最大区别在于其权利客体具有非物质性，无法通过占有取得，而物的占有唯一性正是物权法中建立善意取得制度的重要基础。但有学者认为，知识产权客体的非物质性并不影响善意取得制度的适用。[①] 以商标权为例，不动产可以通过不动产登记予以公示，商标也可以通过商标注册予以公示，并且商标的转让或其他变动也同样需要经过商标行政部门的审查、公告和登记。因此，商标注册登记与不动产登记一样具有强烈的公示效力，善意第三人有理由信赖商标公示制度，有必要对其适用善意取得制度。目前，司法实践中已有对善意受让抢注商标的第三人适用善意取得的做法。例如，在"Ladurée"商标纠纷案[②] 中，诉争商标"Ladurée"原由徽商公司于 2014 年申请注册，2017 年经核准转让至奥商公司，2016 年拉

---

① 王国柱：《知识产权善意取得的合理性分析——兼论知识产权制度与物权制度的兼容性》，《海南大学学报（人文社会科学版）》2012 年第 4 期。
② 参见北京市高级人民法院（2018）京行终 6281 号行政判决书。

多芮公司申请宣告诉争商标无效未果后起诉至法院，而法院认为，原注册商标申请人行为涉嫌恶意抢注商标并不会导致已转让商标当然无效，虽然徽商公司在23个不同类别的商品和服务上申请注册多达106件商标，不排除其具有商标囤积行为，但是涉案诉争商标已经转让给奥商公司，且拉多芮公司未能证明徽商公司与奥商公司之间存在恶意串通的情形，在诉争商标不违反商标法其他规定的情况下，如果宣告诉争商标无效，对于合法受让诉争商标的奥商公司将产生不利影响，因此认定维持诉争注册商标有效。同时，在郭月功与厦门优觉公司等商标纠纷案[①]中，法院也明确指出，商标注册、转让均需经过国家工商行政管理总局商标局核准、登记，鉴于商标登记的公信力，为维护市场稳定和交易安全，善意取得制度的原则和规定应适用于商标权的流转。

同时，除了保障善意第三人的信赖利益，维护市场稳定和交易安全也是可以适用善意取得制度的重要考量因素。善意第三人在受让抢注商标后，极有可能已经对受让商标进行了积极的商业性使用，并且可能产生了一定的市场影响力并积累了一定的市场声誉，若其善意受让无法阻却抢注商标的无效宣告，即便其可以因不知情而免于承担损害赔偿责任，但注册商标专用权的丧失必然会导致其正常经营活动遭受打击并使广大经营者对商标权转让丧失交易信心，从而影响市场稳定和交易安全。例如，在"通贤"商标转让纠纷案[②]中，法院就认为，受让人符合受让时善意、以合理价格转让和已经登记注册或交付，符合善意取得的构成要件，已经取得了涉案商标的专用权。法院还特别指出，受让人已经连续使用涉案商标达十年之久，具有较高知名度，从维护权利的稳定性和鼓励企业创立品牌，以及发展地方特色产业的现实需要考虑，亦应以维持权利的现有状态为妥。

但在保护第三人信赖利益和保护市场交易安全和稳定的同时，要考虑到在现行商标法律制度是否具备与善意取得制度相匹配的各项制度和措施以及

---

① 　参见福建省厦门市中级人民法院（2016）闽 02 民终 3857 号民事判决书。
② 　参见福建省高级人民法院（2015）闽终字第 188 号民事判决书。

在《商标法》中适用善意取得制度可能引发的各种问题，对善意取得的适用保持严格审慎的态度。

在商标恶意抢注的情形中对第三人适用善意取得制度引发的第一个问题是积极鼓励商标转让和许可使用是否必要和妥当。

通过适用善意取得制度保障商标交易安全实质上是对商标转让和商标许可使用的一种积极鼓励，虽然商标权的本质是财产权，权利人有自由处分其财产的权利，但商标权的核心内容并不是转让权和许可使用权，而是专用权和禁止权，商标法的核心任务也并不是促进商标权的流转和利用，而是禁止混淆和保护商标专用权。《商标法》还对商标权的转让和许可使用作出了严格的限制，包括必须签订书面协议、经过核准公告或备案公告以及必须保证商品质量的同一性等。由此可见，虽然商标权的转让和许可使用能够进一步激发市场活力，对于实现促进社会主义市场经济发展的最终目的是表面有利的，但商标管理秩序和同消费者利益相关的商品质量同一性问题显然更加需要受到商标法的重视。以商标许可使用为例，若商标抢注行为人将抢注商标同时许可给多个不同主体使用，在适用善意取得制度后，则可能出现不同主体同时对同一注册商标主张善意取得的情形，容易导致现实中出现严重的混淆情形，不仅会损害原商标权人的利益，还会损害消费者利益，并且破坏良好的市场区分机制。虽然善意第三人或可通过附加区分标识的方式实现商标共存，但善意取得的适用明显会增加商标区分的成本，提高保障商品质量同一性的难度，并且依然会导致混淆风险的提升，从而与禁止混淆、保护商标专用权的立法初衷背道而驰。

在商标恶意抢注的情形中对第三人适用善意取得制度引发的第二个问题是商标权善意取得的适用要件和判断标准。

传统民法上的不动产善意取得是以无权处分、受让人善意、支付合理对价、转让合同有效以及所有权已经登记转移为适用要件。在商标恶意抢注情形中，如何判断受让人善意与否是一个较为复杂的问题。虽然商标注册需要经过严格的审查程序，但在仅仅只是侵犯他人在先权利的恶意抢注情形中，尤其是抢注他人未注册商标的情形中，必须由在先权利人或利害关系人积极主张其权益，若在先权利人及其利害关系人并未及时发现抢注行为，则审查人员并不会依职权驳回该注册申请，只有在特定主体及时提出商标异议后，商标审查人员才可能支持其异议主张而驳回注册申请。同时，在商标注册后的五年内，在先权利人和利害关系人仍然有权对抢注商标提出无效宣告请求。另外，除了商标注册登记，商标的实际使用也会具有一定公示效力。因此，虽然商标注册登记具备了一定的公示效力，但受让人并不能直接单独以受让取得为由正当取得注册商标专用权，至少在注册商标被核准之日起五年期限内，受让人理应知晓该商标存在被请求无效宣告的风险。因此，在商标恶意抢注的情形中，受让人是否善意仍然取决于其受让时是否知晓存在其他在先权利人，与其取得权利的方式本身并无关联，而受让人是否知情的具体判断则应当与商标恶意抢注的认定采取相同的认定方法和标准。

同时，有学者直接反对在商标法中适用善意取得，主张商标注册应采用"毒树之果"理论，认为从《商标法》的具体条文来看，商标法仅考虑原始取得环节的恶意，故商标注册申请时的恶意和违法性应当延续，不能因受让人善意而消除。[1] 在北京市高级人民法院 2019 年颁布的《商标授权确权行政案件审理指南》[2] 中也直接明确规定："商标受让不影响相关条款的认定。"司法实践中，也有法院认为商标法中不能适用善意取得制度。例如，在"UVISOR"商标纠纷案[3] 中，北京市高级人民法院就认为无论受让人善意与否，争议商标都应当予以撤销。同时，在青岛海洋焊接材料有限公司与李庆森等人的商标转让纠纷案[4] 中，青岛市中级人民法院指出，擅自转让商标权人注册商标的行为是商标侵权行为，受让人不能因此取得商标权，受让人通过正常商业交易再将该注册商标转让给第三人并经核准公告的，第三人亦不能因此取得该商标权，而再审法院维持了二审判决。

---

① 参见蒋强:《商标"恶意受让"概念的证伪》,《中华商标》2019 年第 6 期。
② 《北京市高级人民法院商标授权确权行政案件审理指南》第 7.4 条:诉争商标的申请注册违反商标法相关规定的,诉争商标的申请人或者注册人仅以其受让该商标不存在过错为由主张诉争商标应予核准注册或者维持有效的,不予支持。
③ 参见北京市高级人民法院（2015）高行（知）终字第 2493 号行政判决书。
④ 参见山东省高级人民法院（2015）鲁民提字第 72 号民事判决书。

综上所述，目前无论是理论上还是司法实践中，关于商标法中能否适用善意取得制度的问题仍存在明显分歧。在法律没有明确规定的情况下，要在商标恶意抢注情形中类推适用善意取得制度必须保持严格审慎的态度，谨防因宽泛适用善意取得而造成混淆以及不当损害在先权利人的合法利益和消费者利益。同时，应当认识到商标注册制度的不完善是阻碍《商标法》适用善意取得的重要因素。在商标恶意抢注频发的社会背景下，商标注册审查质量的不足和商标转让、许可制度的不足削弱了商标注册制度的公示效力，只有进一步完善商标注册制度中的善意取得制度及其配套制度，才能让善意取得制度在《商标法》中得以良好适用。

第四章　商标恶意抢注的多维应对

第一节　商标遭恶意抢注的法律救济路径

当在先标志被他人恶意申请注册为商标后，被抢注人的首要之务是积极维权，灵活运用法律手段维护自身合法权益。除了商标法，侵权责任法、著作权法、竞争法等其他部门法其实都有可能作为被抢注人获得救济的法律基础。

一、商标遭恶意抢注的商标法救济

在商标遭遇恶意抢注后，被抢注人的首要之务是依法向商标局提起商标异议、申请商标撤销或请求宣告商标无效，以寻求商标法救济。

（一）商标恶意抢注相关条款的选择适用

《商标法》中其实并不缺乏规制商标恶意抢注的条款，主要包括第四条、第七条、第十条、第十三条、第十五条、第三十二条、第四十四条及第四十九条，而从这些条款的序号和数目中不难发现，规制商标恶意抢注的相关条款较为分散，散落于《商标法》全文各处，尚未形成体系，并且不同条款的适用条件并不相同，故被抢注人需要依据具体情况选择适用不同条款，只有找到恰当的请求权基础，才能良好地应对商标恶意抢注行为以寻求法律救济。

1.《商标法》第七条：诚实信用原则

《商标法》第七条第一款①引入了诚实信用原则，明确规定了商标注册申请应当遵循诚实信用原则，而商标恶意抢注显然是违反了诚实信用原则的违法行为。但诚实信用原则是一项法律基本原则，其内涵具有模糊性，其功能主要在于为适用其他具体的法律规范提供指引方向和原则性标准，难以直接在具体案件中被适用于规制商标恶意抢注行为。司法实践中，行政审查审理人员和司法审理人员实际上也一直在尽量避免向诚实信用的一般条款逃逸，一般是将诚实信用原则具体化、类型化，结合其他的具体法律规范对商标恶意抢注行为予以规制。从《商标法》所规定的可以提出异议、申请撤销和请求无效宣告的情形来看，其中也并未列明违反《商标法》第七条的情形。因此，在寻求商标法救济时，被抢注人不能仅凭他人违反了诚实信用原则而直接提出异议、申请撤销或请求无效宣告，必须要基于《商标法》中的其他具体条款寻求救济。但诚实信用原则的基础性地位仍不可动摇，商标申请注册仍然必须遵守诚实信用原则，是否违反诚实信用原则也是判断是否构成商标恶意抢注行为的关键所在。因此，诚实信用原则条款仍可作为一种宣示或补充，与其他规制商标恶意抢注的具体条款一同适用。

2.《商标法》第三十二条后段：商标恶意抢注的一般条款

在规制商标恶意抢注行为时，被援引最多的具体条款是《商标法》第三十二条后段"不得以不正当手段抢先注册他人已经使用并有一定影响的商标"，即规制了狭义上的商标恶意抢注的条款，该条款也被视为规制商标恶意抢注的一般条款。对于普通的未注册商标所有人而言，这一条款几乎成为其商标被抢注后一根最重要的救命稻草，但要抓住这根救命稻草其实并不容易。

从第三十二条后段的表述中不难看出其适用要件之多，"以不正当手段抢先注册""已经使用"和"有一定影响"均为适用该条款的独立要件，而

---

① 《中华人民共和国商标法》第七条第一款：申请注册和使用商标，应当遵循诚实信用原则。

每一个独立要件都需要单独进行认定，只有满足了全部要件才可适用该条款。其中，对"不正当手段"的解释和认定更是商标恶意抢注规制中的重点问题和复杂难题，需要综合考虑商标标志的相同或近似程度、商品或服务类别的相同或类似程度、抢注行为人与被抢注行为人之间的联系程度、被抢注的未注册商标的显著性和知名度、抢注行为人是否存在其他恶意抢注行为或其他谋取不正当利益的行为、抢注行为人是否具有申请注册的正当理由等。同时，是否符合"在先使用"和"有一定影响"要件也并非可以直接轻松判断的问题。"在先使用"涉及了对是否构成来源识别性使用的判断，而来源识别性使用的判断同样需要以相关公众的认知水平为标准进行综合判断，其结果同样具有主观不确定性。"有一定影响"的界限和分寸更是难以精准把握，无论是行政审查标准还是司法解释中都未能明确回答这一问题，只能在个案中依据具体情形进行个案认定。

由此可见，对于被抢注人而言，适用第三十二条后段需要承担颇多举证责任，几乎每一个独立要件都需要其费心费力地予以证明，且各项要件的认定结果也颇具不确定性。这也足以说明，第三十二条后段并非万能灵药，通过该条款寻求商标恶意抢注之救济并非易事。

3.《商标法》第十五条：特殊关系人抢注

在第三十二条后段适用条件较为复杂和严格的情况下，若恶意抢注行为人与被抢注人之间存在代理、代表关系，则应当优先选择适用《商标法》第十五条[①]第一款的规定；若不存在代理、代表关系，但存在合同、业务往来等其他特殊关系的，则应当优先选择适用《商标法》第十五条第二款的规定。

相较于第三十二条后段，第十五条第一款中关于禁止代表人或代理人恶

---

① 《中华人民共和国商标法》第十五条：未经授权，代理人或者代表人以自己的名义将被代理人或者被代表人的商标进行注册，被代理人或者被代表人提出异议的，不予注册并禁止使用。就同一种商品或者类似商品申请注册的商标与他人在先使用的未注册商标相同或者近似，申请人与该他人具有前款规定以外的合同、业务往来关系或者其他关系而明知该他人商标存在，该他人提出异议的，不予注册。

意抢注商标的适用条件要简单得多，只要代表人或代理人未经授权以自己的名义抢注了被代表人或被代理人的商标，被代表人或被代理人就可直接依据该条款对其注册申请提出异议或申请宣告该抢注商标无效，并且禁止恶意抢注行为人使用该商标，而无须再进一步去证明代理人或代表人具有主观恶意，亦无须证明其已经在先使用了该未注册商标并产生了一定影响。至于第十五条第二款，其适用条件相对于前款规定稍显严格，需要满足"在先使用"要件，但即便如此，也还是较第三十二条后段宽松得多。

因此，适用第十五条的关键在于，被抢注人需要证明其与恶意抢注行为人之间存在代理、代表关系，或存在其他会导致抢注行为人明知其未注册商标存在的特殊关系。举证证明存在特殊关系显然比举证证明"不正当手段"和"有一定影响"要简单得多。换言之，若恶意抢注行为人与被抢注人之间存在第十五条所规定的特殊关系，被抢注人的举证责任将会在很大程度上得以减轻，这也自然更有利于其相对更加简单、轻松地获得商标法的救济。

4.《商标法》第十三条：抢注驰名商标

若恶意抢注行为人与被抢注人之间并不存在任何特殊关系，则被抢注人应当首先考虑其被抢注的商标是否符合达到了驰名程度，若答案是肯定的，则应当优先适用《商标法》第十三条①针对驰名商标的保护条款。

原则上，商标法对商标的保护力度是与其知名度相适应的，这也决定了，驰名商标所受到的保护力度和保护范围要远大于普通商标，而驰名商标的这种扩大保护同样体现于对抗恶意抢注方面。无论商标注册的申请人是否具有主观恶意，只要其注册的商标标志是复制、摹仿或翻译的他人驰名商标，或者与他人驰名商标相同或近似，且客观上容易导致相关公众混淆或误导公众的，则被抢注的驰名商标所有人即可以依据《商标法》第十三条对其

---

① 《中华人民共和国商标法》第十三条第二款、第三款：就相同或者类似商品申请注册的商标是复制、摹仿或者翻译他人未在中国注册的驰名商标，容易导致混淆的，不予注册并禁止使用。就不相同或者不相类似商品申请注册的商标是复制、摹仿或者翻译他人已经在中国注册的驰名商标，误导公众，致使该驰名商标注册人的利益可能受到损害的，不予注册并禁止使用。

商标申请提出异议或申请宣告该注册商标无效。尤其是对于已经注册的驰名商标，更是可以突破商品或服务类别相同或类似的限制，获得对抗跨类抢注的权利。

同时，适用《商标法》第十三条的另一个优势在于，被恶意抢注的驰名商标所有人请求无效宣告不受《商标法》第四十五条中所规定的五年除斥期间限制。由于驰名商标的知名度极高，已经达到了在全国范围内被相关公众知晓的程度，因此在抢注人无反证的情形下，一般均可认定其明知或应知他人在先驰名商标，即可以推定其具有主观恶意，这对于被抢注的驰名商标所有人寻求法律救济显然是十分有利的。

但适用《商标法》第十三条的难处在于，被抢注人需要承担证明其被抢注的商标在他人申请注册前已经达到驰名程度的举证责任，而驰名商标的认定遵循被动认定和个案认定原则，是否驰名只能在被抢注人提出驰名商标保护的要求后才能进行审查认定，即使该商标曾经被认定为驰名商标，被抢注人也不能百分之百确信在该案中该商标依然能够被认定为驰名商标。驰名商标的认定需要由审查或审理人员根据其近期使用情况、广告宣传情况、销售情况等方面的证据材料进行综合判断。换言之，驰名商标的认定结果取决于被抢注人提供的证明材料是否足以证明其商标已经达到了广为人知的程度。这意味着被抢注人无法准确地预料驰名商标认定的结果，需要承担驰名认定失败的风险，而一旦驰名认定失败，被抢注人将无法获得驰名商标的特殊保护，只能回归《商标法》第三十二条后段，适用规制商标恶意抢注的一般条款。

5.《商标法》第三十二条前段：侵害他人在先权利

对于侵害商标权益以外的其他他人在先权益的商标恶意抢注行为，被抢注人可以通过《商标法》第三十二条前段[①]寻求救济。尽管《商标法》第三十二条前段所采取的表达为"不得损害他人现有的在先权利"，但无论是

---

① 《中华人民共和国商标法》第三十二条前段：申请商标注册不得损害他人现有的在先权利……。

在理论上还是在实务中，均已经将"在先权利"的内涵扩大至"在先权益"的范围，即无论他人在先法益是否上升至权利高度，只要该法益是应当受到法律保护的正当合法利益，则侵害该法益的商标抢注行为都属于违反《商标法》第三十二条前段的情形，被侵权人可以依此提出异议或请求无效宣告。

依据《商标法》第三十二条前段提出异议或请求无效宣告的一个关键点在于，异议人或申请人需要证明自己具有相应的主体资格，即其必须是在先权益人或在先权益的直接利害关系人，否则即便该商标恶意抢注行为的确侵害了他人的在先权益，也无法由与该在先权益不存在利害关系的其他人提出异议或请求无效宣告。

同时，适用《商标法》第三十二条前段的另一个关键在于判断他人在先权益的保护范围，从而确定恶意商标抢注行为是否侵害了他人的在先权益。在先权利的性质较为明确和稳定，其权利内容、权利保护期限和权利保护范围一般较为确定。因此，判断商标恶意抢注行为是否侵害在先权利一般具有较为确定的认定方法和原则。但对于其他未上升至权利高度的合法利益，其内涵则十分广泛，保护范围更是十分模糊，甚至该法益本身是否应当受到商标法保护都需要首先打上问号，并对其进行法律解释和论证。目前，较为典型的可受商标法保护的法益主要包括知名商品特有名称、包装、装潢和域名以及知名形象等，而这些法益之所以能够受到相对确定的商标法保护，也是基于通过此前大量的相关行政司法实践而总结出来的经验和规则，而其他尚未明确的法益是否能够对抗恶意商标抢注，则同样有待行政司法实践的具体尝试和检验。

6.《商标法》第四条：不以使用为目的的恶意抢注

《商标法》2019年修订以后，第四条中的新增条款①无疑是为遏制商标恶意抢注行为注入了一针强心剂，加大了对缺乏真实使用意图的商标恶意抢注行为的打击力度，直接将"不以使用为目的的恶意商标注册申请"纳入了

---

① 《中华人民共和国商标法》第四条：不以使用为目的的恶意商标注册申请，应当予以驳回。

绝对禁注情形，也为被抢注人寻求商标法救济提供了另一条可供选择的有效路径。《商标法》第四条规定的禁注情形仅有两个适用要件，即"不以使用为目的"和"恶意"。与第三十二条后段相比，其多了"不以使用为目的"要件，但是适用的范围却从抢注他人在先使用的未注册商标扩大至抢注他人在先标识和公共符号资源的情形，即侵害他人在先权益的恶意抢注和商标囤积行为亦属于第四条可以适用的对象。

相较于第三十二条，适用第四条提出异议或请求无效宣告的被抢注人首先无须受到主体资格的限制，任何人都可以以违反第四条为由提出异议和请求无效宣告。被抢注人适用第四条请求无效宣告无须受到五年除斥期间限制，而这一点对于被抢注人具有重要补救意义。在第四条中的新增条款出台以前，被抢注人一般只能通过《商标法》第四十五条规定的相对禁注情形请求无效宣告，除驰名商标所有人外，其他被抢注人都应在五年的除斥期间内提出无效宣告申请，若超过了五年期限，则被抢注人只能束手无策，任由商标恶意抢注行为人自由地、无拘束地享有注册商标专用权。第四条中的新增条款出台以后，超过五年期限的被抢注人又有了新的救济方法，即通过证明商标恶意抢注行为人不具有真实使用意图而使之被宣告无效。

同时，第四条中的新增条款对于被抢注人的意义不止于此。实质上，第四条中的"恶意"要件内涵比第三十二条中的"不正当手段"要件内涵更加广泛。"不正当手段"是指抢注行为人明知或应知他人在先商标的存在，而"恶意"不仅包括了"不正当手段"的内涵，还包括了侵害他人其他合法权益和公共利益之内涵。因此，无正当理由大量申请注册商标的行为同样属于具有恶意的商标注册申请，即落入了第四条的适用范围。因此，只要恶意抢注行为人同时抢注了大量其他商标，则其行为有可能构成商标囤积；若被抢注人以构成商标囤积为由请求宣告无效，则无须再证明恶意抢注行为人明知或应知其在先标识的存在，更无须证明抢注商标与在先标识容易造成相关公众的混淆或误认，即可以避免十分复杂的混淆认定问题，不必再纠缠商标相同或近似认定和商品或服务相同或类似认定相关问题。

但同时，举证责任的减轻往往也伴随着适用范围的缩减。《商标法》第四条仅适用于"不以使用为目的"的恶意抢注情形，这意味着相当一部分具有搭便车目的的商标恶意抢注行为难以进入第四条的规制范围，故对于这种商标恶意抢注的被抢注人而言，第四条新增条款的存在无甚意义。同时，并非所有不以使用为目的的恶意抢注都属于商标囤积情形，也有的恶意抢注行为人是出于排除、限制竞争目的有针对性地抢注了竞争对手的未注册商标，其抢注的商标数量一般并未达到"大量"的程度，不构成商标囤积。因此，对于不构成商标囤积的"不以使用为目的"的商标恶意抢注，若要适用第四条新增条款对其请求无效宣告，则被抢注人除了要证明抢注行为人缺乏真实使用意图，还需要证明抢注商标与他人在先使用的未注册商标相同或近似，并结合其他相关事实证明抢注行为人存在主观上的恶意，这也就与适用第三十二条所需承担的举证责任并无本质区别了。

7.《商标法》第四十九条：无正当理由连续三年不使用

对于缺乏真实使用意图的恶意抢注行为，被抢注人除了可以依据《商标法》第四条提出异议和请求无效宣告，还可以通过《商标法》第四十九条[①]规定的无正当理由连续三年不使用可撤销规定申请撤销恶意抢注商标。

事实上，《商标法》第四十九条与第四条所规制的恶意商标抢注行为具有一定重合性，都以"不使用"为适用要件，但二者的适用条件并不完全相同，甚至可以说是存在本质上的差别。适用第四条需要商标注册申请人在申请时就不具有真实使用的意图，并且存在其他恶意，而适用第四十九条无须关注商标注册申请人在申请注册时的主观状态，只要求在法定期限内，并且无正当理由的情况下，注册商标权人连续不实际地使用商标便可。因此，第四条既可以适用于商标注册申请被核准以前，作为提出商标异议的理由，也可以适用于商标注册申请被核准以后，作为请求商标无效宣告的理由，而第四十九条只能适用于商标注册申请被核准的三年以后。

对于被抢注人而言，理想的维权方案自然是在恶意抢注行为发生后尽早

---

① 《中华人民共和国商标法》第四十九条第二款：注册商标成为其核定使用的商品的通用名称或者没有正当理由连续三年不使用的，任何单位或者个人可以向商标局申请撤销该注册商标。

地、及时地发现该行为，并提出商标异议，直接将其阻拦在商标核准注册的门槛之前。若未能及时在公示期内发现恶意抢注行为，则应当在核准注册后尽早地请求无效宣告，避免恶意抢注人利用注册商标专用权进一步扩大影响范围，加重损害结果。因此，直白而言，选择商标撤销实质是被抢注人出于不得已和为了节省力气而采取的一种妥协方案。若被抢注人发现恶意抢注行为的时候已经为时过晚，超过了五年的无效宣告请求期限，在被抢注商标未达到驰名程度的情形下，被抢注人已经丧失了依据相对禁注事由请求无效宣告的权利。此时距离商标申请注册已经超过了五年，而连续不使用可撤销的法定期限为三年，这意味着被恶意抢注的商标很有可能符合可撤销的情形。若被抢注人在调查和收集证据的过程中，已经发现恶意抢注商标连续三年以上未被实际使用，并且愿意不再计较之前已经产生的损失，则可以选择直接申请撤销该商标，使该商标自撤销之日起终止，不用再费力地通过证明其属于违反了第四条的情形而请求无效宣告。

8.《商标法》第十条：其他不良影响

司法实践中，对于具有不良社会影响的商标恶意抢注，如恶意抢注公众人物姓名或肖像的，亦有适用《商标法》第十条第一款第（八）项①中的"其他不良影响"对其予以规制的可能性。

事实上，《商标法》第十条规定的禁注情形主要是申请注册与国家、国家机关、国际组织的官方标志相同或近似的商标，容易损害公共利益、违反公序良俗原则的情形，一般并不包括侵害他人在先权益的恶意抢注情形，而"其他不良影响"条款是第十条中具有兜底性质的条款，因此从立法体系上来看，"其他不良影响"与前款中所规定的情形应当具有同质性，即指对社会公共利益和公共秩序的消极、负面影响。将政治、经济、文化、宗教、民族等领域公众人物姓名、肖像等申请注册为商标，即属于可能具有前述其他

---

① 《中华人民共和国商标法》第十条第一款第（八）项：（八）有害于社会主义道德风尚或者有其他不良影响的。

不良影响的情形。① 因此，对于恶意抢注公众人物姓名或肖像等具有不良社会影响的情形，除了《商标法》第三十二条，被抢注人还可以适用《商标法》第十条中的"其他不良影响"条款提出异议和请求宣告无效。不同于第三十二条的是，由于第十条属于绝对禁注事由，被抢注人依据第十条提出异议或请求无效宣告无须受到主体资格和五年除斥期间的限制。

在规制恶意抢注公众人物姓名、肖像等方面，《商标法》第十条还有一个方面的重要意义在于，其可以弥补第三十二条对于已故公众人物保护的不足。由于姓名权、肖像权均属于人格权，自然人逝世以后其人格权也就随之消灭。因此，已故公众人物的姓名或肖像并不属于"现有"在先权利的范畴，难以满足第三十二条的适用条件。但已故公众人物姓名和肖像的知名度和影响力却并不会随着其逝世而直接消逝，同样具有应受法律保护的权益，而第十条则补足了这一缺陷。但需要清醒认识到的是，第十条中的"其他不良影响"条款并非是专门为了恶意抢注他人姓名、肖像而设置，其之所以能够适用于部分恶意抢注他人姓名或肖像的情形，是因为历史、政治、经济、文化、宗教等特定领域公众人物的形象与社会道德风尚和社会公共利益息息相关，该等公众人物姓名一般已经广为人知，形象也已经深入人心，将其姓名或肖像申请注册为商标容易对社会政治、经济、文化、宗教、民族团结等社会公共秩序或公共利益产生不良影响，刚好落入了"其他不良影响"条款的规制范围。因此，对于其他的非特定领域公众人物的姓名或肖像被抢注的，或普通人的姓名或肖像被抢注的，则不属于《商标法》第十条的规制范围，被抢注人仍然应当转向第三十二条以寻求救济。

另外，第十条中的"其他不良影响"条款也可以在一定程度上对规制其他非典型商标恶意抢注行为进行补充和兜底。例如，在"阿京腾百"商标异

---

① 《最高人民法院关于审理商标授权确权行政案件若干问题的规定》第五条：商标标志或者其构成要素可能对我国社会公共利益和公共秩序产生消极、负面影响的，人民法院可以认定其属于商标法第十条第一款第（八）项规定的"其他不良影响"。将政治、经济、文化、宗教、民族等领域公众人物姓名等申请注册为商标，属于前款所指的"其他不良影响"。

议案[1]中，异议商标是由他人知名商标阿里巴巴、京东、腾讯、百度剪切拼接而成，客观上并不与他人在先商标相同或近似，一般也不会导致公众混淆，难以适用一般的商标恶意抢注规制条款，但由于阿里巴巴、京东、腾讯、百度在先商标知名度均极高，异议商标的申请注册人显然具有不正当利用他人商誉的意图，其行为显然构成商标恶意抢注，理应受到商标法规制，故国家知识产权局以违反了《商标法》第十条中的"其他不良影响"条款为由，决定对全部类别上的异议商标都不予注册。

9.《商标法》第四十四条：其他不正当手段

《商标法》第四十四条[2]中的"其他不正当手段"条款同样可以适用于规制部分商标恶意抢注行为。当被抢注人在以上各个条款中难以找到合适的请求无效宣告的法律依据时，则可以选择依据第四十四条中的相关条款请求无效宣告。

从内容上来看，《商标法》第四十四条规定的是对具有绝对禁注情形的注册商标应当予以无效宣告，而该条第一款中除列举了违反第四条、第十条等条款的无效情形外，还规定了"以欺骗手段或者其他不正当手段取得注册"的情形作为补充兜底。其中，"欺骗手段"主要是指虚构事实、隐瞒真相或伪造文书或其他证明文件的情形，而"其他不正当手段"则是指第四十四条第一款列举情形以外的，其他扰乱商标注册秩序、损害公共利益、侵占公共资源或谋取不正当利益等违反诚实信用原则的情形，与第三十二条中的"不正当手段"内涵并不相同。从字面上来看，第四十四条中的"其他不正当手段"条款似乎可以起到对商标恶意抢注规制条款进行完美补充和兜底的作用，然而若对其采用体系化的法律解释方法即可发现，该条款规定在

---

[1]　参见张翼翔：《"BATJ"缘何大战"阿京腾百"？——"拼贴型"商标规制与知名企业联合维权背后的法理与情理》，2020年8月28日，见 https://mp.weixin.qq.com/s/XzD-p6jE9g-Tdi-FEFHlOg。

[2]　《中华人民共和国商标法》第四十四条：已经注册的商标，违反本法第四条、第十条、第十一条、第十二条、第十九条第四款规定的，或者是以欺骗手段或者其他不正当手段取得注册的，由商标局宣告该注册商标无效；其他单位或者个人可以请求商标评审委员会宣告该注册商标无效。

《商标法》第四十四条中，属于具有绝对禁注事由而应当宣告无效的情形，而非第四十五条中所规定的具有相对禁注事由可以宣告无效的情形。因此，若商标恶意抢注行为仅仅只是侵害了特定主体的合法权益，而并未损害社会公共利益，则其不应属于第四十四条所调整的范围，也就无法纳入第四十四条中所谓的以"其他不正当手段"申请注册的情形中。

在以往的行政司法实践中，所谓"其他不正当手段"主要针对的是商标囤积行为，包括不以使用为目的申请注册多件与他人在先标志相同或近似的商标的行为，和不以使用为目的大量申请注册商标的行为。因此，若被抢注人想要依据《商标法》第四十四条中的"其他不正当手段"条款请求无效宣告，需要有一个重要的前提条件，即商标恶意抢注行为人应当同时抢注了多件与他人在先标志相同或近似的商标，具有扰乱商标注册秩序等损害公共利益的可能，否则该商标恶意抢注行为就是只损害了被抢注人这一特定主体的民事权益的行为，不具有损害公共利益的性质，也就无法适用该条款，必须转向其他规制商标恶意抢注的具体条款。

但需要注意的是，《商标法》2019年修改以后，以往行政司法实践中适用第四十四条"其他不正当手段"条款的商标囤积情形基本可以直接落入第四条新增条款的规制范围。从第四十四条的立法逻辑来看，其所指的"其他不正当手段"应当是除了该条款已经明确列举的条款以外的其他情形。而第四条已经涵盖了不以使用为目的大量申请注册商标的商标囤积行为，同时包括了不以使用为目的抢注了多件与他人在先标识相同或近似的恶意抢注行为。因此，在2019年《商标法》修改以后，应当注意将第四条所规制的情形排除在第四十四条的"其他不正当手段"情形之外，仅将该条款适用于"不以使用为目的"之外的其他损害公共利益的恶意抢注情形。若商标恶意抢注行为已经落入了第四条的规制范围，则被抢注人应当直接以违反第四条为由请求无效宣告，而无须也不应当适用第四十四条中的"其他不正当手段"条款。

综上所述，《商标法》中事实上并不缺少规制商标恶意抢注的条款，只是各个条款之间的适用关系尚未在立法中予以明确，同时由于商标恶意抢注行为的类型过于多样和复杂，难以直接通过一个或几个具体条款完整地覆盖所有类型的商标恶意抢注行为，不免导致商标恶意抢注的相关条款显得过于分散和零乱，令被抢注人在寻求商标法救济时容易陷入适法选择的迷茫中。但总体而言，《商标法》中的各个具体条款已经分别涉及了各个类型的商标恶意抢注行为，立法者已经考虑到了抢注未注册商标或已注册商标的情形，也考虑到了侵害其他他人在先权益的情形，还考虑到了未侵害特定主体利益的商标囤积情形，只是立法和实践中判断是否构成商标恶意抢注行为的认定标准仍需进一步明确和完善。

（二）适用商标法救济的局限性

尽管《商标法》中已经较为全面地考虑到了各种商标恶意抢注情形，但其对商标恶意抢注的处置方式主要是驳回恶意注册申请、撤销恶意抢注的注册商标和宣告恶意抢注的注册商标无效。因此，被抢注人通过商标法所能获得救济具有一定程度的局限性，仅限于使本就应当被驳回的注册商标申请或本就应当被无效宣告的注册商标归于无效，而难以使恶意抢注行为人承担与其恶意程度相适应的其他相关侵权责任。

除了在恶意抢注驰名商标和存在代理、代表关系的恶意抢注情形中，恶意抢注人需要承担"禁止使用"抢注商标的责任，其他的商标恶意抢注情形中，均未见相关规定。驰名商标抢注人之所以受到"禁止使用"的限制，是因为其知名度极高，在《商标法》中，未注册驰名商标已经可以被视为与普通注册商标具有同等法律地位，因此可以享有与普通注册商标同等程度的专用权，同时已注册驰名商标的专用权则同样因其极高知名度而得到了在商品或服务类别上一定程度的延伸。其他被抢注的在先标志原则上都属于未注册商标的范畴，即便是已经注册的商标，在其他未注册的商品或服务类别上，其仍然属于商标法意义上的未注册商标。至于代理人或代表人之所以受到"禁止使用"的限制，则是由于其与被抢注人之间存在特殊的信赖关系，基于这种信赖关系，代理人和代表人在法律上应当具有忠诚、勤勉义务和不得抢先注册、不使用的不作为义务。因此，这二者均属于商标恶意抢注中的例外情形，不具有一般代表性，在普通商标恶意抢注情形中，被抢注人能够获得的商标法救济仍然主要仅限于驳回恶意商标注册申请和宣告恶意抢注商标无效。

这是由于《商标法》只赋予了注册商标以专用权，其所保护的对象也主要是注册商标，因此，所规定的各种侵权责任条款也都是围绕侵犯注册商标专用权的情形。商标恶意抢注所侵害的对象严格来讲均为未注册商标，在《商标法》中，未注册商标所有人所能够享有的权利仅仅只是先用权抗辩和对抗恶意抢注，无法同样适用侵犯注册商标专用权的各项责任条款。同时，商标法又并未专门针对商标恶意抢注设置侵权责任条款，这也就导致商标恶意抢注行为的被抢注人通过商标法能够直接获得的救济十分有限，需要同时结合其他部门法来寻求商标恶意抢注的完整法律救济。

二、商标遭恶意抢注的侵权责任法救济

知识产权法的本质是私法，属于民法范畴，商标法自然也属于民法范畴。因此，对于侵害了他人在先权益的商标恶意抢注行为，当商标法中缺乏对商标恶意抢注行为的侵权责任规定时，被抢注人原则上可以适用民法中一般的责任法——《侵权责任法》，要求恶意抢注行为人承担相应的民事侵权责任，尤其是侵权损害赔偿责任，且实践中，这种民事损害赔偿责任还具有优先于行政责任和刑事责任的法律地位。但民事责任的承担方式并不仅限于损害赔偿这一种方式。事实上，由于民事权益既包括了财产性权益，也包括了人身性权益，有时单纯的损害赔偿无法完全弥补受害人的全部损失，故民法中所规定的承担民事侵权责任的方式十分多元，包括了损害赔偿、返还财产、停止侵害、排除妨碍、消除危险、恢复原状、赔礼道歉等，损害赔偿责任只是其中主要和常用的一种责任承担方式，而不同的责任承担方式既可以单独适用，也可以一并适用，商标恶意抢注的侵权责任承担方式亦应如此。

（一）商标恶意抢注的过错责任原则

一般而言，侵权责任的归则原则主要包括过错责任原则和无过错责任原则。其中，无过错责任原则一般适用于特殊侵权责任，需要法律明确作出特别规定，而一般的侵权责任则应当适用于过错责任原则。商标法中并未对商标恶意抢注的侵权责任进行特殊规定，商标恶意抢注亦不属于《侵权责任法》所规定的应当适用无过错责任原则的监护人责任、产品责任、污染环境责任等情形。因此，商标恶意抢注的侵权责任应该适用一般侵权责任的归责原则，即过错责任原则。采用过错责任原则就意味着，应当将商标恶意抢注行为人主观上存在过错作为侵权责任的构成要件，即有过错存在方才有责任存在。

侵权责任法中的过错本质上是一种不良的、不正当的心理状态或行为目的，过错一词本身也表明了法律层面和道德层面对其价值评价的否定性和批判性。过错一般表现为故意和过失两种不同的心理状态。其中，故意又包含了直接故意和间接故意，前者是指行为人预见到了损害结果发生的可能，并希望该损害结果发生；后者是指行为人预见到了损害结果发生的可能，并放任该损害结果发生。过失是指行为人应当预见到损害结果发生的可能，却由于自身过失而未能预见，包含了由疏忽而导致的过失和过于自信而导致的过失。从商标恶意抢注的构成来看，商标抢注行为人主观上对他人在先标志应当是处于"明知"或"应知"的状态，并且仍然实施了商标抢注行为，即其主观上已经预见或应当预见到了损害他人在先权益的可能，却希望或放任这种损害结果发生。因此，商标恶意抢注行为人显然具有主观上的过错，并且这种过错还是一种严重的过错即故意，需要由其承担相应的侵权责任。

（二）商标恶意抢注侵权责任的构成要件

除了过错要件，一般的侵权责任构成要件还包括了损害行为、损害结果和因果关系。因此，若要通过侵权责任法要求商标恶意抢注行为承担民事责任，还要符合其他的构成要件。

1. 商标恶意抢注行为人实施了损害行为

商标恶意抢注行为人应当客观上实施了损害行为，而损害行为包括以下三个方面的内涵。

其一，损害行为是一种由侵权人客观实施的行为。商标恶意抢注实质上是一种向特定人进行的明示单方行为。只要商标恶意抢注行为人实际地向商标局提交了书面的商标注册申请，即可认定其实施了损害行为。

其二，一般认为，损害行为应当具有违法性。[①] 商标恶意抢注行为不仅违反了诚实信用原则，还违反了前文所列举的《商标法》中有关规制商标恶意抢注的各个具体条款，属于典型的违法行为。

其三，损害行为侵害的对象应是他人的合法民事权益。商标恶意抢注行为侵害的对象是被抢注人的合法在先民事权益，包括在先使用的未注册商标权益、姓名权、肖像权、名称权、著作权、外观设计专利权以及知名商品特有名称、包装、装潢等其他在先权益。

2. 商标恶意抢注行为造成了损害结果

只有当侵权行为给受害人的合法利益带来了事实上的损害结果时，才有必要使侵权行为人通过损害赔偿等责任方式对受害人的损害进行补救。因此，侵权责任构成要件中所指的损害结果应当具有可补救性和确定性，其侵权对象则应当具有合法性。即只有当商标恶意抢注行为人给被抢注人的合法利益带来的损害达到一定数量，具有补救必要性，并且损害结果的范围大小可以在客观上确认、具有补救可能性时，这种损害结果才构成侵权责任法上的损害结果。

3. 商标恶意抢注行为与损害结果存在因果关系

只有商标恶意抢注行为与被抢注人的损害结果之间存在因果关系时，才

---

① 也有观点认为若法律对某种损害行为尚未来得及规范，此时强求违法性要件会使受害人难以得到救济，尤其是在新型侵权行为不断产生的今天，因此不应将违法性作为损害行为的要件。但笔者认为，商标恶意抢注已经是法律所明确禁止的行为，即使将违法性作为构成要件，亦不影响商标恶意抢注被认定为构成侵权责任法上的损害行为。参见王利明：《侵权责任法制定中的若干问题》，《当代法学》2008 年第 5 期。

应当由商标恶意抢注行为人承担相应的侵权责任。

在认定商标恶意抢注行为与被抢注人的损害结果之间是否存在因果关系时，可以通过时间性检验、客观性检验、必要条件检验等方法进行检验。时间性检验是指损害行为发生的时间应当早于损害结果的产生时间，即侵权行为在先，损害结果在后。客观性检验是指损害行为和损害结果应当具有客观性，已经表征于外，不因任何人的主观意志而改变，他人可以通过思维认知其是否存在因果关系。必要条件检验是指损害行为应当是损害结果发生的必要条件，若无损害行为，则损害结果一定不会发生。一般商标恶意抢注行为与被抢注人的损害结果之间显然符合时间性和客观性方面的要求，并且存在必要条件关系，即二者之间存在明显的因果关系。

综上所示，对于侵害了他人在先权益的商标恶意抢注情形，若该商标恶意抢注行为给被抢注人的合法利益造成了实际损失，则被抢注人完全可以通过侵权责任法寻求救济，要求恶意抢注行为人依据侵权责任法承担相应的损害赔偿责任以及停止侵害、消除影响等其他方式的民事责任。

最后要强调的是，适用侵权责任法的前提是被抢注人对其在先标志享有民法上的合法权益，若被抢注人对该在先标志并不享有确定的权利，只是享有一定的民事利益，则这种利益应当具有重大性，[①] 并具有独立内涵，有受法律保护之必要，才能进入侵权责任法的保护范围。被抢注人对其在先使用的未注册商标是否享有应保利益，则需要综合考察该未注册商标的持续使用时间、使用范围、广告宣传的程度等因素，只有具备一定知名度和影响力的未注册商标，才能获得侵权责任法保护的民事利益，若该未注册商标未满足公开性和重大性要件，被抢注人则难以通过侵权责任法获得相应法律救济。这一点也与《商标法》中所规定的，仅在先使用并已经具有一定影响的未注册商标才能对抗他人恶意抢注具有逻辑上的内在一致性。

---

① 参见王燕莉：《民事"利益"独立保护之司法证成》，《四川师范大学学报（社会科学版）》2019 年第 5 期。

三、商标遭恶意抢注的竞争法救济

（一）商标遭恶意抢注的反不正当竞争法救济

由于未注册商标并未取得商标法上的排他性权利，对于恶意抢注并实际使用他人未注册商标的行为，被抢注人无法直接通过商标法寻求商标侵权保护，此时，反不正当竞争法可以为被抢注人提供有效的救济路径。

事实上，反不正当竞争法的立法目的与知识产权法具有一致性，都是为了促进社会主义市场经济的发展，反不正当竞争法也一直被视作对知识产权法的一种补充。反不正当竞争法与商标法的关系亦是如此，商标法通过权利保护模式为注册商标提供专用保护，而反不正当竞争法则通过行为规制模式为未注册商标提供反混淆保护。因此，对于超出商标法保护范围，但又具有应受法律保护的未注册商标之利益，往往可以通过反不正当竞争法来进行补充保护。

1.《反不正当竞争法》对未注册商标的补充保护

《反不正当竞争法》对未注册商标的保护主要体现在第六条禁止混淆行为条款，该条款明确禁止了擅自使用他人具有一定影响的商品名称、包装、装潢、企业名称、社会组织名称、姓名、域名主体、网站名称、网页等标识，引人误认，使相关公众对商品或服务来源产生混淆的不正当竞争行为。[①] 因此，若恶意抢注行为人注册他人在先标识的同时实际使用了抢注商标，则可能构成擅自使用他人在先标识，容易引起混淆的不正当竞争行为，可依据《反不正当竞争法》第六条对其进行规制，即便恶意抢注行为人获得了注册商标专用权，但该注册商标专用权仅具有形式上的合法依据，并

① 《中华人民共和国反不正当竞争法》第六条：经营者不得实施下列混淆行为，引人误认为是他人商品或者与他人存在特定联系：（一）擅自使用与他人有一定影响的商品名称、包装、装潢等相同或者近似的标识；（二）擅自使用他人有一定影响的企业名称（包括简称、字号等）、社会组织名称（包括简称等）、姓名（包括笔名、艺名、译名等）；（三）擅自使用他人有一定影响的域名主体部分、网站名称、网页；（四）其他足以引人误认为是他人商品或者与他人存在特定联系的混淆行为。

不具有实质合法依据，因此不能作为认定不正当竞争行为的排除因素。例如，在歌力思商标纠纷案①中，最高人民法院综合考虑了歌力思公司的在先权利状况以及王碎永取得和行使权利的正当性等因素后，认为王碎永申请注册及使用"歌力思"商标是攀附歌力思公司的商誉，搭歌力思公司"歌力思"的企业字号之便车的行为，会导致相关公众对其产品与歌力思公司生产的相关产品产生混淆和误认，于是认定其行为构成不正当竞争。

同时，《反不正当竞争法》第六条中同样存在"有一定影响"的表述，与《商标法》第三十二条的表述相同，这并非纯属巧合。事实上，《反不正当竞争法》（原第五条）2017 年修订前所采取的表述是"擅自使用知名商品特有的名称、包装、装潢……"，2017 年修订以后才改为"擅自使用与他人有一定影响的商品名称、包装、装潢……"，这一修改内容不仅印证了反不正当竞争法相对于商标法的一种补充地位，也体现了反不正当竞争法和商标法在未注册商标保护的制度设计方面的一致性。即只要未注册商标的影响力达到了《商标法》第三十二条中的有一定影响程度，具有对抗恶意抢注的权利，则同样应当受到《反不正当竞争法》第六条的保护，具有禁止他人实施混淆行为的权利，因此《反不正当竞争法》第六条中的"有一定影响"应当与《商标法》第三十二条中的"有一定影响"采取同义解释。

另外，《反不正当竞争法》还专章规定了实施不正当竞争行为的法律责任，不仅在第十七条②中明确规定了不正当竞争行为人要对给他人造成的损

① 参见最高人民法院（2016）最高法民申 1617 号民事裁定书。

② 《中华人民共和国反不正当竞争法》第十七条：经营者违反本法规定，给他人造成损害的，应当依法承担民事责任。经营者的合法权益受到不正当竞争行为损害的，可以向人民法院提起诉讼。因不正当竞争行为受到损害的经营者的赔偿数额，按照其因被侵权所受到的实际损失确定；实际损失难以计算的，按照侵权人因侵权所获得的利益确定。经营者恶意实施侵犯商业秘密行为，情节严重的，可以在按照上述方法确定数额的一倍以上五倍以下确定赔偿数额。赔偿数额还应当包括经营者为制止侵权行为所支付的合理开支。经营者违反本法第六条、第九条规定，权利人因被侵权所受到的实际损失、侵权人因侵权所获得的利益难以确定的，由人民法院根据侵权行为的情节判决给予权利人五百万元以下的赔偿。

害承担民事责任，详细规定了赔偿数额的确定方法和原则，还在第十八条[①]中专门规定了违反《反不正当竞争法》第六条的行政责任，包括责令停止违法行为、没收违法商品、罚款以及吊销营业执照。另外，还在第二十六条[②]中规定应对因实施不正当竞争行为受到行政处罚的进行记录和公示。因此，若恶意抢注行为在抢注同时使用了被抢注人的在先标识，构成《反不正当竞争法》第六条所禁止的混淆行为，则被抢注人在提出商标异议或申请商标无效宣告的同时，可以依据《反不正当竞争法》第六条向人民法院起诉，请求恶意抢注行为人对其实际损失承担相应的损害赔偿责任，若实际损失无法确认的，则可依据恶意抢注行为人获得的不当利益确认赔偿数额，若二者均无法确认的，则可适用法定赔偿。

2. 竞争关系和经营者的认定

适用《反不正当竞争法》对商标遭恶意抢注予以救济时需要注意，不正当竞争行为的构成一般以经营者之间存在竞争关系为前提，只有直接或间接损害了竞争对手利益，进而损害了正当竞争秩序的行为才宜认定为不正当竞争行为。[③] 因此，《反不正当竞争法》对于商标恶意抢注行为的规制依然存在边界，若恶意抢注行为人与被抢注人之间不存在竞争关系，则难以适用《反不正当竞争法》第六条的规定。

狭义的竞争关系一般指同业竞争关系，即所提供的商品或服务之间具有替代性的经营者之间存在的相互争夺市场交易机会的关系，即直接竞争关系。[④] 广义的竞争关系是指直接或间接争夺市场交易机会过程中，以不正

---

① 《中华人民共和国反不正当竞争法》第十八条：经营者违反本法第六条规定实施混淆行为的，由监督检查部门责令停止违法行为，没收违法商品。违法经营额五万元以上的，可以并处违法经营额五倍以下的罚款；没有违法经营额或者违法经营额不足五万元的，可以并处二十五万元以下的罚款。情节严重的，吊销营业执照。

② 《中华人民共和国反不正当竞争法》第二十六条：经营者违反本法规定从事不正当竞争，受到行政处罚的，由监督检查部门记入信用记录，并依照有关法律、行政法规的规定予以公示。

③ 焦海涛：《不正当竞争行为认定中的实用主义批判》，《中国法学》2017 年第 1 期。

④ 王先林：《论反不正当竞争法调整范围的扩展——我国〈反不正当竞争法〉第 2 条的完善》，《中国社会科学院研究生院学报》第 2010 年第 6 期。

当方式，违反诚实信用原则而产生的侵害与被侵害关系，在谋取或破坏竞争优势的过程中既可能损害竞争对手，又可能直接侵害消费者并间接损害竞争对手以外的经营者。①

随着社会的不断发展，尤其是互联网多边平台的出现，坚持对竞争关系采取广义解释以扩大反不正当竞争法的调整范围已经成了学界主流观点。不少学者认为，反不正当竞争法中的竞争关系应当比反垄断法中的竞争关系的范围更广泛，如果采用狭义的竞争关系定义，很多不正当竞争行为将无从认定。因此，只要在市场交易中侵权者和被侵权者在提供的商品或服务方面存在可替代性，或者招揽的是相同的顾客群，或促进了他人的竞争，或不正当地削弱了后者的市场竞争优势和能力，都可以认定存在竞争关系，甚至认为在部分类型案件中，是否具有竞争关系并非是认定不正当竞争行为的必要条件，应当直接弱化对竞争关系的认定。②

同时，在司法实践中，法院对竞争关系的理解也已经呈现出了广义化发展趋势。例如，在杭州小拇指公司等诉天津小拇指公司等侵害商标权及不正当竞争纠纷案③ 中，天津市高级人民法院强调，反不正当竞争法并未限制经营者之间必须具有直接竞争关系或从事相同行业，经营者之间具有间接竞争关系、行为人违背反不正当竞争法的规定损害其他经营者合法权益的，应当认定构成不正当竞争行为。在百度诉奥商、联通等不正当竞争纠纷案④ 中，山东省高级人民法院也明确指出，竞争关系不以同业为限，只要在市场竞争中有一定联系或一方不当妨碍了另一方的正常经营活动并损害其合法权益，就应认为存在竞争关系。由此可见，无论是学理上还是司法实践中，如今竞

① 　陈兵：《互联网经济下重读"竞争关系"在反不正当竞争法上的意义——以京、沪、粤法院 2000—2018 年的相关案件为引证》，《法学》2019 年第 7 期。
② 　参见李胜利：《论〈反不正当竞争法〉中的竞争关系和经营者》，《法治研究》2013 年第 8 期；参见孔祥俊：《反不正当竞争法的创新性适用》，中国法制出版社 2014 年版，第 130 页；参见周樨平：《反不正当竞争法中竞争关系的认定及其意义——基于司法实践的考察》，《经济法论丛》2011 年第 2 期。
③ 　参见天津市高级人民法院（2012）津高民三终字第 0046 号民事判决书。
④ 　参见山东省高级人民法院（2010）鲁民三终字第 5—2 号民事判决书。

争关系的内涵和外延都已经由狭义的竞争关系扩张为广义的竞争关系。但无论如何，司法实践中只是对竞争关系的内涵进行了扩大解释，一般仍然坚持以存在竞争关系为认定不正当竞争行为的逻辑起点。①

另外，存在竞争关系的主体一般也应当限于市场经营者，一般是指经营同类商品或服务，或经营业务虽不相同但其经营行为违反了《反不正当竞争法》第二条的竞争原则的经营者。在司法实践中，有法院在案件判决中对竞争关系的主体"经营者"进行了扩大解释，引起了诸多关注，该案即湖南王跃文诉河北王跃文等侵犯著作权及不正当竞争纠纷一案。②在该案中，原告为国家一级作家，非传统意义上的经营者，但法院将作品视为作者经营的商品，从而主张作者也是文化市场中的经营者，认定了该案双方主体存在竞争关系、被告涉案行为构成不正当竞争。暂且不论将作者视为反不正当竞争法上的经营者是否合理，从规制商标恶意抢注的角度来看，由于存在侵犯非商标性权益的商标恶意抢注行为，此时被抢注人往往并非专门从事商业活动的经营者，若能够将竞争关系的主体作扩大解释显然可以扩大反不正当竞争法的调整范围，更有利于发挥反不正当竞争法对商标法的补充作用，从而为被抢注人提供更多的救济可能。

3.《反不正当竞争法》第二条的适用

《反不正当竞争法》第二条③中明确规定了诚实信用原则，而对于能否适用该条款规制违反诚实信用原则的商标恶意抢注行为，学理上和司法实践中存在一定分歧。

司法实践中，有法院直接独立适用《反不正当竞争法》第二条认定了商标恶意抢注行为构成不正当竞争行为。在拜耳公司与李某的不正当竞争纠

---

① 参见王永强：《网络商业环境中竞争关系的司法界定——基于网络不正当竞争案件的考察》，《法学》2013年第11期。
② 参见湖南省长沙市中级人民法院（2004）长中民三初字第221号判决书。
③ 《中华人民共和国反不正当竞争法》第二条：经营者在生产经营活动中，应当遵循自愿、平等、公平、诚信的原则，遵守法律和商业道德。本法所称的不正当竞争行为，是指经营者在生产经营活动中，违反本法规定，扰乱市场竞争秩序，损害其他经营者或者消费者的合法权益的行为。

纷案[①]中，被告李某在将与原告拜耳公司在先使用的商品包装、装潢相似的图形申请注册为商标后，并未将该商标投入实际使用，而是在淘宝平台上对原告发起大量投诉，提出"付费撤诉"的要求，并向原告提出以70万元高价转让抢注商标，同时被告申请注册了大量其他商标，存在商标囤积行为，其涉案行为构成商标恶意抢注无疑。审理法院认为被告这种通过侵犯他人在先权利而恶意取得、行使商标权的行为，违反了诚实信用原则，扰乱了市场的正当竞争秩序，并依据《反不正当竞争法》第二条认定其构成不正当竞争行为，判令被告停止侵权行为和赔偿原告经济损失70万元。

但有学者对该案的法律适用是否正确和合理持保留态度，认为审理法院对于被告构成不正当竞争行为的认定已经偏离《反不正当竞争法》的适用前提，也不符合不正当竞争行为的法律界定，有不合理扩张适用反不正当竞争法之嫌。[②]与《商标法》第七条规定的诚实信用原则条款类似，《反不正当竞争法》第二条的内涵具有高度概括性、模糊性和不确定性，因此一般不能直接将其单独适用于具体案件中，通常只有在出现了新型不正当竞争行为需要规制，已有具体条款无法涵盖其范围，又尚未来得及对新型不正当竞争行为做出具体规定时，才有单独适用的必要性。因此，反不正当竞争法的扩展保护至少应该考虑被告的主观意图、原被告之间的竞争关系等因素。[③]在拜耳公司与李某的不正当竞争纠纷案中，李某并未将抢注商标投入实际使用，根本就没有实际从事生产经营活动，不具有经营者身份，也就更不会与拜耳公司存在竞争关系，而构成不正当竞争行为的前提就是双方主体之间存在竞争关系。因此，李某的行为虽然违反了诚实信用原则，构成了商标恶意抢注，但并不属于反不正当竞争法应当规制的范畴。

由此可见，尽管理论上有适用《反不正当竞争法》第二条规制商标恶意抢注的可能，但该条款的规制范围并不能无限延伸至所有类型的商标恶意抢

---

① 参见浙江省余杭区人民法院（2017）浙0110民初18627号民事判决书。

② 魏丽丽:《商标恶意抢注规制路径探究》,《政法论丛》2020年第1期。

③ 王太平:《知识产权的基本理念与反不正当竞争扩展保护之限度——兼评"金庸诉江南"案》,《知识产权》2018年第10期。

注行为上，仍然应当在反不正当竞争法的传统分析框架下对商标恶意抢注行为是否构成不正当竞争行为进行认定，需要从商标恶意抢注行为人和被抢注人是否存在竞争关系着手，再分析恶意抢注行为人是否实施了混淆行为、违反诚实信用原则而构成不正当竞争。

（二）商标遭恶意抢注的反垄断法救济

经营者有权依法行使其知识产权，但滥用知识产权排除、限制竞争的行为属于反垄断法应当规制的垄断行为。[①] 注册商标专用权实质上是一种合法的排他性权利，注册商标权人可以通过禁止他人在相同或类似商品或服务类别上使用相同或近似的商标标志，从而实现一定程度的垄断。商标法正是通过赋予注册商标权人这种合法的垄断权利来激励经营者积极地从事生产经营活动，积攒商誉，从而促进市场经济的发展。但当商标恶意抢注行为人在获得注册商标专用权后滥用权利实施了排除、限制竞争的行为，则会破坏市场竞争秩序，构成违反《反垄断法》的非法垄断行为，此时被抢注人则可通过《反垄断法》寻求救济，请求商标恶意抢注行为人对因其垄断行为造成的损失承担民事责任，同时达到使其停止垄断行为的目的。

《反垄断法》所规定的非法垄断情形主要包括垄断协议、滥用市场支配地位、非法的经营者集中以及行政性垄断，其中垄断协议是指两个及两个以上经营者达成排除、限制竞争的协议、决定或其他协同一致的行为；滥用市场支配地位是指经营者利用其市场支配地位实施不公平定价、拒绝交易、限定交易、搭售、附加不合理交易条件等排除、限制竞争的行为；非法的经营者集中是指经营者通过企业合并、取得控制权或影响力等方式进行集中，达到了一定规模而具有或可能具有排除、限制竞争效果的情形；行政性垄断则是指滥用行政权力排除、限制竞争的行为。单纯的商标恶意抢注行为一般并不直接构成以上任何一种垄断行为，但若商标恶意抢注行为人在注册成功

[①] 参见《中华人民共和国反垄断法》第六十八条：经营者依照有关知识产权的法律、行政法规规定行使知识产权的行为，不适用本法；但是，经营者滥用知识产权，排除、限制竞争的行为，适用本法。

后，不当地行使了注册商标权，则有可能因产生排除、限制竞争效果而落入反垄断法的规制范围，其中主要涉及滥用市场支配地位的情形。

具体而言，在涉及知识产权的滥用市场支配地位情形中，主要包括以不公平的高价许可知识产权、拒绝许可知识产权、搭售、附加不合理交易条件以及差别待遇等情形。① 在不以使用为目的的商标恶意抢注情形中，有一部分恶意抢注行为人是基于阻碍竞争对手之目的而实施了恶意抢注行为。这部分恶意抢注行为人将竞争对手或潜在竞争对手的未注册商标抢先注册后，往往并不会将该商标使用于自身的生产经营活动中，即不具有搭便车目的，而是利用所取得注册商标专用权禁止竞争对手使用其未注册商标。对于被抢注人而言，该商标承载了其通过长期经营活动所积攒的商誉，在其生产经营活动中发挥着至关重要的作用，虽然理论上商标并不具备不可替代性，但实践中如果要更换商标则会使其丧失通过勤恳经营所获得的现有市场竞争优势，需要付出巨大成本，不啻为剥皮抽筋之打击，相关经营者甚至会因此而直接选择放弃相关市场，这也就达到了恶意抢注行为人阻碍竞争对手的目的。因此，恶意抢注行为人可以通过拒绝许可或拒绝转让来阻碍竞争对手进入相关市场，从而实现排除、限制竞争目的。也有的恶意抢注行为人并未直接拒绝许可，但却意图将该商标权以不公平的高价许可或转让给被抢注人。尽管商标权人有权自主决定其商标权的许可、转让费用标准，但若其所决定的许可、转让费用过高，超过了该商标权的合理价值，使被抢注人难以承受，或即便可以承受但会导致其正常生产经营活动受到影响的，则这种以不公平的高价许可、转让商标权的行为同样可能产生排除、限制竞争效果，构成垄断行为。还有的恶意抢注行为人既未拒绝许可，也未开出不合理的许可费用或转让费用，但却在许可、转让协议中附加了不合理的交易条件。基于谋取独家代理之目的的商标恶意抢注就属于这种附加不合理交易条件的情形，亦同样可能产生排除、限制竞争的效果。

---

① 参见《关于禁止滥用知识产权排除、限制竞争行为的规定》第七条、第八条、第九条、第十条、第十一条。

但同时，构成滥用市场支配地位行为的前提是恶意抢注人需要具有市场支配地位。拥有商标权虽然可以作为认定具有市场支配地位的考量因素之一，但却不能仅凭拥有商标权而直接认定其具有市场支配地位，需要依据反垄断法的传统分析方法对其是否在相关商品市场和地域市场上具有市场支配地位进行认定或推定。[①] 相较于专利权，经营者凭借商标权所能取得的市场控制力其实是有限的，商标难以像专利技术一样成为生产经营活动的必需设施，从而具有不可替代性，经营者转向使用其他商标虽然需要付出一定成本，但其难度大小与寻找专利技术的可替代技术不可同日同语。因此，想要通过拥有商标权而认定恶意抢注行为人拥有市场支配地位在理论上仍具有一定难度，也就难以认定其行为构成滥用知识产权的非法垄断行为。

事实上，商标的作用在于区分商品或服务来源，若经常地将商标权许可或转让给他人，则不利于保持商品或服务质量的同一性，容易导致消费者利益受损。因此，商标法中其实并未鼓励商标权人积极地许可或转让商标，并对商标许可和转让作出了严格限制，要求受让人保证商品或服务质量。同理，反垄断法实则也不应对商标权的拒绝许可和拒绝转让作出过多干涉，即不宜以强制实施商标许可或转让的方式解决垄断问题。因此，在适用反垄断法对商标恶意抢注行为人滥用商标权进行规制时，有必要保持审慎态度。同时，反垄断法对商标恶意抢注的救济存在一定的局限性，这是由于反垄断法真正所要保护的并非是单个经营者的特定利益，而是公平自由的竞争秩序和公共利益，而在商标恶意抢注情形中，一般只有在商标恶意抢注行为人实施了大规模抢注行为造成符号资源不当集中时，才有可能构成损害竞争秩序和公共利益的排除、限制竞争行为，从而构成对反垄断法的违反。

---

① 《关于禁止滥用知识产权排除、限制竞争行为的规定》第六条：市场支配地位根据《反垄断法》第十八条和第十九条的规定进行认定和推定。经营者拥有知识产权可以构成认定其市场支配地位的因素之一，但不能仅根据经营者拥有知识产权推定其在相关市场上具有市场支配地位（注：因截至本书交稿时该规定尚在修改过程中，所称的"《反垄断法》第十八条和第十九条"是《反垄断法》修改前的条序，《反垄断法》修改后的条序为第二十三条和第二十四条）。

四、商标遭恶意抢注的著作权法救济

若被恶意抢注的在先标志具有一定独创性，构成著作权法意义上的作品的，则恶意抢注他人在先标志的行为会构成侵害著作权的侵权行为。将他人在先完成的作品申请注册为商标的行为显然不属于《著作权法》第二十二条、第二十三条所规定的可以不经作者许可而实施的合理使用情形，不仅可能侵犯作者的署名权、修改权等著作人身权，还可能侵犯作者的复制权、发行权等著作财产权。著作权法完整地规定了侵害著作权的民事责任、行政责任乃至刑事责任。故被抢注人除了可以依据《商标法》第三十二条提出商标异议或请求无效宣告，还可以通过著作权法寻求规制商标恶意抢注之救济，请求商标恶意抢注行为人承担停止侵害、消除影响、赔礼道歉、赔偿损失等民事责任。

适用著作权法进行救济可以获得的一个便利之处在于，著作权可以自作品完成之日起自动取得，不以登记备案为权利取得或生效的要件。因此，即便被抢注人创作作品的本意并非是为了取得著作权，例如，未注册商标所有人设计商标标志可能只是为了能够使用合适的、便于识别记忆的商标标志，其主观上可能并没有创作出具有独创性的作品的意图，但只要其商标标志客观上具有著作权法所要求的最低限度的独创性，就属于应当受著作权法保护的作品，被抢注人就可以自其作品完成之时实际地取得著作权，并在其作品被擅自申请注册时通过著作权法获得救济。

适用著作权法进行救济可以获得的另一个便利之处在于，依据《伯尔尼保护文学艺术作品公约》等著作权相关的国际公约的规定，作品应当在其所有成员国内受到法律保护，且作者为成员国国民者，无论作品是否已经出版，都应当受到保护。[①] 这意味着，即使著作权作为一种知识产权而具有地域性，但在《伯尔尼保护文学艺术作品公约》等国际条约的影响下，其保护范围实际上已经扩大至国际范围，在一定程度上突破了地域性的限制，可自

---

① 参见《伯尔尼保护文学艺术作品公约》第二条、第三条。

然延伸至参与了《伯尔尼保护文学艺术作品公约》等相关国际公约的其他成员国地域范围内。在海外商标恶意抢注情形中，著作权法领域相对完善的国际保护制度更是对于被抢注人寻求救济具有重要意义。即便被抢注人尚未在抢注行为地实际地使用其未注册商标，但只要其未注册商标具有独创性，则其未注册商标就可以作为作品而在抢注地受到著作权法保护，从而阻却侵害其著作权的在后商标恶意抢注行为，并且被抢注人还具有向恶意抢注行为人请求著作权损害赔偿的权利。

但同时需要清醒地认识到，著作权法在商标恶意抢注救济方面也具有一定的局限性，即其只能用于规制侵害了著作权的商标恶意抢注行为，而著作权法对作品有独创性要求，虽然独创性所要求的创造性程度并不高，也绝非普通未注册商标所能轻易达到。因此，在恶意抢注未注册商标的情形中，通过著作权法寻求救济固然是一种更为便捷有效的方法，但这一捷径却并非人人都可以通过，只能适合于恶意抢注行为中的一小部分情形，即被抢注的在先标志具有独创性的情形。这也从侧面提醒了经营者，在选定商标时应当尽量选择具有独创性的、固有显著性程度较高的商标标志，这不仅是由于具有独创性的商标标志可以受到著作权法的保护，也是由于具有独创性的商标标志不易与他人商标标志相同或近似，更易获得商标法上的禁止混淆保护。

第二节　商标恶意抢注的其他应对

一、灵活运用非法律手段

事实上，无论是在何种民事纠纷中，诉诸法律都应当是当事人处理争议的最后选择，而非第一选择。因此，法律救济永远是维护被抢注人合法利益的最后一道防线和有力后盾，但却并非是解决商标恶意抢注这一现实问题的唯一方法。当然，若恶意抢注行为只是刚刚发生，被抢注人及时地在商标公示期内发现了恶意抢注行为的存在，则仍应依法积极地提出商标异议，力争将恶意抢注商标扼杀在萌芽阶段。但若被抢注人发现恶意抢注行为时，恶意抢注商标已经被核准注册，则被抢注人除了可以选择通过商标撤销、无效宣告、仲裁、诉讼等法律途径获得救济，还可以考虑通过警告、谈判协商等其他非法律途径应对商标恶意抢注行为。

通过法律途径获得救济往往需要被抢注人付出大量精力进行调查、收集证据和支付相对高昂的维权费用，并且往往还需要经历复杂和冗长的法律程序才能获得确定性的维权结果。若被抢注人向商标评审委员会提出了商标无效宣告申请，被抢注人等待商标评审委员会作出裁定可能需要一年左右[1]的时间，其间若出现需要中止审查的情形，商标评审委员会还需要等待中止原因消除再恢复审理。[2] 如此一来，商标无效宣告的审理时间将变得难以预估。而后，若商标评审委员会作出了宣告恶意抢注商标无效的裁定，且恶意抢注行为人并未因不服裁定而提起诉讼，则可万事大吉，维权告捷；但若商标评审委员会作出了维持注册商标的决定，或恶意抢注行为人不服上诉的，则需要进入相关行政诉讼程序，可能会经历一审、二审和再审程序。若属于被抢注人提起诉讼的情形，则即便最终被抢注人在诉讼程序中取得成功，法院也依然无法直接确认该恶意抢注商标无效，只能判令撤销商标评审委员会的裁定，命其重新作出裁定，则被抢注人还需要继续等待由商标评审委员会作出新的商标无效宣告裁定。上述维权期间，被抢注人需要为各种行政程序和司

---

[1] 《中华人民共和国商标法》第四十四条第三款：其他单位或者个人请求商标评审委员会宣告注册商标无效的，商标评审委员会收到申请后，应当书面通知有关当事人，并限期提出答辩。商标评审委员会应当自收到申请之日起九个月内做出维持注册商标或者宣告注册商标无效的裁定，并书面通知当事人。有特殊情况需要延长的，经国务院工商行政管理部门批准，可以延长三个月。第四十五条第二款：商标评审委员会收到宣告注册商标无效的申请后，应当书面通知有关当事人，并限期提出答辩。商标评审委员会应当自收到申请之日起十二个月内做出维持注册商标或者宣告注册商标无效的裁定，并书面通知当事人。有特殊情况需要延长的，经国务院工商行政管理部门批准，可以延长六个月。

[2] 《中华人民共和国商标法》第四十五条第三款：商标评审委员会在依照前款规定对无效宣告请求进行审查的过程中，所涉及的在先权利的确定必须以人民法院正在审理或者行政机关正在处理的另一案件的结果为依据的，可以中止审查。

法程序付出的精力、金钱和时间是不言而喻的，尤其是海外商标维权诉讼，其维权成本往往更加高昂，要面临的败诉风险往往也更大。

相较于法律途径，通过非法律途径来解决问题具有相对快速、便捷的优势，因此发出警告函、谈判协商、议价收购等非诉手段亦可作为被抢注人解决商标抢注纠纷的另一种选择。

首先，在发现恶意抢注行为的第一时间，被抢注人可以先向恶意抢注行为人发出警告函，令部分恶意抢注行为人知难而退。事实上，许多恶意抢注行为人在实施抢注行为时都具有侥幸心理，寄希望于抢注行为能够逃过被抢注人的眼睛，其自身事实上也明知其所实施行为的不正当性，难以理直气壮地应对后续的商标无效宣告和诉讼程序，在被抢注人已经发现其实施了恶意抢注行为并发送警告的情况下，其对于维持该抢注商标注册也可能缺乏信心。因此，通过向恶意抢注行为人发送侵权警告函，至少可以击退一部分态度并不强硬的恶意抢注行为人，即便对方对警告函视若无睹，依然我行我素，但发送警告函所需成本并不高昂，对于被抢注人而言也不会因此遭受额外的损失，被抢注人依然可以采取其他的方法进行维权。

其次，若发送警告函的方式未能起到作用，则被抢注人还可以通过谈判协商的方式化干戈为玉帛，令恶意抢注行为人主动归还商标。事实上，商标恶意抢注行为人与被抢注人并非绝对的敌人，并不存在不可调和的根本矛盾，商标恶意抢注行为人实施抢注行为无非是为逐利而已。因此，当商标恶意抢注行为人与被抢注人二者之间具有可以交换的条件或存在共同追求的利益时，则极有可能通过谈判协商的方式化敌为友，届时不仅恶意抢注行为人很可能会愿意主动地无偿归还商标，还可能与被抢注人达成商业合作关系，互助共赢。同时，在谈判协商时，除了可以通过利诱的方式动之以情，被抢注人也可以采取释明法律风险、强调法律威慑的方式晓之以理。被抢注人可以摆事实、讲道理，告知抢注行为人若顽固到底，极有可能竹篮打水一场空，或者摆出对方实施商标恶意抢注行为的违法事实，分析恶意抢注行为人应当归还商标的道理，向对方说明恶意抢注行为的不正当性和严重法律后果，并以提起商标无效宣告、侵权诉讼等作为威慑，使恶意抢注行为人不得不选择归还商标以息事宁人。

最后，对于企业而言，通过议价收购的方式回购商标有时也不失为一种好的方式。一方面，通过法律途径维权有失败的风险，可能会由于被抢注人提供的证据材料不充分而导致最终裁判结果对被抢注人不利，当被抢注人的法律救济手段已经用尽，恶意抢注商标却仍然得以维持注册时，被抢注人若还想要收回商标，则只有通过议价收购的方式取得商标权。另一方面，即使被抢注人有较大的把握可以通过法律途径维权成功，但其所需要付出的时间成本往往是巨大的，若被抢注人需要及时地收回抢注商标以进入相关商品市场或地域市场，则这一时间成本对其而言是难以负担的。另外，若能够直接议价收购抢注商标，以合理的价格受让抢注商标，则被抢注人不仅可以解决商标恶意抢注纠纷，还可以直接取得商标权，无须等待隔离期过后再重新申请商标。因此，对于这类急需获得稳定商标权的被抢注人而言，时间可能比金钱更加重要，通过支付转让费用的方式节省商标维权的时间，可以让被抢注人更快地回归正常的生产经营活动，从市场经营角度来看实则利大于弊。

二、商标维权的多方助力

尽管经营者在面临商标恶意抢注难题时，应当主要依靠自身努力，采取谈判协商、商标异议、撤销、无效宣告、诉讼、仲裁等手段积极应对以维护自身权益，但有时，被抢注人也可以寻求国家政府部门、社会组织及中介机构的多方助力。尤其是在海外商标维权过程中，对于一些普通企业而言，其可能并不具备商标海外维权的能力和水平，此时，为了鼓励本国企业走出国门，积极维护本国企业在海外的商标权益，国家政府部门、商标协会和行业协会等社会组织以及中介机构等他方力量也应当为被抢注人提供力所能及的援助。

首先，被抢注人可以尽量寻求政府部门的支持，借助政府部门的力量减轻商标维权，特别是商标海外维权负担。事实上，我国原国家工商行政管理总局商标局已经搭建了商标海外维权信息平台，尝试建立了各国商标法律法规数据库、商标海外维权专家库以及商标海外维权案例数据库，尽管该平台建设仍不甚完善，但通过借助外交手段，我国商标局已经成功地解决了江苏恒顺醋业"恒顺"商标在秘鲁被抢注案、"孔子学院"商标在哥斯达黎加被抢注案和"镇江香醋"在韩国被抢注案等商标海外抢注案件。由此可见，政府部门对于帮助本国企业在海外进行商标维权是采取积极、主动态度的，被抢注人也应主动、大胆地向政府部门寻求商标海外维权方面的帮助与支持。对于被抢注人而言，若其在商标海外维权时，能够获得政府部门的外交支持，由政府部门从中斡旋，如以商标局名义向抢注地的商标行政管理部门提请注意和提出意见，或能够获得政府在法律咨询等法律资源方面的支持，或获得政府提供的资金纾困方面的支持，则其海外维权负担将会大大减轻，而海外维权成功率则会大大增加。

其次，被抢注人可以寻求商标协会、行业协会等社会组织的支持。2018年4月23日，中华商标协会专门成立了商标海外维权委员会，其职责包括了提供海外资讯、举办专业交流活动、进行相关理论研究、开展国际合作、提供咨询服务、发布海外预警等。[1] 同年10月17日，上海市商标审查协作中心成立了首个地方商标海外维权保护机构——上海商标海外维权保护办公室，专门为地方企业提供商标国际注册、运用和保护方面的咨询服务和其他帮助。[2] 被抢注人在进行商标海外维权时，可以充分借助这些商标海外维权机构的力量，提前充分地了解抢注地的商标法律法规，并在其帮助下制定合理的商标维权方案。同时，被抢注人所处行业的行业协会也可以在商标海外维权过程中提供重要帮助。行业协会代表着协会成员的利益，尤其是在面临国际市场竞争时，行业协会更是在维护本国企业合法利益方面发挥着重要作用。行业协会不仅是企业与政府之间沟通的桥梁，也是企业与企业之间依法沟通的桥梁。在大规模恶意抢注行为集中发生于某一行业时，行业协会则可

---

① 参见中华商标协会网站：《中华商标协会商标海外维权委员会简介》，见 http://www.cta.org.cn/xhjg/jgsz/hwwq/。

② 参见《全国首个地方商标海外维权保护机构——上海商标海外维权保护办公室挂牌成立》，见 https://www.ccpit-patent.com.cn/node/5491。

以充分发挥其沟通协调作用，联合各个被抢注的企业抱团维权，汇集分散的力量，向恶意抢注行为人集中施加压力，帮助被抢注人更好地进行商标海外维权活动。

最后，被抢注人可以寻求商标代理机构、律师事务所等第三方中介机构的支持。对于一些中小型企业而言，其一般专注于从事主营业务，可能疏于管理和建设企业内部的法务部门，缺乏处理法律纠纷，尤其是知识产权纠纷的经验，即其自身可能并不具备商标海外维权所需的法律知识水平和能力。此时则应当果断地寻求外部助力，通过委托专门提供商标代理服务的商标代理机构或其他可以提供商标代理和商标诉讼等法律服务的律师事务所来进行商标海外维权活动。对于一些大型企业而言，其内部可能建立了独立的法务部门，由法务人员专门负责处理企业生产经营活动中所面临的合同、物权、债权债务等各个方面的法律纠纷，但知识产权法具有极强的专业性，在处理商标注册申请、商标行政诉讼等事项时，需要企业相关工作人员具备一定的专业知识储备，而普通的企业法务人员可能较为缺乏相关知识储备和维权经验，难以顺利地处理相关事项。同时，即便企业建立了专门的知识产权部门，其法务人员具备了一定的相关专业知识和维权经验，但有些知识产权纠纷具有高度复杂性，面对高度复杂的知识产权纠纷，仅凭企业内部法务人员可能仍然难以制定出完善的解决问题的思路和方案，则企业仍然有求助于外部力量的需要。通过委托商标代理机构、律师事务所等具有专业水平的中介机构代为处理商标海外维权事项，企业能够获得全面和专业的法律服务，其合法利益也能够得到更加全面的保护。尤其是在商标海外维权情形中，抢注地的商标代理机构或律师事务所对于其本国的商标法律法规和商标注册申请、异议、撤销、无效宣告、诉讼等程序事项必然更加熟稔，若被抢注人能够寻求到与抢注地的商标代理机构或律师事务所等中介机构合作，则可在一定程度上克服其客场作战的劣势，减轻其在法律调查、证据收集、语言沟通等方面的压力和负担。

三、理智退让以及时止损

事实上，万不得已时，通过主动更换商标或者放弃相关市场来及时止损，也是应对商标恶意抢注的一种合理方式。在商标抢注维权的各种情形中，对于被抢注人而言，最理想的状况首先当然是兵不血刃地通过谈判协商等方式和平地收回被抢注商标，其次则是通过异议、无效、诉讼等一系列法律手段和法律途径强硬夺回商标。但当被抢注人确实面临无法克服的现实困难和问题时，如无法取得充足有效的可以证明商标恶意抢注的证据材料，或证据材料已经灭失，则应在万不得已时果断地选择放弃原商标，更换新商标重新进入相关商品市场，或者直接放弃相关地域市场，在原有范围内继续经营或尝试进入其他国家或地区的相关地域市场。

放弃原有商标固然可惜，但优质的商品或服务和诚信经营的态度其实才是企业在剧烈的市场竞争中立于不败之地的制胜法宝。同时，商标标志可能会因商标恶意抢注而被夺走，企业长期经营所凝聚的商誉也可能会因此而受到减损，但商誉却并不会因此而完全转移，并且企业在过往的经营活动中所积攒的生产经营资源，如其在人才培养、销售渠道、经营模式、生产技术等方面获得的经验成果，亦不会因此而被剥夺。因此，更换商标就像刮骨疗伤，只要企业能够保持其诚信经营的态度，保障并努力提升其商品或服务的质量，有朝一日，定然可以培养出可以比肩原商标，甚至超过原商标的优质新商标。更换新商标后，企业还可以通过对新旧商标更替事宜进行广泛的广告宣传活动，而将原商标上的商誉逐渐转移至新商标，可以在一定程度上挽回商标恶意抢注带来的损失，同时可以加快新商标的成长速度。另外，"吃一堑，长一智"，更换新商标意味着，企业可以针对新商标提前作出一系列防止商标恶意抢注的措施，将新商标申请注册后，企业则可获得确定的和更加稳定的商标权，并安心地将新商标投入实际生产经营活动中。

放弃相关地域市场主要是应对商标海外抢注的一种方式。对于被抢注人而言，只要其放弃进入抢注地的相关地域市场，则完全可以在其原经营地域范围内继续自由地使用原商标，而无须理会商标海外抢注情形。放弃进入相关地域市场后，被抢注人不仅可以在原有经营地域范围内使用原商标，还可以考虑改变其市场计划，转向进入其他尚未被抢注的国家和地区的相关地域市场，并可及时地在即将进入的国家或地区申请注册商标。但是否应当直接放弃相关地域市场，需要企业根据其自身实际情况，权衡利弊后慎重作出决定。若抢注地的地理位置对企业而言十分关键和重要，涉及了企业的重要利益，则即使收回商标面临无法克服的现实困难也仍然不宜直接放弃相关地域市场，而应选择以能接受的价格收购或以上述更换商标的方式进入相关地域市场。但若抢注地的地理位置在企业的整体市场规划中并未占据重要的地位，可有可无或具有可替代性，则可以考虑放弃相关地域市场，暂避锋芒。但同时，放弃相关地域市场并不意味着一定要永久地放弃相关地域市场，若随着经营发展状况发生改变，企业又有了进入抢注地的相关地域市场之需要，则仍然可以通过收购商标或更换商标的方式进入相关地域市场。

第五章　商标恶意抢注的预防

第一节　权利先占与维护

在商标恶意抢注的预防中，最重要的预防主体仍然是经营者自身。经营者应当尽量提前申请商标注册，建立起商标品牌战略的全球化地理布局和行业布局，以权利先占的方式直接杜绝商标抢注的可能性，同时在注册后应积极地使用该注册商标以维护其注册商标专用权，并且建立有效的商标抢注风险预警机制，以便在公示异议期内尽早地发现商标恶意抢注行为，从而避免损失进一步扩大和维权难度的进一步增加。

一、权利先占：合理申请商标注册

权利先占方式是预防商标恶意抢注最直接和最有效的方式，但以权利先占的方式预防商标恶意抢注并不意味着要求经营者一定要在世界上的所有国家和地区以及全部商品或服务类别上申请注册商标，或胡乱一气地申请注册商标，而是要讲究运用合理的申请注册方法以预防商标恶意抢注。

（一）申请商标注册的合理时间

以合理的方式申请商标注册应当遵循"市场未动，商标先行"原则，即在进入相关市场以前就将商标申请注册。

应当遵循"市场未动，商标先行"原则的原因在于，若经营者不能做到提前注册或及时注册，则会落入"商标未行，市场已动"的尴尬境地，在这种情形下，经营者已经将商标投入相关市场进行实际使用，使商标标志具有了一定程度的影响力，而这些已经使用的商标标志就会像一块令人垂涎的肥肉，招致商标恶意抢注行为人的觊觎。同时，法律意义上，由于该商标尚未申请注册，这块肥肉还是一块仍未打上权属印记的无主之物，更是给商标恶意抢注留下了可乘之机。因此，在进入相关市场前，经营者应当遵循"市场未动，商标先行"原则，做到提前注册商标，如果实在难以做到提前注册商标，至少也应做到及时注册商标，尽早地向商标行政管理部门提出商标注册申请，力争做到不给其他任何人留下哪怕一丝丝的抢先注册的可能。

应当遵循"市场未动，商标先行"原则的另一原因在于，若经营者在提起注册申请时发现他人已经在相同或类似的商品或服务类别上注册了相同或近似的商标标志，或者由于存在其他在先权利而被提起商标异议，则一方面，由于其此时尚未进行实际生产经营活动，其因商标恶意抢注而可能遭受的实际损失也就相对较小；另一方面，由于其尚未将商标标志投入实际使用，其更换商标所需负担的成本也相对较小，在进入市场前更换商标之余地也就相对富余。

（二）商标注册的合理行业布局

以合理的方式申请商标注册应该在考虑经营者的经营战略和行业发展趋势的基础上，对其主要商品市场和潜在商品市场进行商标注册，建立起合理的行业布局。由于商标注册申请遵循分类申请原则，注册商标原则上也仅在其核定使用的商品或服务类别上受到法律保护，当经营者想要改变经营业务种类或跨行业发展、进入新的相关商品市场时，则应当提前在其将要开发经营的新商品或服务类别上申请注册将要使用的商标。具体而言，一方面，对于经营者目前已经涉及的主要商品市场，当然必须要提前进行商标注册以预防商标抢注；另一方面，对于经营者将来可能涉及的潜在商品市场，同样应当及时地进行商标注册，这也要求经营者对自身发展进行较为长期的规划，只有当经营者明确了自身发展方向，有较为确定的市场发展计划，才能凭此明确其商标注册的需求。

当然，部分具备相当人力和财力的大型企业也可以直接选择全类注册的方式，杜绝后患。即便是对于驰名商标所有人而言，其所拥有的已注册驰名商标虽然可以受到跨类保护，从而在一定程度上对抗在不同类别上的商标恶意抢注行为，但这种跨类保护并不等于全类保护，也要以容易造成相关公众混淆和误导相关公众为限度。因此，若他人是在完全不相关联的商品或服务类别上抢注了驰名商标，不存在误导或混淆的可能，则仍然可能获得申请注册成功。但若抢注行为人长期在其他商品或服务类别上使用与该驰名商标相同或近似标志，则必然会导致该驰名商标的显著性淡化。因此，无论商标的知名程度是否达到了驰名程度，在具备条件的情况下，经营者都可以对该商标进行全类注册，通过申请注册防御商标更加全面地保护其商标免受抢注。

（三）商标注册的合理地理布局

以合理的方式申请商标注册还应该在考虑经营者的经营战略和行业发展趋势的基础上，对其主要地域市场和潜在地域市场进行商标注册，建立起合理的地理布局。在经营者经营范围所涉及的主要国家和地区申请注册商标之必要性无须赘述，但在经营者的潜在地域市场进行商标注册其实具有与之同等的重要性，海外商标抢注行为频发的根本原因正是我国大多数经营者尚未真正意识到在潜在地域市场进行商标注册的重要性。

如今，随着全球政治、文化、经济交流的进一步加深，各个国家和地区之间的贸易活动也逐渐增加，我国也有越来越多的经营者开始大胆走出国门，参与国际市场竞争，这时经营者至少应当提前在其将要进入的相关地域市场范围内进行国际商标注册。若经营者实在无法明确其市场发展规划，不确定是否会跨国开展生产经营活动，或无法确定想要进入的国家和地区，则可以稳妥地选择先在潜在消费者更多、交易机会更多、经济文化发展程度相对发达的重要国家或地区。无论如何，若经营者仅盯着眼前的一亩三分地，只顾死守本国市场，则在本国市场潜力开发殆尽、市场状态达到饱和后，当其想要再进一步扩大市场时，必然还是要进入其他国家地区的相关市场，届时仍然会有面临商标恶意抢注的极大风险。因此，经营者应当要有高瞻远瞩的格局，用发展的、长远的眼光看待商标注册，明确自己的商标注册潜在需求，对其潜在的地域市场进行商标注册，以避免遭受商标海外抢注及其所带来的各种纠纷和负面影响。

目前，商标国际注册的模式主要包括单一国家注册、区域商标注册、马德里国际商标注册三种模式。

1. 单一国家注册模式

单一国家注册模式是指申请人依据目标国的商标法律法规，单一地直接向目标国的商标行政管理部门提交商标注册申请，从而获得目标国范围内的商标专用保护。这种模式的优点在于，申请人可以依据自身客观情况和现实需要，有针对性地进行申请和注册，具有灵活性和安全性。但其缺点在于，若申请人需要在多个国家取得商标注册专用权，则需要反复地向不同国家的商标行政管理部门提交商标注册申请，需要经历烦琐、冗长的程序，耗费的时间和精力自然也就较多。由于不同国家语言、文化习俗等方面往往存在较大差异，其所制定的商标法律法规和商标注册申请流程也各有不同，而申请人不可能熟悉所有国家的语言、文化习俗、商标法律法规和商标注册申请流程，因此申请人在申请注册时还可能会受到语言、文化和法律差异方面的较大阻碍，从而增加其获得商标核准注册的难度。

2. 区域商标注册模式

区域商标注册模式是指申请人直接向区域性的国际组织提交商标注册申请，从而在该区域组织的成员国范围内获得商标专用保护。目前，区域商标注册模式主要包括欧盟商标国际注册和非洲商标国际注册。

1993 年 12 月 20 日，欧盟议会通过了《欧洲共同体商标条例》(European Community Trade, CMTR)，依据 CMTR 的规定，欧盟的成员国① 和《巴黎

---

① 截至 2021 年底，欧盟成员国包括罗马尼亚、保加利亚、奥地利、比利时、丹麦、芬兰、法国、德国、希腊、爱尔兰、意大利、卢森堡、克罗地亚、葡萄牙、西班牙、瑞典、塞浦路斯、捷克、爱沙尼亚、匈牙利、拉脱维亚、立陶宛、马耳他、波兰、斯洛伐克、斯洛文尼亚、荷兰，共二十七个国家。

公约》《TRIPs 协定》的成员方国民可通过向欧盟内部市场协调局（Office for Harmonization in the Internal Market，OHIM），或其成员的中央工业产权局，或比荷卢商标局①提交商标注册申请而取得共同体商标的专用权，②该共同体商标在整个共同体内具有同等效力。③ 因此，若申请人的目标国集中于欧洲区域，则可以选择向 OHIM 提交商标注册申请，从而一次性获得在欧洲区域内较为全面的商标专用保护。

另外，申请人通过向非洲知识产权组织（African Intellectual Property Organization，OAPI）提交商标注册申请同样可以取得其 17 个成员国④ 范围内的商标专用权。OAPI 的商标注册制度与欧盟的商标注册制度的最大不同之处在于，OAPI 的成员国均未建立独立的商标注册机构和相关商标注册法律制度，因此申请人无法通过单一国家注册的方式获得其成员国范围内的注册商标专用权。同时，在多类申请方面，虽然 OAPI 也接受在一份商标申请中指定多种商品或服务类别，但其仅接受均为商品类别上的多类申请或者均为服务类别上的多类申请，若申请人所申请的类别既包含了商品又包含了服务，则需要分开提交申请。

最后需要注意的是，在区域商标注册模式下，申请人在申请商标注册时只能一次性向全部成员国申请注册，无法指定部分成员国进行注册。因此，其商标申请需要面临来自全部成员国的异议风险，只要其中有一个成员国的

---

① 比利时、荷兰和卢森堡三个国家建立了比荷卢经济联盟（Union Economique Benelux），比荷卢经济联盟的商标注册机构即比荷卢商标局。比利时、荷兰和卢森堡三个国家并未设置其独立的商标注册机构，而欧盟其他成员国均有其独立的商标注册机构。

② 《欧洲共同体商标条例》第二十五条：1.共同体商标的申请应由申请人选择向以下机构提交：（a）协调局；或（b）一成员国中央工业产权局或者比荷卢商标局。通过此途径提交的申请，应视同一方向协调局提交的申请，且有同等效力。

③ 《欧洲共同体商标条例》第一条：1.根据本条例所规定的条件和方式注册的商品或服务商标，以下简称"共同体商标"。2.共同体商标具有单一特性，在整个共同体内应有同等效力。

④ 非洲知识产权组织的成员国包括喀麦隆、贝宁、布基纳法索、中非共和国、刚果、乍得、加蓬、几内亚、几内亚比绍、科特迪瓦（象牙海岸）、马里、毛里坦尼亚、尼日尔、塞内加尔、多哥、赤道几内亚、科摩罗共十七个国家。

国民提出异议，并且异议成功，则整个商标申请都将被驳回。由此可见，相对于单一国家注册模式，通过区域商标注册取得商标专用权固然有便捷、简单的优势，但其因商标异议而被驳回申请的概率也更大，即其注册申请的难度相对较高。

3. 马德里国际商标注册模式

马德里国际商标注册体系主要依据 WIPO 管理和运作的《商标国际注册马德里协定》[①]（The Madrid Agreement）（以下简称《马德里协定》）和《商标国际注册马德里议定书》[②]（The Madrid Protocol）（以下简称《马德里议定书》）建立，在同属《马德里协定》和《马德里议定书》的成员之间只适用《马德里议定书》。截至 2021 年 9 月 28 日，随着阿联酋最后加入《马德里议定书》，马德里联盟（The Madrid Union，或称马德里体系）已有 109 个成员，涵盖了 125 个国家。[③] 我国在 1989 年和 1995 年已经分别加入了《马德里协定》和《马德里议定书》。

通过马德里国际商标注册体系，我国申请人可以在本国注册的基础上，向中国国家商标局递交马德里国际注册申请，取得在其他马德里联盟成员的注册商标延伸保护。同时，申请人可以指定其要申请延伸保护的具体国家，有选择性地针对部分国家申请商标注册。由于通过马德里国际商标注册体系申请注册的国际商标具有统一的申请日期和保护期限，因此申请人可以对国际注册商标实现高效、统一管理，如统一办理商标续展、商标变更等手续。由此可见，相较于单一国家注册模式，通过马德里体系进行商标国际注册更加便捷，所需时间更短、费用更低，程序也更加简单；而相对于区域商标注册模式，则其所能够覆盖的地域更加广泛，并且具备了区域商标注册模式所不具备的灵活性。

但申请人需要格外注意马德里国际商标注册中的中心打击问题。中心打

---

① 《商标国际注册马德里协定》于 1891 年 4 月 14 日签订于西班牙马德里，次年生效。

② 《商标国际注册马德里议定书》于 1989 年 6 月 27 日签订于西班牙马德里，1996 年 4 月 1 日生效。

③ WIPO : Members of the Madrid Union，https://www.wipo.int/madrid/en/members/.

击是指申请人在原属国内申请注册的商标是其他国际注册商标的基础,若在国际商标注册之日起五年内,申请人在原属国申请注册的商标被宣告无效或撤销,则其在此基础上申请注册的其他国际注册商标也会随之失效。因此,对于申请马德里国际商标注册的经营者而言,国际商标注册五年以内,其头上都一直悬挂着一把达摩克利斯之剑,经营者必须保证在原属国注册取得的商标权利一直维持有效,直至达到五年期限,来自这把剑的潜在危险才会消散,经营者通过马德里国际商标注册体系所取得的国际注册商标权才可以完全独立于原属国的注册商标权而存续。

另外,在马德里国际商标注册中还有一个需要注意的问题,即并非所有国家或地区都参与了《马德里协定》或《马德里议定书》。事实上,由于《马德里协定》对其成员国附加了许多先决条件,要求以在原属国获得核准注册为申请国际注册的前提,可能与采取商标在先使用取得原则国家的商标法律制度存在一定冲突,加之该协定要求以法语为唯一的注册语言,[①] 世界上有许多国家都选择了徘徊在该协定之外,并且其中不乏一些经济实力较强、商业贸易较为繁荣的国家和地区。例如,美国、英国、日本、澳大利亚、加拿大、新加坡和韩国等众多国家,直至 2021 年都一直未加入《马德里协定》。直到新的《马德里议定书》将申请国际商标注册的条件放宽,改为在原属国内已经获得注册或申请注册,并且将注册语言扩充至法语、英语、西班牙语三种可选类别,美国、英国、日本等国家才陆续签署了《马德里议定书》,加入了马德里国际商标注册体系中。目前,世界上一共有 200 多个国家和地区,即便后来《马德里议定书》吸引了众多国家加入马德里体系,马德里体系现在也仅覆盖了其中 125 个国家,还是有部分国家既未加入《马德里协定》,也未加入《马德里议定书》,对于这部分马德里体系以外的

[①] 《马德里协定》规定申请国际注册商标只允许用法语一种语言,在一定程度上是基于历史上人们认为法语是一种相对比较严谨的语言的原因。据 WIPO 资深专家介绍,当初在英语被允许使用作为注册的工作语言的阶段,一些原属局用英语在递交申请表格时确实产生了很多用词模糊、不准确,而需要 WIPO 审查员用法语翻译后加以确认的情形。参见孔嘉:《国际商标注册马德里体系概述及法律热点问题剖析(上)》,《中国律师》2011 年第 4 期。

国家，仍然只能通过单一国家注册的方式进行国际商标的补充注册。

综上所述，经营者在进行国际商标注册时，可选择的方式是多元的，不同的国际商标注册模式之间还可以起到相互补充的作用。若经营者的目标国属于马德里国际商标注册体系的成员，则向商标局提交马德里国际商标注册申请不失为一种节约成本、节省时间和力气的便捷方法。同时，若经营者希望获得更加稳定的商标权利，不希望国际注册商标的效力受到原属国注册商标的效力影响，则其也可直接选择区域商标注册或单一国家注册的方式。但对于尚未加入马德里国际商标注册体系的其他国家和地区，则仍然需要经营者采用单一国家注册方式有针对性地进行注册申请。故经营者在申请国际商标注册的过程中应当灵活地依据自身需要选择合适的申请方式，并且可以同时运用多种国际商标注册方式，充分利用不同国际商标注册模式的优势。

二、权利维护：注重商标使用与商标维权

预防商标抢注是一场持久战，经营者并不能仅凭已经做好了合理的商标注册申请布局而高枕无忧，在及时地注册商标以后，更应当合理地使用商标，并积极维护其商标权利。

（一）注重商标使用以维护商标注册

商标使用是商标受到法律保护的真正基础，注册商标权的维持需要经营者实际地使用该注册商标。经营者必须持续地、真诚地、合法地将商标投入实际生产经营活动，才能够维持其注册商标专用权。

尤其是在一些采取商标使用在先原则的国家，如美国，经营者甚至根本就无法仅凭申请商标注册而在其境内获得商标专用权，只有在将商标投入实际使用后才能获得真正意义上的注册商标专用权。即便是在采取商标注册申请在先原则的国家，若注册商标权人在获得核准注册后怠于履行商标使用义务，连续不使用商标达到法定期限，或者未正确、合法地使用商标，则其注册商标也会面临被撤销和被无效宣告的风险。因此，经营者不仅要重视商标

注册申请，更要重视商标注册后的商标使用，依法在申请注册时核定使用的商品或服务类别上突出地使用商标标志，以维护其已注册商标的效力。只有这样，才能真正持续地、稳定地占有商标专用权利，不给商标恶意抢注者留下可利用之缝隙。

同时，通过合理使用商标，不断提升商标的知名度和影响力，也有利于增强经营者对抗商标恶意抢注的力量。在商标恶意抢注的认定过程中，混淆可能性认定十分关键，而判断是否容易造成混淆的重要考量因素之一就是在先使用商标的知名度和影响力，商标的知名度越高、影响力越大，则其理论上可能受到保护的商品或服务范围就越大，尤其是当商标的知名度达到驰名程度时，不仅可以突破商品或服务类别相同或类似的限制，还可以在一定程度上突破商标权的地域性限制。因此，经营者不仅要注重将商标投入实际使用，而且应当注重运用合理的商标使用方式提高商标的知名度和扩大商标的影响力。具体而言，经营者应当将商标标志置于商品包装、装潢或服务场所中的突出位置，突出使用商标标志，并在其所提供的同种商品或服务上稳定持续地使用明确统一的商标标志，不断强化商品或服务与商标之间的稳定对应关系，从而加深相关公众对商品或服务与商标标志之间存在特定联系的认识和联系。同时，除了直接将商标附着于商品或服务上，最直接的增加商标知名度和影响力的方式其实是对其进行大面积的和深度的广告宣传，在经营者准备进入新的其他国家或地区的相关地域市场时，更是应该在目标国或目标地区进行针对性的、广泛的、大力的、持续的广告宣传活动，并在广告宣传中紧密结合商品、服务与商标标志，甚或直接以商标标志为广告宣传的主要内容。

另外，通过合理的商标使用维护商标注册还需要经营者注重证据保存，在平时的生产经营活动中就注重对商标使用相关的证据材料进行收集、固定并妥善进行保存和管理。无论是商标异议、撤销、无效宣告还是商标行政诉讼、侵权诉讼，在具体的审查或审理过程中，经营者提出了主张就应当对其主张承担相应举证责任，而正所谓口说无凭，任何法律事实认定都需要以关联的、有效的证据材料为认定基础，不能仅凭当事人的主观陈述或臆测，当事人所提供的证据材料的证明力和充足程度也直接决定了其主张能否得到行政、司法机关的支持。因此，在商标纠纷产生以前，经营者就应当尽量做到有备无患，在保存好商标注册证明材料的基础上，还应该保存好商标使用相关证明材料，以及其他能够证明商标知名度的相关证明材料。

（二）注重商标维权以维护商标注册

除了要注重商标使用，经营者还应注重积极应对商标侵权行为，及时地制止商标侵权行为，以防止其注册商标的显著性因侵权行为而淡化甚至退化，导致其对抗商标恶意抢注的力量被削弱或直接丧失商标权。

商标显著性淡化主要是针对驰名商标而言的概念，是指他人将与驰名商标相同或近似的商标标志使用在不同或不类似的商品或服务类别上，从而导致驰名商标所具备的指示商品或服务来源功能被削弱，与商品或服务之间的联系被冲淡，或导致驰名商标的声誉被贬低和玷污。尽管显著性淡化是针对驰名商标而言的概念，但事实上，普通商标也会面临同样性质的问题。可想而知，即便商标标志并未达到驰名程度，但如果市场上同时存在不同商品或服务类别上的、与之相同或近似的商标，相关公众在感知到该商标标志时必然会联想到不同的商品或服务以及其来源，即其商标标志与商品或服务之间的联系程度同样会被削弱、显著性程度同样会被弱化。商标的显著性程度越强，其所受到的法律保护范围和程度就越大，反之则否。因此，若商标的显著性被淡化，其保护范围必将受到缩限，对抗商标恶意抢注的力量自然也会被削弱，将难以抵抗他人在不同商品或服务类别上进行的商标抢注行为。

商标显著性退化是指商标沦为商品通用名称，从而完全丧失显著性的情形。若商标直接丧失了显著性，则将会直接面临被撤销的法律后果，更遑论对抗商标恶意抢注行为，并且这一显著性丧失的结果还是无法逆转的。商标的显著性退化并非危言耸听，"阿司匹林""优盘""蓝牙""Walkman""Lycra""Zipper"等都是商标显著性退化的典型例子。导致商标显著性退化的原因其实是多样的，其中包括注册商标权人自身对商标的使用方式不当之情形，即在使用商标标志时未能明确区分商标标志与商品名称的界限，导致相关公众误将商标标志认作为商品名称。但导致商标显著性退化的最重要原因其实是他人实施的商标侵权行为或不正当竞争行为，即他人在相同的商品或服务类别上使用了与之相同或近似的商标标志，或在企业字号、商品包装、装潢、网页等其他非商标性商业标志中使用了与之相同或近似的标志，而注册商标权人未及时制止该侵权行为，从而导致该商标标志被不同经营者广泛地用于同类商品或服务上，使相关公众逐渐将该商标标志与商品名称混为一谈。

因此，预防商标恶意抢注，不仅需要经营者合理地申请商标注册和合理地使用注册商标，还需要经营者积极地应对商标侵权行为，及时地制止其他经营者的商标侵权行为或不正当竞争行为。当商标侵权行为或不正当竞争行为发生时，经营者应当采取积极的应对措施，通过发送侵权警告函、异议、无效、诉讼等方式积极维护自己的注册商标专用权，以防止其显著性程度的降低和退化。

（三）健全商标恶意抢注监测预警机制

在商标恶意抢注的维权过程中，若能够及早地发现他人的侵权行为，则有利于被抢注人及时地制定适宜的维权方案并采取措施，避免情势恶化、陷入被动、损失扩大，因此在预防商标恶意抢注时，建立商标恶意抢注监测预警机制至关重要。只有拥有完善的监测预警机制，经营者才能及时发现商标恶意抢注行为并及时作出积极应对措施。

1. 建立商标恶意抢注日常监测预警机制

经营者应当尽量建立起完善的商标恶意抢注日常监测预警机制。商标恶意抢注行为随时随地都有可能产生，即使是已经进行了全类注册的商标权人也无法避免他人在其他尚未注册的国家或地区申请注册与之相同或近似的商标标志，更何况并非所有经营者都有全类注册的魄力和必要。因此，经营者应当将预防商标恶意抢注的相关事项，尤其是商标恶意抢注的风险预警，纳入日常工作事项。对于有条件的经营者而言，还可以在企业内部设置专门的知识产权管理部门，对商标恶意抢注进行日常监测预警。同时，经营者应当时刻关注政府部门或其他社会组织所发布的商标恶意抢注预警信息。政府部门和商标协会等社会组织也会随时跟踪并发布其所监测到的商标抢注信息，而相较于普通经营者，政府部门和商标协会等社会组织有着更加广泛的消息来源和资源，可以作为监测商标抢注的信息渠道之重要补充。

2. 委托专业机构进行商标恶意抢注监测预警

若经营者自身缺乏建立独立的商标恶意抢注监测预警机制的条件，无法凭借自身能力及时发现商标恶意抢注行为，则还可以选择委托专业的商标代理机构或律师事务所进行日常商标恶意抢注监测预警，并且最好与其建立长期合作。因为在长期合作的基础上，商标代理机构或律师事务所会对经营者的商标注册和使用情况更加熟悉和了解，对经营者所处行业的特征和发展趋势也会更加清楚，也就能够为经营者提供更加优质、全面、高效的包含商标抢注监测预警在内的商标法律服务。

另外，在海外商标抢注监测预警方面，经营者还可以专门委托海外的商标代理机构和律师事务所等进行海外商标抢注监测预警。相较于国内的商标代理机构和律师事务所，海外的商标代理机构和律师事务所具有天然的本地优势，其对当地的经营者和行业发展状况更加了解，无须面对语言差异和法律制度差异所造成的各种障碍，收集海外信息更加高效和全面，进行海外调查取证也更加便捷，有助于经营者获得更加全面和细致的海外商标抢注监测预警信息，使经营者可以更加及时、从容地应对海外商标恶意抢注行为。

3. 商标恶意抢注监测预警的具体方式

商标恶意抢注监测预警主要有商标公告监测预警和商标市场监测预警两种具体方式。

商标公告监测预警是指通过关注商标主管部门发布的商标公告信息，监测尚处于公示期的商标中是否存在与自身商标标志相同或近似的商标。无论是采取何种商标法律制度的国家或地区，在商标注册申请流程中，审查机关都会对商标是否符合申请条件进行审查并且规定一定的公示异议期。尽管不同国家和地区所规定的商标公示期时间长短不同，多为三个月，少则一个月，但这并不影响经营者通过关注各个国家或地区的商标公示信息来监测商标恶意抢注行为，商标公告监测预警仍是最为直接和有效的监测预警方式。恶意抢注商标的公示异议期也是经营者采取应对措施的黄金时期，若经营者能够在商标公示异议期内及时发现商标恶意抢注行为，则可以直接提出商标异议，阻拦恶意抢注商标被核准注册，避免后续麻烦和扩大损失。

商标市场监测预警是通过关注市场活动中他人实际使用的商标标志，监测他人是否使用了与自身商标标志相同或近似的商标，从而发现商标恶意抢注行为。如前所述，有些国家或地区的商标公示期较为短暂，经营者可能尚未来得及监测到相关商标公示信息，其公示期就已经结束了，加之世界上现存的国家和地区众多，经营者也不可能时时刻刻完美地监测每一个国家和地区的全部商标公示信息，因此商标公告监测预警方式极有可能出现疏漏，这时则需要通过市场监测预警方式予以配合和补充。若经营者通过市场监测预警方式发现市场活动中有他人使用了相同或近似的商标标志，则需要对其进行进一步调查；若只是单纯的商标侵权行为，则应发送侵权警告函，通过商标侵权诉讼等方式制止商标侵权行为和请求赔偿；若同时属于商标恶意抢注的情形，则应该及时提出商标无效宣告申请，以免错失无效宣告的申请期限。

4.商标恶意抢注监测预警的主次之分

在商标恶意抢注监测预警过程中，还应当针对不同主体和不同地域，有主有次地展开监测预警活动。

一方面，对于不同的主体，经营者应当采取不同的监测态度。在关注是否有其他经营者使用、注册相同或近似的商标时，经营者应重点关注与其处于相同市场中的竞争者之动态，因为同业竞争者往往更加具有恶意抢注商标以损害竞争对手利益或搭便车目的。同时，经营者需要重点关注与其具有特殊关系的代理、代表人，以及具有合同、业务往来关系的其他特殊主体，这些具有特殊关系的主体往往对经营者商标的标志、注册和使用情况、发展潜质和其所蕴含的经济价值都十分了解。因此，若其中有见利忘义者，则其极有可能会借助特殊关系之便利实施商标恶意抢注行为，同样需要企业对其适当提高警惕和进行重点监测预防。

另一方面，对于不同的地域，经营者也应当采取不同的监测态度。世界上的国家和地区众多，经营者不可能也无须对所有的国家和地区都时时刻刻进行商标恶意抢注监测预警。随着市场经济的繁荣，商标申请注册的数量与日俱增，尤其是在幅员辽阔、市场主体数量众多、经济实力强大的国家，单是其每天新增的商标申请数量对于经营者而言已是难以掌控，经营者必然难以顾全所有的商标注册公示信息，因此应当依据其现实需求，有针对性地、有选择地对其主要相关市场所涉及的地域进行重点监测，将其置于首要地位，对次要地域的监测则可置于相对次要的地位，若仍有余力，方宜进一步扩大其监测预警的地域范围。

第二节　立法规制

事实上，对商标恶意抢注的立法规制是阻却商标恶意抢注的天然屏障。无论是商标注册申请审查中的实质审查和商标异议，还是商标注册申请后的商标撤销和无效宣告，其作用既是规制商标恶意抢注行为，也是预防商标恶意抢注行为，完善的商标立法规制可以有效地减少商标恶意抢注行为的发生概率，从而建立有序、公平的商标注册秩序。

一、商标恶意抢注的域外立法规制考察

（一）美国的商标恶意抢注立法规制考察

1.美国商标注册制度的在先使用原则

美国的商标注册簿分为主注册簿和辅注册簿，当商标不符合注册簿的注册条件，但通过使用而具有区分申请人的商品或服务之功能时，可以在辅注册簿上申请注册，获得相对于主注册簿较弱程度的保护。因此，在未特别指称时，美国的商标注册申请一般是指在主注册簿上的商标注册申请。

根据《兰哈姆（商标）法》[Lanham（Trademark）Act] 的规定，美国的商标注册申请由美国专利商标局（Patent and Trademark Office，PTO）进行审查。申请人向 PTO 申请注册商标时必须已经使用了该商标（Application for Use of Trademarks），或者有真诚使用商标的意图（Application for Bona Fide Intention to Use Trademark）。依据实际使用商标申请注册的，需要提交一定数量的商标使用图样（Specimens）或复制品（Facsimiles），核准后可直接获得注册证（Certificate of Registration），并在 PTO 的官方公告中发布其注册通知。依据真诚使用意图申请注册商标的，虽然无须在申请注册时提交实际使用证据，但却只能获得核准通知书（Notice of Allowance），只有通过后续提交已在商业中使用该商标的宣誓声明（Verified Statement）才能获得注册证。该商标使用声明的提交时间原则上为获得核准通知后的六个月内，申请人可以通过书面请求延长六个月，有充分理由的还可再次延长，但累计期限不得超过二十四个月，若申请人未能及时提交声明则视为放弃该注册商标。

另外，《兰哈姆（商标）法》中强调，商标注册证仅作为注册商标有效性和注册商标所有权的表面成立之证据（Prima Facie Evidence），若他人在商标注册申请以前已经使用了该商标，则可凭借在先使用而优先获得商标注册核准。

由此可见，美国的商标注册制度以在先使用为主、以在先注册为辅，并以实际使用为取得商标注册专用权的必要条件。在这样的法律制度设计下，大量的不以使用为目的的商标恶意抢注天然地被阻挡在了商标注册的高门槛前，极大地减少了商标恶意抢注行为发生。

2. 美国的商标异议与撤销制度

与我国不同，美国商标法中并未建立商标无效宣告制度，而只有商标异议（Opposition to Registration）和商标撤销制度（Cancellation of Registration）。

美国的商标异议制度与我国大体类似，但其公示期较为短暂。依据《兰哈姆（商标）法》的规定，当 PTO 经过审查认为申请注册的商标已实际使用、符合注册的基本条件，PTO 局长则会将该申请注册的商标在全国范围内进行公告，自公告之日起三十日内，[①] 任何认为该申请注册的商标可能会损害其权益的主体都可以向 PTO 提出异议，若异议理由成立，则会驳回注册申请，反之则会颁发注册证或核准通知书。

美国的撤销制度尽管名称上与我国的撤销制度相同，但其内容却与我国的撤销制度大相径庭，反而更类似于我国的无效宣告制度。依据《兰哈姆（商标）法》的规定，当商标已经获得注册证书时，任何认为该注册商标已经或将要损害其权益的主体都可以提出商标撤销申请，且其申请撤销的时间一般仅限于该商标注册之日起五年内。但在部分情形下，申请人申请撤销的时间不受限制，包括商标因显著性退化而成为通用名称，已经被放弃，具有功能性，以欺骗手段获得注册，包含不道德、欺骗或诽谤性内容，含有贬损内容以及包含特定人物姓名、肖像和签名等违反了该法禁止性规定的情形。

为了进一步加强规制不以使用为目的的商标恶意注册，2020 年 12 月 27 日，美国出台了新的《2020 年商标现代化法案》（Trademark Modernization Act of 2020，TMA），设立了两种新的商标单方审理程序——注册商标单方清理程序（Ex Parte Expungement）和注册商标单方复审程序（Ex Parte Reexamination）。其中，注册商标单方清理程序类似于我国的商标连续三年不使用可撤销制度，即商标注册之日起三年后至商标保护期限十年届满前，任何人均可以该注册商标从未被使用为由申请撤销该注册商标，同时美国 PTO 局长也可依职权主动撤销该注册商标。注册商标单方复审程序是指商标注册之日起五年内，在提供合理调查的初步证据的基础上，任何人均可以注册商标在相关日期（Relevant Date）内未被使用为由请求重新审理该注册商标的有效性。若是以实际使用为由申请注册，相关日期是指商标注册申请日；若是以意图使用为由申请注册，相关日期是指商标已使用声明的提交日期。在新增相对简便的商标审理程序的同时，为了进一步增强商标注册审查的效率和准确性，TMA 还规定了第三人可在商标申请程序中提交抗议函

---

① 三十日公告期限届满前，异议人可通过书面申请延长三十日，延长期限届满前，经 PTO 局长准许还可以再次延长。

(Letter of Protest)，以向 PTO 局长提供应当驳回商标申请的理由和相关证据，而 PTO 局长需要在两个月内决定是否将其纳入审查记录。

3.美国对驰名商标的反淡化保护

美国商标法通过专门条款明确了对驰名商标淡化（Dilution of Famous Marks）的救济，并明确了淡化是指"降低知名商标识别和区别商品或服务方面的能力，而无论当事人之间是否存在竞争或有无混淆（Confusion）、误认（Mistake）、欺骗（Deception）之可能性"。同时，美国商标法明确列举了认定商标是否驰名的参考因素，[①] 其中值得一提的是，美国并未像我国一样，将未注册驰名商标的保护范围限于相同或类似的商品或服务类别上，直接依据驰名商标是否注册而给予不同程度的保护范围，而是将商标是否已注册仅作为认定驰名的参考因素之一，即未注册驰名商标亦可突破混淆认定的限制而获得商标淡化救济。

另外，《兰哈姆（商标）法》还对故意（Willfully）抢注驰名商标行为的法律责任作出了特别规定。在故意抢注驰名商标的情形中，驰名商标所有人除了可以获得强制令（Injunctions）救济，还可以获得销毁侵权物品之救济和侵权损害赔偿，包括实际损失、侵权人的不当得利、诉讼成本，以及使用仿冒商标的三倍惩罚性赔偿或法定赔偿。

（二）日本的商标恶意抢注立法规制考察

日本的商标注册申请和相关事宜由其特许厅（Japan Patent Office）进行审查和负责处理，同时日本和我国一样明确采取了商标注册取得模式，即其商标专用权必须通过注册设定，在先申请注册者可以优先获得注册商标专用

---

① 《兰哈姆（商标）法》第四十三条（c）款：在判断一个商标是否显著和知名时，法院可以考虑但不限于下列因素：(A) 该商标固有的和经使用取得的显著程度；(B) 该商标在相关商品或服务上持续使用的时间和程度；(C) 该商标广告宣传的持续时间和程度；(D) 该商标被使用的商业区域的地理范围；(E) 使用该商标的商品或服务的商业渠道；(F) 该商标在商标所有人和强制令所针对的人的商业区域和商业渠道内的知名度；(G) 第三方对相同或相似商标使用的性质和程度；以及 (H) 该商标是否已依据 1881 年 3 月 3 日的法案，或 1905 年 2 月 20 日的法案注册，或已在主注册簿上注册。

权。申请人向特许厅提交商标注册申请后，由特许厅长官指定审查人员对该商标是否符合注册事由进行形式审查和实质审查，若不符合条件则作出不予核准注册的决定，若认为符合条件则对其予以公告，商标权自公告之日起生效。

1. 日本的商标使用意图说明制度

为了缓解绝对的注册取得主义可能带来的不公正，保障商标注册的合理性，2007 年日本《商标法》修改时增加了商标使用意图说明制度，在其第三条第一款中明确规定，可以取得商标注册的商标应是"与自己业务有关的商品所使用的商标"。因此，申请人需要证明其在申请商标注册时拥有真实的商标使用意图，向特许厅提供其在全部申请注册的商品或服务类别上实际使用或在未来三年至四年内意图使用商标的证据。若申请人无法证明具有真实使用的意图，特许厅则会依据第三条第一款驳回其注册申请。日本的商标使用意图说明制度并未像美国一样直接将商标实际使用作为取得商标权的必要条件，仅将意图使用作为申请注册的条件，但通过明确申请人对意图使用的说明义务和证明责任，同样可以在一定程度上防止不具有使用意图的商标恶意抢注行为发生。

我国的商标注册申请制度中也存在"说明"环节，即商标审查人员认为商标注册申请内容需要说明或修正的，可以要求申请人进行说明或修正，帮助审查人员更清楚、准确地了解相关情况。[①] 但申请人未做说明或修正的，并不影响审查人员做出审查决定，可见我国商标注册申请制度中的"说明"并非是用于要求申请人证明其具有商标使用意图，与日本的商标使用意图说明制度存在根本区别。

2. 日本的商标异议制度

与我国和美国采取的注册前异议模式不同，日本采取了注册后异议的模式，即异议后置，规定自商标注册公告之日起两个月内，任何人均可向特许

---

① 张玉敏：《商标注册与确权程序改革研究——追求效率与公平的统一》，知识产权出版社 2016 年版，第 83 页。

厅长官提出商标异议、申请撤销该注册商标。因此，被抢注人仅能在商标核准注册以后提出商标异议，若审查员认为该异议理由成立，则会作出撤销注册决定，决定生效后，该商标权视为自始无效，若审查员认为异议理由不成立，则会作出维持注册决定，异议人不服该决定只能另行通过无效注册的审判程序提出无效申请。

同时，异议后置模式虽然可以避免他人利用异议程序不当阻碍商标注册申请人获得核准注册，提高了注册效率，但却导致了被抢注人丧失了在核准注册前寻求救济的机会。为了弥补异议后置模式的这一缺陷，日本建立了信息提供制度，允许任何人在商标注册申请审查过程中，随时以书面形式向特许厅长官提供与该申请注册的商标相关的信息，[①] 以拓宽审查人员的信息获取渠道，帮助审查人员更多地了解该申请商标是否具有使用意图以及是否存在侵害他人权益等应当不予注册的情形，提高商标注册申请审查结果的准确性。因此，被抢注人虽然无法通过商标异议直接阻止恶意抢注商标被核准注册，但却可以通过提供证明存在商标恶意抢注情形的相关信息的方式，使该商标申请被驳回的概率增加，间接起到了防止商标恶意抢注的作用。

3. 日本的商标撤销审判与无效审判

日本也同我国一样建立了商标撤销程序和商标无效程序，但不同的是，我国是将商标无效宣告和撤销视为完全的行政程序。日本是将商标撤销和无效程序称为"审判"程序，即将其作为准司法程序，由特许厅审判部负责进行审判。

日本《商标法》第四十六条第一款规定了可以请求无效审判的情形，其中包括了违反该法第三条和第四条第一款的情形，[②] 而第五十条至第五十三

---

① 参见日本《商标法实施细则》第十九条。

② 违反第三条和第四条第一款的商标恶意抢注情形主要包括：缺乏真实使用意图；可能损害公共秩序或善良风俗的商标；包含他人肖像或姓氏、名称，或著名的雅号、艺名、笔名及其著名的简称的商标；与表示他人业务有关商品、且为消费者广泛熟识的商标或与之类似的商标，并且用于相同或类似商品上的商标；与根据农业种苗法第十二条之四第一项品种注册的规定中已注册的品种名称相同或类似的商标，并使用于该品种的种苗或类似商品上的；可能与他人业务有关的商品发生混淆的商标等情形。

条则规定了可以申请撤销审判的情形，包括：连续三年不使用商标的；商标权人或商标使用权人在指定商品或类似商品上使用注册商标或近似商标，导致商品质量被误认或与他人商品发生来源混淆的；代理人或代表人未经允许注册的。同时，日本的商标无效宣告和撤销的法律后果与我国相同，即被宣告无效的注册商标视为自始无效，被撤销的商标则自撤销决定作出之日起消灭。因此，被抢注人可以在注册公告之日起五年内[①]依据第四十六条第一款请求宣告商标无效或依据第五十条至第五十三条所规定的撤销事由申请撤销抢注商标。

4. 日本的防御商标制度

通过注册防御商标和联合商标预防商标恶意抢注是最为直接和有效的预防商标恶意抢注的方法，日本《商标法》明确地肯定了防御商标和联合商标的法律地位，并且专章对防御商标作出了详细规定，对预防商标恶意抢注具有积极意义。

日本的防御商标制度中有两个方面的重点内容。其一，防御商标的主体资格限制。日本《商标法》第六十四条将防御商标的申请主体限定为"已广为消费者所熟知"的商标权人，即所谓的驰名商标权人。申请防御商标的，不仅在申请注册时需要就其所从属的主商标是否达到驰名程度接受审查，其保护期限届满申请续展时，也要就其主商标是否仍然符合驰名条件接受重新审查。其二，防御商标的权利限制。日本《商标法》第六十六条明确规定防御商标具有附属性，其必须依附主商标而存在，跟随主商标的转移而转移。若主商标上的权利因撤销、无效等原因而消灭，则防御商标上的权利也会随之而消灭，同时若防御商标被分割转移，则其权利也会自动消灭。

---

① 请求无效审判的理由不同，其除斥期间也不同。商标注册违反第三条、第四条第一款第（八）项、第（十）项（以不正当竞争为目的，取得商标注册的情况除外）或从第（十一）项到第（十五）项时，具有五年除斥期间限制，而依其他无效理由请求无效审判的则并无除斥期间限制。

（三）德国的商标恶意抢注立法规制考察

德国现行商标法是在《欧共体商标指令》(1988 年)① 基础上制定的《商标和其他标志保护法》（以下简称《商标法》）(1995 年)。依据德国《商标法》第四条的规定，商标保护有三种产生方式：一是通过向德国专利和商标局（Deutsches Patent- und Markenamt，DPMA）申请注册而产生；二是通过商标使用获得第二含义而产生；三是通过商标达到驰名程度而产生。因此，在德国《商标法》中，通过使用而具有第二含义的未注册商标同样具有一定程度的专用权，有权对抗他人的恶意抢注行为并禁止他人在相同或类似的商品或服务上使用相同或近似的商标标志，但其禁止权仅限于其第二含义所及的地域，② 且只有当其第二含义的影响力覆盖了整个德国时才能对抗非恶意的商标抢注行为。③ 由此可见，德国《商标法》对于未注册商标的保护程度较高，且这种对未注册商标采取明确立法保护的做法也可以在一定程度上防止恶意抢注行为的产生。

1. 德国的"恶意申请注册"审查

在商标恶意抢注方面，德国《商标法》第八条第二款第（十）项专门规定，恶意申请注册属于不予注册的绝对事由，与欧盟商标法保持了一致，但无论是德国还是欧盟都并未在立法中直接明确"恶意"的内涵。为了防止给商标审查增加过多负担，德国《商标法》第三十七条第三款还规定了，仅在恶意明显的情况下才应当适用第八条第二款第（十）项的规定驳回商标注册申请。因此，在具体的审查过程中，需要由 DPMA 的审查人员结合商标注

---

① 其全称为《协调成员国商标立法 1988 年 12 月 21 日欧洲共同体理事会第一号指令》(FIRST COUNCIL DIRECTIVE OF 21 DECEMBRE 1988 TO APPROXIMATE THE LAWS OF THE MEMBER STATES RELATING TO TRADE MARKS)。

② 汪泽：《中德商标法国际研讨会综述》，《中华商标》2009 年第 12 期。

③ 参见德国《商标法》第十二条：他人能在决定已注册商标的时间顺序的日期之前，取得了第四条第二项意义的商标权或第五条意义的商业名称权，且这些权利使该他人有权在整个德意志联邦共和国领域禁止使用已注册商标的，得撤销该商标注册。《德国商标法：德国商标与其他标志保护法》，范长军译，知识产权出版社 2013 年版，第 8 页。

册申请的实际情况对是否存在明显恶意进行认定，若其认为注册申请存在明显恶意的，则可直接驳回其注册申请，否则在该注册申请符合其他注册条件的情况下，则会作出准予注册的决定。

实际上，尽管德国《商标法》在立法中并未明确恶意的内涵，但通过长期的司法实践，德国《商标法》中逐渐形成了关于"恶意"的定义，即指行为人知道他人在先权益的存在，仍没有正当理由申请注册容易与之混淆的商标，并且主观上有阻碍在先权益人等不良目的。提供虚假信息、隐瞒情况的欺骗性注册申请，谋取不正当利益，缺乏真实使用意图而申请大量不同种类商标以及恶意诉讼等情形都可以被认定为存在恶意。

2.德国的商标异议制度

与日本一样，德国也采取了异议后置的审查模式。但德国在商标注册申请的审查过程中仅对绝对禁注事由进行审查，而相对禁注事由则留待在先权利人于公告期间提出异议后，在异议程序中进行审查，这一做法也与欧盟的商标异议制度保持了统一。因此，在德国的商标恶意抢注情形中，若DPMA的审查人员未能发现商标注册申请存在恶意，或对是否存在恶意认定有误的，被抢注人可以依据德国《商标法》第四十二条的规定，在商标注册公告之日起三个月内，对商标注册提出异议，申请撤销该注册商标。

同时需要注意，由于德国《商标法》以商标使用为商标权利行使和维持的要件，被抢注人以在先商标为理由提出异议时，被异议人可以以在先商标连续五年不使用为由进行抗辩，因此被抢注人还需要提供其在五年内实际使用了在先商标的证明材料，否则异议理由将难以成立。

3.德国的商标撤销和无效制度

与我国一样，德国也建立了商标撤销制度和商标无效制度。

在商标撤销制度方面，德国《商标法》并未对撤销申请人的主体资格作出限制。为了规制不以使用为目的的商标恶意注册申请，德国《商标法》第四十九条第一款同我国一样规定了连续不使用的可撤销情形，但其所规定的法定期限较我国《商标法》所规定的三年法定期限更长，为五年。同时，该条款明确规定了，在他人申请撤销前三个月内才开始使用或恢复使用的情形应不予考虑，即明确将突击使用排除在真诚使用商标的范畴之外，防止了恶意抢注行为人通过突击使用维持商标注册。

在商标无效制度方面，德国《商标法》同样区分了因绝对禁注事由而无效的情形和因相对禁注事由而无效的情形。德国《商标法》第五十条详细规定了基于绝对禁注事由的无效情形，其中包括了违反第八条第二款第（十）项的情形，即恶意抢注商标的情形。对于违反第八条第二款第（十）项的情形，DPMA 可以依职权主动进行审查并宣告其无效，但依职权宣告无效存在较为严格的时间限制，必须在商标注册之日起两年内进行。德国《商标法》第五十一条详细规定了基于相对禁注事由而无效的情形，即侵犯了他人在先权利的情形，包括容易与已经注册或已经申请注册的商标产生混淆，抢注他人驰名商标，代理、代表人抢注，抢注未注册商标或其他商业标志以及侵害他人姓名权、肖像权、著作权等其他在先权利。因此，在德国的恶意抢注情形中，既可以由 DPMA 根据第五十条依职权宣告恶意抢注商标无效，也可以由被抢注人根据第五十一条申请宣告恶意抢注商标无效。但同时需注意，与我国类似，在德国基于相对禁注事由提起无效宣告申请的，具有一定时间限制，即在先权利人应当自其知情后的五年内提出申请，若其五年时间以来一直默许了他人使用相同或近似的商标标志，则无权再请求无效宣告。

另外，德国的商标撤销和无效宣告的法律效力也与我国大体相同，但其特别规定了全部撤销、无效和部分撤销、无效两种法律后果，若撤销或无效的理由仅适用于注册商标核定使用的部分商品或服务类别，并不会导致其撤销或无效申请被直接驳回，而是撤销或无效宣告符合撤销情形的部分注册商标。

（四）智利的商标恶意抢注立法规制考察

智利的知识产权法制度主要规定于《第17.336号知识产权法》(Propiedad Intelectual）和《第19.039号工业产权法》(Ley De Propiedad Industrial）中，前者主要与版权保护相关，后者则与专利、商标、集成电路布图设计、地理标志等工业产权的保护相关。在商标权利取得方面，智利与我国同样采取商标注册取得模式，需要由申请人向其国家工业产权局（Departamento de Propiedad Industrial, INAPI）提交商标注册申请，而商标注册申请被接收（Aceptada）后十日内，将会在《官方公报》（Diario Oficial）进行公示，公示期满后则进入实质审查（Análisis de Fondo）环节，最终由 INAPI 局长作出接受（Aceptación）或拒绝（Rechazo）申请的决定。

1. 智利的商标注册申请与异议制度

在商标注册的积极要件方面，智利并未直接将商标使用作为取得注册商标专用权的必要条件。依据智利《工业产权法》第十九条的规定，只要是可感知的、具有显著性的商业标志就可以向 INAPI 申请注册，无关于商标是否经实际使用或具有真实使用意图的要求。同时，智利《工业产权法》第二十一条专门规定了商标的分割申请，即对于申请人同时在若干商品或服务类别上提出的申请，可以依申请分割为两个及以上的申请，其中，在若干商品或服务类别上提出的申请为"初始申请（Solicitud Inicial）"，分割后的申请称为"分申请（Solicitudes Divisionales）"，"分申请"可保留有"初次申请"的优先权和申请日。

在商标异议制度方面，依据智利《工业产权法》第五条的规定，任何利害关系人都可自商标公示之日起三十天内向 INAPI 提出异议申请。从规制商标恶意抢注的角度来看，其商标公示异议期和美国一样较为短暂，这虽然有利于提高商标审查效率，但显然不利于被抢注人及时发现该注册申请并作出应对。

在商标异议期限届满后，INAPI 局长会对商标申请进行实质性审查，审查是否存在应当依职权拒绝申请的理由，并将其意见（Observaciones）送达给申请人，由申请人进行答辩（Responderlas），如果异议期限内有人提出了商标异议，则申请人需要一并对该异议进行答辩。

2. 智利的商标无效制度

智利的《工业产权法》并未规定商标的可撤销情形，但在第二十条集中规定了不得注册为商标的情形，并规定违反第二十条情形的，应当宣告商标无效。同时，依据《工业产权法》第十八条之二的规定，任何利害关系人都可以对工业产权的登记注册提出无效宣告请求。

在智利《工业产权法》第二十条列举的诸多禁止注册情形中，涉及恶意抢注的情形有：

（1）申请注册他人姓名、笔名或肖像的。

（2）申请注册的商标具有欺骗性，会误导商品、服务或机构的来源、质量、种类的。

（3）申请注册的商标与国外已注册驰名（De Fama y Notoriedad）商标相同或近似，可能造成混淆的。

（4）申请注册的商标与在先使用的未注册商标近似，造成混淆的。

（5）申请注册的商标可能导致相关公众在商品来源、属性方面混淆、误认的。

（6）有违公共秩序、道德、良好习惯的，包括公平竞争原则和商业道德。

其中，有两点需要注意：其一，对于历史人物的姓名和肖像，在其死亡五十年后，可在不影响其名誉的情况下申请注册；其二，对于抢注国外驰名商标和未注册商标的，在驳回申请后，国外的驰名商标权利人和未注册商标的使用人应当在九十天内及时申请注册商标，否则将不再享有禁止他人注册的权利。

同时，与日本类似，智利也将商标无效的审理视为了司法程序。依据智利《工业产权法》第五条和第十七条的规定，关于商标效力的争议，一审应当由 INAPI 管辖，即先由 INAPI 局长负责审理商标无效争议，对其一审决定不服的，可在十五天内向工业产权法院（Tribunal de Propiedad Industrial）提出上诉，对二审结果不服的，则可继续上诉至最高法院（Corte Suprema）。同时需要注意，依据智利《工业产权法》第十条的规定，在商标无效审理程序中，当事人需要在三十天内提交证明材料，[①] 并且提交证据时还需要注意以智利的官方语言——西班牙语提交相关文件或作出适当翻

---

① 证据提交期限经智利 INAPI 局长批准可再延长三十天。

译。

另外，在提出商标无效宣告请求的期限方面，智利《工业产权法》规定和我国同样的五年期限和例外情形。但我国仅规定恶意抢注驰名商标的，无效宣告请求不受时间限制，而智利则是规定只要是恶意（Mala Fe）取得注册的，无效宣告请求均不受时间限制，可以为驰名商标权利人以外的被抢注人提供更多的救济机会。由此可见，虽然智利《工业产权法》规定的商标异议期限较为短暂，也并未强调对注册商标是否实际使用或具有真实使用意图进行审查，但其并未忽略加强对商标恶意抢注的规制。

（五）小结

美国、日本、德国和智利的商标恶意抢注立法规制模式各有不同，均有可供我国立法借鉴之处。在商标权利取得方面，美国作为采取商标使用取得原则的代表国家，将商标实际使用作为取得商标专用权的必要条件，建立起了防止商标恶意抢注的天然屏障，预防了不具有使用意图的商标恶意抢注行为。日本、德国和智利则与我国一样采取了商标注册取得原则。但日本在商标注册申请中增加了意图使用的条件，并通过商标使用意图说明制度落实了这一必要条件，同样具有防止不具有使用意图的商标恶意抢注行为的立法效果。德国虽然并未在商标注册申请中强调以实际使用或意图使用为申请注册的必要条件，但却明确了未注册商标可以通过商标使用而受到商标保护，同样有助于未注册商标对抗商标恶意抢注行为。在商标异议制度方面，美国和智利同我国一样采取了异议前置模式，而日本和德国则是采取了异议后置模式。异议后置模式更加高效、快速，有助于申请人便捷地获得确定的商标权利；相较于异议后置模式，异议前置模式虽然在一定程度上牺牲了审查效率，但却给予了被抢注人更加充分的救济机会，两种模式可谓各有优劣。在商标撤销和无效制度方面，美国、日本、德国和智利基本上都通过立法明确给予了被抢注人请求商标撤销或无效宣告的救济机会，被抢注人基本都可以找到能够依据的具体法律条款，只是不同国家所规定的撤销和无效的具体情形和程序有所不同，尤其是智利还明确规定对于恶意注册的，请求无效宣告不受时间限制。总体而言，在规制商标恶意抢注方面，美国、日本、德国和智利的商标法律制度各有所长，都是法律为适应各自社会、经济、文化发展而改变的结果，我们可以在结合本国社会经济发展情况的基础上，适当借鉴域外的商标立法模式，完善对商标恶意抢注的立法规制。

二、我国商标恶意抢注立法规制的完善

（一）提高注册门槛，审查使用意图

目前，我国《商标法》中并未直接将商标使用作为取得商标注册的必要条件，而这种单纯的商标注册取得原则显然会给商标恶意抢注行为留下可乘之机，滋生了一些并未真实使用的注册商标，其中包含了大量恶意抢注商标。故应当在商标申请注册的条件中明确增加有关商标使用的要求，适当提高商标注册的门槛以将更多的恶意抢注行为有效地阻拦在核准注册以前。

实际上，2019 年我国《商标法》进行第四次修改以后，第四条中新增的"不以使用为目的的恶意注册申请，应该予以驳回"条款已经可以证明，立法者已经关注到了缺乏真实商标使用意图而申请注册商标的不合理之处，但由于立法中同时增加了"恶意"要件，使商标注册申请中对商标使用意图的审查方法和标准变得模糊起来。值得一提的是，在第四次修改的《中华人民共和国商标法修正案（草案）》（以下简称《草案》）中，曾规定的是"不以使用为目的的商标注册申请，应该予以驳回"。这两种表述仅有一词之别，但其内涵却相去甚远。

从《草案》中的表述来看，其实质是直接将"不以使用为目的"作为了绝对禁注事由，则在任何的商标注册申请审查过程中，审查人员都必须对是否符合该禁注情形进行审查，而不具有"不以使用为目的"情形则意味着申请人应当具有真实的使用商标之意图，因此需要审查是否具有"不以使用为目的"就等于需要审查是否具有真实的使用商标之意图，即将意图使用作为了申请商标注册的必要条件。依照现行《商标法》的表述来看，

其是将"不以使用为目的"且"恶意"作为了禁注事由，理论上其中任何一个要件的存在被否定，该禁注情形就应当不存在了。其中的"恶意"目前仍是一个十分模糊的概念，其内涵仍然十分不确定，只能通过列举相关情形对其内涵予以一定程度的明确。若认为"恶意"包含了"不以使用为目的"之情形，则该条款实质上就变成了"恶意申请注册的，应当予以驳回"，与德国《商标法》第八条第二款第（十）项之表述类似，直接将"恶意申请注册"作为了绝对禁注事由。但德国《商标法》并未以商标意图使用为申请注册的必要条件，"不以使用为目的"显然不能直接与其中的"恶意"画上等号。由此可见，"不以使用为目的"与"恶意"仍然属于不同要件，在符合"不以使用为目的"的基础上，商标注册申请还应该有其他能够证明其具有"恶意"的情形，才属于《商标法》第四条所禁止注册的情形。

这就为商标审查带来了一个极大的困惑，即商标注册申请审查的过程是否需要首先对所有的商标注册申请进行使用意图之审查。在对第四条的禁注事由进行审查时，可能存在两种审查逻辑：一种是首先对商标使用意图进行审查，若具有使用意图则可直接认定该商标注册申请符合该项注册条件，若缺乏真实使用意图则再进一步审查其是否具有恶意，若具有恶意则应依据第四条的规定驳回其注册申请，若无恶意情形，同时无其他禁注情形，则应对其核准注册；另一种是首先审查商标注册申请是否具有恶意，若认定其具有恶意，再审查其是否具有真实使用意图，若缺乏真实使用意图则可依据第四条的规定驳回其注册申请，反之则需寻找其他条款对该恶意注册申请进行驳回。目前的商标注册申请审查中究竟应当适用哪种逻辑仍不可知，是否需要首先对商标使用意图进行审查亦未可知。

因此，我国可以适当借鉴域外的立法模式，适当地提高商标注册门槛，直接在商标注册条件中增加商标使用要求。美国的立法模式是直接将实际使用作为取得商标权的必要条件，若直接将其立法模式生搬硬套至我国的商标法律制度中，显然可能出现排异反应。事实上，美国采取在先使用原则有其自身的历史原因，主要是由于美国商标法源自其宪法中的贸易条款，而该条款规定商标必须先在贸易中使用才能产生商标权。[①] 我国长期以来一直坚持商标注册取得和在先申请原则，贸然引入美国的商标使用取得和在先使用原则显然容易引发商标法律制度的内部冲突和矛盾，影响商标注册的稳定公示效果，造成商标注册体系的紊乱。日本的立法模式是将商标意图使用作为商标申请注册的必要条件，但仍然坚持在先申请原则和注册取得原则。对于我国而言，若借鉴日本的立法模式，立法上所需修改的幅度则相对缓和，对现行商标注册制度所造成的冲击力度也更小，能够良好地与我国现行商标注册制度相融合，显然比借鉴美国的立法模式更加具有可行性和合理性。因此，笔者认为，我国可以学习和借鉴日本的立法模式，以意图使用为商标注册申请的条件，在商标注册申请的审查过程中主动审查申请人是否具有真实使用意图，并辅之以配套的制度措施，通过修改立法明确对申请人施加提供实际使用证据或一定期限内意图使用证据之义务，对不具有使用意图的商标注册申请予以驳回，自然也就可以达到将不以使用为目的的商标恶意抢注行为拒之门外的效果。

另外，除了增加商标使用要求，适当提高商标注册申请费用理论上也可作为提高商标注册门槛、增加商标恶意抢注违法成本的方法。在第二章"商标抢注的生发机制"章节中，已经对商标抢注行为的高收益和低成本进行了详细阐述，可知商标注册申请费用正是商标抢注行为的主要经济成本，而低廉的注册申请费用正是申请人抱有投机心理和商标恶意抢注行为屡禁不止的重要原因。但提高商标注册申请费用显然会给广大诚信的经营者，尤其是小微经营者带来更重的经营成本负担，不利于鼓励商标注册、激发经济市场活力，有违商标注册制度的设立初衷。商标恶意抢注的收益目前是远胜于商标注册费用的，若商标注册费用提高幅度有限，则难以达到有效遏制商标恶意抢注的效果。若将商标注册申请费用视为注册商标的固定成本，注册商标维持所需的续展费用、管理费用等则为变动成本。提高商标注册申请费用后，对于不具有真实使用意图的恶意抢注行为人，尤其是商标囤积者而言，其抢

---

① 彭学龙:《论商标权的原始取得》,《中南财经政法大学学报》2007 年第 4 期。

注成本和风险就大大提高了，其抢注动机自然会减弱。对于诚实善良的经营者而言，虽然注册费用提高后其短期内需要负担更高的成本，但随着商标使用时间的增长，商标维持费用这一变动成本的减少是有利于减少长期商标管理总成本的。总而言之，商标注册费用的提升必须格外审慎，若确实需要提高商标注册费用以减少商标恶意抢注，则必须通过其他制度安排来尽可能抵消提高商标注册费用对商标注册申请人造成的不利影响，如适当减少商标的续展费用和其他管理费用以重新实现制度平衡。

（二）梳理相关条款，明确抢注内涵

事实上，"商标恶意抢注"这一概念并非出自商标法的法律条文中，而是从生活实践和司法实践中所提炼出来的一种表达。因此，我国《商标法》中实际上并不存在"商标恶意抢注""恶意抢注"或"抢注"之类的字眼或关键词，这也造成了"商标恶意抢注"的概念和内涵的模糊性和不确定性，使理论上和实务中出现了多种对"商标恶意抢注"的不同理解方式。明确"商标恶意抢注"的概念和内涵是规制和预防商标恶意抢注行为的重要基础和前提，因此有必要在立法中对商标恶意抢注的概念和内涵予以明确。

若要明确商标恶意抢注的概念和内涵，就有必要从我国《商标法》中关于商标恶意抢注的具体条款着手，对《商标法》所规制的商标恶意抢注行为类型进行梳理、分析、归纳和总结。

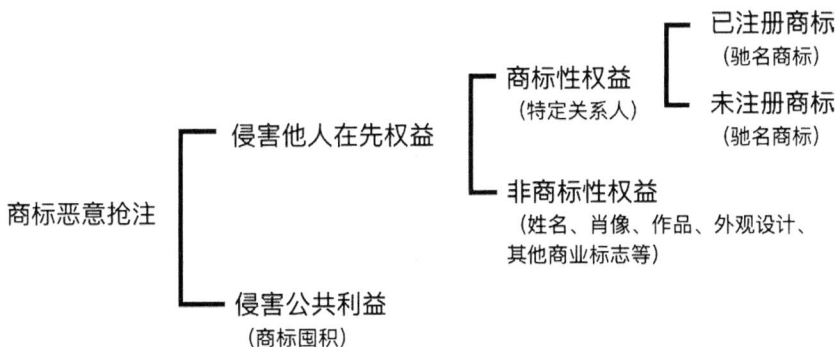

图 8　商标恶意抢注类型

如图 8 所示，商标恶意抢注首先包括了侵害特定主体的在先权益和侵害公共利益两种情形。其中，侵害公共利益主要是指缺乏真实使用意图而大量申请注册的商标囤积行为；侵害他人在先权益的情形则可进一步划分为侵害他人在先商标性权益和侵害他人非商标性权益的情形。在侵害他人商标性权益的情形中，则包括了普通主体的抢注和存在代理、代表、合同、业务往来等特定关系人的抢注情形。同时，侵害他人商标性权益的情形又可以继续将划分为抢注他人未注册商标和跨类抢注已注册商标的情形，其中也包括了抢注未注册驰名商标和已注册驰名商标的情形。侵害他人在先非商标性权益则包括了抢注他人姓名、肖像、作品、外观设计和其他商业标志等情形。

因此，立法上，可以考虑首先将"商标恶意抢注"的概念明确界定为"违反诚实信用原则，侵害他人在先权益或侵害公共利益的商标注册申请行为"，同时明确列举以上所述的各个商标恶意抢注情形，以进一步确定商标恶意抢注的内涵，为商标审查和审理提供更加具有确定性的法律依据。

在立法方法上，可以考虑专门增设商标恶意抢注条款，在该条第一款中明确界定商标恶意抢注的概念，明确属于商标恶意抢注的商标注册申请应当予以驳回。此外，还可以在第一款中列明商标恶意抢注的类型，包括商标囤积、抢注他人在先使用的未注册商标、抢注他人已注册商标和侵害他人其他在先权益的类型。需要注意的是，我国《商标法》中并未对侵害他人在先权益的商标恶意抢注情形进行具体说明，不利于确定在先权益的范围。对此，可以参考德国的立法模式，采用"列举＋概括"的方式对在先权利的具体范围予以明确。同时，抢注驰名商标和特定关系人抢注他人在先使用的商标的情形则可分别规定在第二款和第三款中，作为第一款的特别条款。

同时，在立法方法上，也可以考虑仅增设一条统领各个商标恶意抢注条款的专门条款，在条款中明确商标恶意抢注的内涵，规定对商标恶意抢注申请应当予以驳回，并通过援引其他相关条款的方式明确商标恶意抢注的具体情形。之所以考虑采用这种立法方式，是因为商标恶意抢注的各项情形的构成要件十分复杂，要将其整合为单一条款可能具有一定技术难度，还可能会导致该条款显得过于复杂和冗长。同时，增设专门条款时需要考虑到对商标法原有体系的维护，避免与原有条款之间出现法律适用上的竞合，或者出现新的法律漏洞或不合理之处。若要直接将所有商标恶意抢注条款整合到同一条款中，则势必要对原有条款进行删除或修改，而部分相关条款其本身并非是专门为了规制商标恶意抢注而设置，还兼具有其他的商标法律制度上的功能和作用，难以将其直接剥离出来重新整合。

综上所述，若能够直接将商标恶意抢注的相关条款整合为一条专门条款，显然十分有利于明确商标恶意抢注的概念和情形，便于更好地预防和规制商标恶意抢注行为。但考虑到要保持我国现行商标法律体系的内部和谐统一，这种立法方式将面临较大的立法难度和各式各样的修法难题，因此眼下较为可取的立法方式是增设商标恶意抢注的统领条款，既可达到明确商标恶意抢注概念、内涵和具体情形的法律效果，又避免了大动干戈的麻烦和破坏商标法律体系的风险，更加具有合理性和可行性。

（三）完善法律责任，增加违法成本

商标恶意抢注法律责任制度的不完善是商标恶意抢注行为频发的重要原因之一。我国现行《商标法》对商标恶意抢注行为的法律责任规定仍然存在责任不明和责任过轻的问题，只有明确和加重商标恶意抢注的法律责任，增加商标恶意抢注的违法成本，才能产生法律震慑效果，让一味追逐利益的恶意抢注行为人清醒地认识到其行为的严重危害性和不正当性，并且让其事先了解到可能要承担的严重法律后果，从而抵消商标恶意抢注可能带来的经济利益的激励效果，令其主动放弃实施商标恶意抢注之违法行为。

目前，我国《商标法》仅规定了侵犯商标专用权的损害赔偿责任，并未规定商标恶意抢注行为的损害赔偿责任。因此，被抢注人只能通过一般性的侵权责任法和反不正当竞争法进行救济，但侵权责任法的核心在于填补损害，仅具有补偿性，其所能起到预防和惩罚商标恶意抢注行为的效用是有限的，而反不正当竞争法中虽然规定了惩罚性赔偿，但却只能对抢注后实际使用了注册商标的恶意抢注行为进行规制，同样难以起到遏制商标恶意抢注行为本身的作用。由此可见，侵权责任法和反不正当竞争法中规定的民事责任

仍不足以对商标恶意抢注行为本身产生明显遏制效果。因此，有必要在《商标法》中明确商标恶意抢注的损害赔偿责任，并增加惩罚性赔偿条款，使恶意抢注行为人承担超过其所获收益的赔偿责任，只有这样才能令恶意抢注行为人望而止步，尤其是可以有效打击以商标恶意抢注为业的职业抢注人，使商标注册秩序恢复到良好、有序状态。

同时，对商标恶意抢注行为设置惩罚性赔偿责任不仅具有必要性，还具有一定的合理性。一般而言，侵权行为的责任范围和大小应当与其过错程度为正相关关系，而商标恶意抢注行为就是一种故意侵权行为，且"恶意"表明行为人主观上所具有的故意是一种严重的故意，在故意的同时违反了诚实信用原则，具有不正当的目的或动机，可知商标恶意抢注行为人的过错程度较大，故其所应该承担的侵权责任，尤其是损害赔偿责任的程度和范围也就应当更大。加之，在商标恶意抢注情形中，被抢注人往往并不存在任何过错或过失，在考虑到受害人并无过错的基础上，对商标恶意抢注行为苛以较为严格的损害赔偿责任也就具有理论上和逻辑上的合理性。

综上所述，应当在《商标法》中直接明确商标恶意抢注行为人需要承担的民事责任，尤其是损害赔偿责任。具体而言，则可以参照侵犯注册商标专用权的损害赔偿标准和原则，规定商标恶意抢注行为人需要对被抢注人的实际损失承担损害赔偿责任。若实际损失的数额难以确定，则通过商标恶意抢注行为人因侵权行为所获利益确定其损害赔偿数额；若实际损失和侵权获利均难以确定，则依据情节确定法定赔偿数额。同时规定，对于情节严重的，可以确定一倍以上五倍以下的惩罚性赔偿，加重商标恶意抢注的民事责任。商标恶意抢注行为产生的根本动因是其"高收益—低成本"特点对理性经济人的激励效果。站在恶意抢注行为人的角度而言，当某种选择的成本低于其收益时，这一选择就是合理的。故只有通过惩罚性赔偿加重商标恶意抢注的违法成本，才能使商标恶意抢注变为一种"高成本—低收益"的不合理选择，促使经营者转而走上诚信经营之路，致力于使用自己的商标标志和打造原创品牌，同时断绝职业抢注人将商标作为商品买卖交易或凭借抢注商标谋取其他不正当利益的可能性。

商标抢注成案录

NO.1 澄海玩企南美智利维权案

一、本案案情简介

2017年8月4日，中华人民共和国驻伊基克总领事馆以"关于印度裔商人在智利抢注大量中国商标事"为电文标题，向原国家工商行政管理总局及外交部发来特急电报，报告了中国商标在智利遭遇抢注的情况。我国原国家工商行政管理总局商标局随后紧急发布了相关海外商标抢注预警信息，通告有120多家中国玩具企业的厂名及商标在智利被当地商人以个人名义在智利工业产权局（INAPI）申请注册，指定使用类别主要涉及第二十八类玩具相关产品，且大部分商标注册申请已经进入公告程序，如无异议可能会获得核准注册。商标局还在预警信息中强调，一旦这批商标抢注成功，可能阻碍我国相关厂商的产品进入智利及南美周边国家市场，直接影响相关企业利益，提醒相关企业积极依法维护自身合法权益。由于涉案商标数量极多，影响范围极大，该则商标抢注预警信息一经公布便引发了广泛关注。

在本案中，被抢注的对象主要是广东省汕头市澄海区的玩具企业，而玩具礼品行业是澄海最重要和最具特色的经济支柱产业，行业规模极大，出口到欧美、中东、东盟的140多个国家和地区，极具影响力。澄海区还曾获得"中国玩具礼品城"称号，是央视动画形象玩具产品的指定生产基地，因此当地政府部门和玩具行业协会也对该案给予了高度重视。于是，经由当地政府部门牵头，澄海玩具行业协会积极发挥其沟通协调作用，联合了与本案相关的澄海玩具企业，进行了维权动员活动，最终决定聚集力量、抱团维权，委托专利商标事务所代理案件，并聘请专家学者作为法律顾问，成立了中国赴智利商标维权代表团。

代表团赶赴智利前做足了功课，包括与澄海玩具行业协会及各当事企业进行交流，充分了解当事人情况，收集维权需要的各种资料，如商标证书、商标使用及销售证据、相关产品的出口地区和市场份额等。同时，代表团还对智利的相关法律规范进行了查明和细致研究，包括查明智利与《安第斯条约》《马德里协定》等国际条约的关系。同时，在专业机构和专家学者的支持下，代表团还确定了"议和与开战同时准备，争取握手言和，和平收回商标，同时做好诉讼和刚性争夺的准备"这一总体维权方案，并研究了多种可能的维权途径，包括通过商标异议、无效宣告等行政程序维权，通过谈判协商的方式达成和解，以及通过版权诉讼、商标诉讼、不正当竞争诉讼、反垄断诉讼、刑事诉讼等诉讼程序维权。因此，代表团提前对智利司法体系的启动和运作流程工作进行了深入的了解，以准备在谈判不成时提起可能的诉讼。另外，代表团还对维权过程中可能出现的意外和面临的风险与困难进行了预估和防范。

2017 年 10 月 9 日，代表团赶赴智利维权，但未能及时获得抢注人的反馈，因此代表团选择了与当地专利商标事务所和律师事务所进行合作，通过多种渠道向抢注人发布了中方已经准备好的方案、法律和理论依据以及拟采取的措施。此后，经过多轮艰难交涉，抢注人终于主动表明了和解意愿，双方进入具体事项的谈判协商阶段。最终，经过多日艰难谈判，双方代表于 10 月 16 日签订了和解协议，被抢注人承诺将抢注商标全部无偿转让归还中国企业。至此，南美智利维权大获成功。

二、本案焦点分析

本案是典型的因商标权的地域性而产生的商标海外抢注案件。在本案中，被抢注人集中抢注了大量澄海玩具企业的商标，显然并非是为了自行使用商标，其真实目的正如商标局的预警信息中所言，是为了阻碍我国相关企业进入智利和南美的相关商品市场和地域市场，以占领更多的市场份额，从而获得更多的经营收益，或向被抢注人转让、许可商标而获取商标转让费用或许可费用。换言之，本案的商标恶意抢注人是意图通过其所获得的注册商标专用权构建市场进入壁垒，提高中国企业进入相关市场的难度和成本，其行为具有排除、限制竞争之效果。因此，除了通过商标法予以规制，本案中的大规模商标恶意抢注行为亦属于滥用知识产权的垄断行为，有通过反垄断法予以规制的可能。

相较于国内的商标抢注维权，商标抢注海外维权会面临更多的困难和各种问题，但本案中的商标海外维权活动获得了极大的成功，主要原因包括以下几点。

1. 商标局的及时预警

在本案中，我国的驻外机构和商标局及时地发现了商标抢注行为并发出预警信息为商标维权活动顺利开展奠定了良好的基础。抢注信息获取不及时是商标海外维权中的重要难题。一般而言，普通经营者的信息渠道十分有限，难以凭借自身力量对世界各国的商标注册情况进行监测，加之商标公示期往往十分短暂。例如，在本案中，智利的商标公示期仅为一个月，经营者也就难以及时通过商标公告信息而获知商标恶意抢注行为的存在，极易错失可以提出商标异议的商标恶意抢注维权黄金时间。驻外机构和政府部门可以起到帮助监测商标海外抢注行为的作用，并通过发布预警信息提醒我国经营者及时维护自身合法商标权益。这也说明了，如果政府部门主动、积极地承担商标海外抢注的风险监测预警的重担，就能够较好地为我国企业走出国门、走向世界保驾护航。

2. 政府部门、行业协会、中介机构、专家学者的多方助力

首先，除了商标局发布的预警信息十分重要，当地政府部门对商标海外维权活动的重视、支持和敦促也是推进商标海外维权活动顺利开展的重要原因，没有政府部门的号召和组织，众多涉案企业必定难以拧成一股绳，凝聚

力量，抱团维权。其次，行业协会的居中协调作用也不可或缺，作为民间自治组织，行业协会对其会员具有管理、约束能力，能够良好、有效地组织企业参与维权，保障了企业与企业之间以及企业与政府、中介机构、专家学者等其他主体之间的顺畅沟通。同时，专利商标事务所作为专业代理机构，具有专业性和灵活性，更能够全面地代理商标海外维权的各项事务，在涉案企业众多的情况下，其存在亦不可或缺。最后，专家学者的加入为商标海外维权提供了良好的法律理论支撑，知识产权纠纷本身就具有一定复杂性，涉外的知识产权纠纷更是容易产生诸多复杂的法律问题，这时，专家学者能够帮助准确地分析问题，把握解决问题的正确方向，对如何制定解决方案、选取何种维权途径、采取何种维权措施具有重要的指导作用。

3. 与当地专利商标事务所和律师事务所的良好合作

商标海外抢注往往容易遇到法律体系差异、语言文化差异等方面的问题，本案中亦是如此，智利的官方语言是西班牙语，与中文和英文都相去甚远，法律体系也同样与我国有诸多不同，为商标维权活动增加了诸多困难。若想要顺利维权，代表团不仅需要进行法律查明，更需要对其法律规定和程序进行准确的理解和把握。与当地的专利商标事务所和律师事务所合作可以快速、有效地克服以上问题，可以帮助代表团了解当地的商标法律规范和程序，拓宽信息来源和维权渠道，并且在与抢注人的谈判协商过程中，当地专利商标事务所和律师事务所还可以起到帮助双方进行沟通和交流的作用。

本案是商标海外维权的典型成功案例，代表团以微小的成本成功收回了120多家企业的130多件商标，不仅维护了我国企业的合法利益，还向世界展示了中国企业海外维权的决心以及拓展国外市场的信心，意义重大。一方面，近年来，我国走出国门发展的企业越来越多，众多商标海外抢注问题也随之浮现，而本案为日后其他企业进行商标海外维权提供了可借鉴的模式、方法和经验，尤其表明了抱团维权大有可为。另一方面，本案充分证明了政府部门建立完善、有效的商标海外抢注风险监测预警机制的必要性，表明了政府部门、社会机构和专家学者在商标海外维权中不可或缺的重要作用，对建立商标海外维权援助机制具有现实参考意义。

NO.2 HiSense 商标纠纷案

一、本案案情简介

1992 年，海信集团有限责任公司（以下简称海信集团）在我国申请注册了"海信""Hisense"商标，并于次年起开始将之同时作为商号和商标积极使用，持续、广泛地对"Hisense"商标进行了广告宣传。在 1999 年 1 月 11 日，在"Hisense""海信"商标被我国国家工商总局商标局认定为驰名商标六天后，德国博世—西门子家用电器集团（以下简称博西公司）在德国抢先注册了"HiSense"商标，并于同年 7 月申请了马德里国际商标注册和欧共体商标注册。但彼时，海信集团早已在德国，乃至欧洲对"Hisense"商标投入了广告宣传，其品牌在德国的知名度从其曾被多家欧洲媒体报道中可见一斑。

由于博西公司抢注的"HiSense"商标与海信集团的"Hisense"仅有极其细微的区别，其一系列抢注行为使海信集团在欧洲的商标注册和经营发展面临了巨大困境。于是海信集团在 2002 年底开始主动与博西公司协商购买受让抢注商标。博西公司于 2003 年在答复中同意了海信集团的转让请求，并且同意将第九类和第十一类上的注册商标权一并转让。

但磋商阶段并未就此圆满结束，2004 年 2 月 19 日，博西公司向海信集团开出了极其高昂的商标转让价格，坚持要求海信集团支付 4000 万欧元，而这一高昂的价格显然是海信集团无法接受的，于是双方谈判就此陷入僵局。而后同年间，博西公司以海信集团多次在德国商业展览会中使用"Hisense"侵犯了其商标权为由起诉了海信集团，海信集团则向德国专利商标局提出了撤销博西公司抢注的商标的申请。

在寻求法律救济的同时，海信集团开始试图向国家商务部和中华商标协会寻求帮助。2004 年 11 月 5 日，国家商务部与欧盟驻华机构代表和海信集团等企业代表进行了面谈，向欧方代表说明了博西公司抢注商标的事实，欧方代表则表示将向德国专利商标局等机构反馈相关情况。而后，海信集团还向中华商标协会进行了求助。2005 年 2 月 24 日，中华商标协会主办了"中国商标海外维权研讨会"，诸多知名学者、专家和国家知识产权局、工商局、商标局的人员参与了该次会议，对 HiSense 商标抢注案和商标海外维权相关问题进行了研讨。

面临着来自政府和社会各界的多方关注压力，博西公司的态度终于开始有所放松，HiSense 商标纠纷于是又重新回归到谈判协商的轨道上。

2005 年 3 月 6 日，海信集团和博西公司发表联合声明，达成和解协议，博西同意将其在德国及欧盟注册的"HiSense"商标一并以双方都能接受的条件转让给海信集团，同时双方均撤回诉讼和相关申请，海信商标纠纷案至此终于完结。

二、本案焦点分析

本案是典型的基于阻碍竞争对手目的的商标海外抢注情形，充分体现了商标海外抢注对中国企业进入海外市场的阻碍和商标海外维权的不易。

本案中，第一个关注焦点是博西公司的行为是否构成了商标恶意抢注。在本案中，在博西公司抢注前，海信集团的"Hisense"商标已经在国际上享有了一定的知名度，而且博西公司和海信集团均处于家电行业，二者有着强烈的竞争关系。况且，在博西公司申请注册前，海信集团的"Hisense"商标已经被我国工商局认定了驰名商标，即便其未在德国申请注册也应可依照《巴黎公约》第六条之二的相关规定获得驰名商标的国际保护。从博西公司抢注后的客观行为表现来看，其曾一度毫不退让地坚持索要 4000 万欧元的高昂商标转让费用，而这一价格显然是海信集团不可能接受的，可见当时博西公司其实并无太多归还抢注商标的真实意图，其虽然表面答复同意转让商标，但却通过设定高昂的转让费构筑了壁垒，从而令海信集团难以使用"Hisense"商标开辟欧洲市场。

在本案中，第二个关注焦点是海信集团的商标抢注维权应对策略。在本案中，海信集团最终能够与博西公司达成和解协议并顺利拿回抢注商标，离不开中国政府部门的斡旋和中华商标协会等社会各界的支持。虽然海信集团和博西公司并未在联合声明中公开最终达成和解的商标转让条件，各路媒体报道对此亦众说纷纭，本案商标转让费用究竟几何暂不得而知，但海信集团应当至少是以其能够承受并愿意接受的合理对价受让了该抢注商标。商标转让费用能够从4000万欧元降至合理价格的重要原因之一是博西公司未来也需要在中国从事商业活动，而中国商务部、中华商标协会以及诸多中国学者、媒体和公众对本案的关注令其感受到了巨大压力，需要补救自身品牌形象，否则在其利用抢注商标阻碍中国企业进入欧洲市场的同时，其进入中国市场也可能会遭到各方阻力，而其显然不能轻易放弃潜力巨大的中国市场。由此可见，商标抢注维权不是只有通过法律途径强硬夺回商标这一条救济路径，像本案中海信集团这样灵活运用非法律手段，寻求多方助力，通过谈判协商以合理价格受让抢注商标也不失为解决商标抢注问题的有效方法。

HiSense商标抢注案并非商标海外抢注的个例，海信集团历经曲折收回抢注商标的同时为其他准备进入国际市场的中国企业提供了警醒。作为大型知名企业，海信集团已是具备较强经营实力和商标管理水平的经营者，但即便如此，其依然在商标国际注册的布局上出现了疏漏，未能尽早发现并解决博西公司的商标抢注行为，导致最终不得不与对方博弈拉扯近6年时间才收回抢注商标。因此，面对日益加剧的国际竞争趋势，我国企业在走向国际、制订企业发展计划时，应当尽量做到"市场未动，商标先行"，加强国际商标注册意识和水平，时刻警惕商标海外抢注行为，谨防他国竞争者借此构筑市场进入壁垒。

NO.3 乔丹商标纠纷案

一、本案案情简介

乔丹商标纠纷案中的双方当事人分别为美国著名篮球明星迈克尔·杰弗

里·乔丹（Michael Jeffrey Jordan，以下简称乔丹）和中国乔丹体育股份有限公司（以下简称乔丹体育）。

乔丹于 1984 年进入 NBA，是美国著名篮球明星，素有"飞人"称号。乔丹体育成立于 2000 年，主要从事运动鞋、运动服等体育相关用品的生产和销售，申请注册有"乔丹""QIAODAN""qiaodan""篮球剪影图形"以及"乔丹及图"等一系列商标。

图 9　左：乔丹及图商标；右：乔丹与耐克公司合作的 Air Jordan 图形商标

2012 年，乔丹以侵犯其姓名权和肖像权等为由向我国商标评审委员会请求撤销乔丹体育注册的"乔丹""QIAODAN"等 78 个有关商标。

2014 年，商标评审委员会作出裁定，维持了乔丹体育的一系列注册商标，其主要理由是乔丹虽然在我国和篮球领域具有一定的知名度，但争议商标"乔丹"并未与其姓名形成当然的对应关系，争议图形商标亦未能清晰地反映人物容貌特征，同时考虑到乔丹体育已经通过长期使用争议商标而使其具备了极高的市场声誉，应认定争议商标不构成侵犯乔丹的姓名权或肖像权的情形。乔丹一方不服，提起诉讼，但一审法院和二审法院均驳回了其诉讼请求。乔丹一方不服，继续向最高人民法院提出再审请求。

2016 年 12 月，最高人民法院对其中 10 件案件进行了审理并宣布了审判结果。

最高人民法院作出的其中三项再审判决①推翻了商评委和一审法院、二审法院的认定结果，认定了乔丹体育于 2007 年 4 月 26 日在第二十五类、第二十八类、第三十二类上申请注册的"乔丹"商标构成侵害乔丹姓名权的情形，"乔丹"这一名称已经与乔丹本人建立了稳定的对应关系，诉争商标容易导致相关公众误认为该商品或服务与乔丹存在特定联系，造成混淆。

同时，最高人民法院另作出的四项再审判决②认定，乔丹体育于 2007 年 4 月 26 日在第十八类、第二十五类、第二十八类、第三十二类上申请注册的"QIAODAN"商标与乔丹之间并未建立稳定对应关系，不构成侵害乔丹姓名权的情形，驳回了再审申请。

另外，其余的三项再审判决③则认定，乔丹体育于 2011 年在第三十五类上申请注册的第 9292836 号、第 9292824 号以及第 9286585 号"qiaodan 及图"商标同样并未与乔丹形成稳定对应关系，不构成侵害乔丹姓名权的情形，驳回了再审申请。

直至 2020 年 3 月 4 日，最高人民法院对乔丹商标纠纷案中的最后一件商标进行了审理并宣布了审判结果，该再审判决④中认定了乔丹体育于 2007 年 4 月 26 日在第二十五类商品上申请注册的"乔丹及图"商标损害了乔丹的姓名权，但依旧明确了乔丹对该商标中的图形标志不享有肖像权。

至此，"乔丹"系列商标纠纷案全部尘埃落定。

二、本案焦点分析

本案属于典型的侵害他人在先权利的商标恶意抢注情形，已经被最高人民法院确定为指导案例，对于认定商标注册申请是否构成侵害他人姓名权和肖像权具有极大的实践参考价值和理论研究价值。

---

① 参见最高人民法院（2016）最高法行再 15、26、27 号行政判决书。
② 参见最高人民法院（2016）最高法行再 20、29、30、31 号行政判决书。
③ 参见最高人民法院（2016）最高法行再 25、28、32 号行政判决书。
④ 参见最高人民法院（2018）最高法行再 32 号行政判决书。

（一）争议焦点之诉争商标是否侵害乔丹姓名权

乔丹是否对争议商标享有在先姓名权是本案最核心的争议焦点。

本案中涉及侵害姓名权的争议商标主要包括"乔丹""QIAODAN""qiaodan"商标，而最高人民法院对于不同的商标标志给出了不同的认定结果，对于"乔丹"这一中文商标，其认为构成了侵害乔丹姓名权的情形，但对于"QIAODAN"和"qiaodan"两个拼音商标，则认为并不构成侵害乔丹姓名权的情形。

首先，在本案中，无论是商标评审委员会，还是一审法院、二审法院和再审法院，都秉持了认定侵害在先姓名权的一项标准，即争议商标应该与自然人姓名存在对应关系，只有二者间存在对应关系时才可能构成侵害他人姓名权的情形。本案的特殊之处在于，在先权利人乔丹为美国人，其姓名为英文"Michael Jeffrey Jordan"，"迈克尔·杰弗里·乔丹"为其中文译名中的一种，而"乔丹"则是其中文译名的简称，"QIAODAN"和"qiaodan"分别属于其中文译名简称的拼音大写、小写，即本案的争议商标其实是乔丹姓名的中文译名简称及其拼音，既非其姓名本身，也非其姓名全称。自然人姓名译名简称和译名简称拼音与自然人之间是否存在对应关系，是难以直接认定的。

在具体认定过程中，商标评审委员会所采取的认定标准较为严格。首先，其承认了乔丹确实在篮球领域具有一定知名度，但同时认为乔丹的英文姓名和中文译名之间存在一定区别，而"乔丹"只是英美普通姓氏，多有重复现象，加之乔丹和其合作对象耐克公司在使用其姓名的译名时并未形成统一、固定的形式，应当认为"乔丹"并未与乔丹本人形成对应关系，即其实质上对"对应关系"采取了较为严格的解释，将其解释为了唯一对应关系。因此，译名简称"乔丹"被其认定为与乔丹本人并未形成对应关系，而与乔丹本人联系更加疏远的译名简称的拼音"QIAODAN"和"qiaodan"则更加不可能被其认定为与乔丹本人形成对应关系。

一审法院和二审法院同样强调只有商标标志可以明确、确定地指向自然人时才构成侵害姓名权的情形，其中一审法院还强调了乔丹的影响力主要集中于篮球领域，而诉争商标为服装商品等类别，与篮球领域联系不大，因此不易使相关公众将二者对应起来。

再审法院采取了"稳定的对应关系"这一认定标准。其认为，由于姓名容易出现重名现象，难以与自然人形成唯一对应关系，以"唯一对应关系"为认定标准过于严苛，同时不能仅仅因为争议商标中包含了仅为部分人知悉或临时性知悉的自然人姓名而认定侵权，因此只要诉争商标与自然人之间存在稳定的对应关系，即便未达到唯一的程度，亦应属于可能侵害他人姓名权的情形。同时，对于外国人姓名译名简称的保护，其强调，由于语言文化差异，我国相关公众习惯于以外国人姓名的中文译名简称来指代该外国人，甚至会对完整的中文译名并不熟悉，故将外国人姓名的中文译名简称申请注册为商标亦有可能侵害其姓名权。

其次，再审法院在认定争议商标是否构成侵害乔丹姓名权的过程中也对其他相关因素进行了综合考量，主要包括以下几点。

其一，乔丹的知名程度和范围。自然人的知名程度和范围直接影响了相关公众是否会误认为争议商标所使用的商品与自然人之间存在特定联系的认定，以及乔丹体育主观上是否存在恶意的认定。再审法院纠正了一审法院关于乔丹知名度范围仅限于篮球领域的事实认定，认为乔丹在我国长期以来享有较高的知名度，其影响力范围已经超出了篮球领域，属于为我国相关公众所知悉的公众人物。

其二，是否实际导致了相关公众混淆。在本案中，乔丹一方提供的调查报告证明了实际中已经有消费者产生了混淆，误认为诉争商标所使用的商品与乔丹之间存在代言、姓名授权等特定关系。

其三，乔丹体育的主观恶意程度。在本案中，乔丹体育的经营业务范围主要是运动鞋、运动服，与乔丹的篮球职业关联程度较高，同时乔丹体育对于申请注册"乔丹"商标并无合理解释，还申请注册了一系列与乔丹及其家属有关的商标标志，加之乔丹的知名程度较高，因此可以认定乔丹体育申请注册"乔丹"商标具有较为明显的主观恶意。

综上所述，乔丹在我国知名度较高，为相关公众所熟知，乔丹体育将"乔丹"申请注册为商标具有主观恶意，同时"乔丹"这一译名简称已经与其本人之间形成了稳定的对应关系，使相关公众容易误认为使用了"乔丹"商标的商品与乔丹本人之间具有特定关系，因此诉争商标构成了侵害他人姓名权的侵权行为，属于违反《商标法（2001）》第三十一条的"侵害他人在先权利"情形。

另外，再审法院特别说明了，"使用"是姓名权的权利而非义务，即"使用"并非是姓名受到法律保护的前提条件。因此，即便乔丹和耐克公司并未主动使用"乔丹"，也依旧不影响法院认定诉争商标侵害了乔丹的姓名权。只要我国相关公众、新闻媒体等采用了"乔丹"以指代乔丹本人，即可认为乔丹对"乔丹"这一名称享有姓名权。同时，再审法院还特别说明，即便乔丹体育通过长期的使用使诉争商标具有较高的知名度和影响力，也并不影响相关公众误认为其商品与乔丹之间存在特定关系，并且其经营成果是在攀附他人声誉的基础上取得的，因此其对商标的使用、宣传和投入均不能使诉争商标本身变得具有合法性。

最后，需要注意的是，一方面，最高人民法院于 2016 年判决构成侵害乔丹姓名权的 3 件"乔丹"商标和于 2020 年判决构成侵害乔丹姓名权的"乔丹及图"商标均为乔丹体育在 2007 年 4 月 26 日申请注册的商标，因此乔丹于 2012 年提出撤销诉争商标的请求时并未超过五年的请求期限。另一方面，乔丹体育并未将以上 4 件被撤销的商标大量、实际地投入使用，其申请注册的目的主要在于防御他人抢注。由此可见，被侵权人是否在法定期限内积极地行使了权利，以及乔丹体育为培养商标所付出的巨大经营劳动仍然是认定诉争商标是否构成侵害乔丹姓名权时的重要参酌因素。也正因如此，乔丹体育在十几年前就申请注册的其他商标标志，包括其在主营业务中使用的主要商标标志才均得到了维持。

（二）争议焦点之诉争商标是否侵害乔丹肖像权

本案的另一个争议焦点在于乔丹是否对争议商标享有在先肖像权。在本案中，诉争图形商标是一个运球剪影图形，与乔丹照片中的身体轮廓的镜像基本相同，如图10所示。但与侵害姓名权之争议不同，在本案中，从商标评审委员会至最高人民法院均一致认为诉争图形商标不构成侵害乔丹肖像权之情形。

图10　乔丹运球图及诉争图形商标

判断是否侵害他人肖像权需要认定诉争商标与他人肖像之间是否存在对应关系。

乔丹对其照片当然拥有肖像权，但本案诉争图形商标仅为该照片的剪影轮廓，不像照片一样可以清晰识别出人物的五官、肤色、服装等信息，因此其可识别性是较为有限的，并不能想当然地认为该剪影轮廓指向了乔丹本人。考虑到相关公众的认知习惯，一般而言，自然人的面部特征才是最具有识别性的部分，而诉争图形商标并未反映乔丹的任何面部特征，在这样的情况下，只有当诉争图形商标反映了自然人的其他特征时，才会具有指向该自然人的可能，即具有识别性的可能。诉争图形商标仅为简单的手持篮球的人物剪影，图形中所反映的人物动作和姿态较为普通，不具有特殊性或包含其他特殊含义，因此并不能直接反映出任何乔丹的个人特征，在单独使用该图形的情况下，也就难以使相关公众将该图形与乔丹本人联系起来。

总而言之，本案诉争图形商标的写实程度不高，仅为人物轮廓，并未反映乔丹的面部特征，同时其所呈现的动作姿态也并未反映乔丹的其他重要个人特征，因此应当认为其不具有可识别性，与乔丹的肖像之间不存在对应关系，不构成侵害乔丹的肖像权之情形。

最后，尽管本案中乔丹体育的多数商标仍然得以维持注册，但不可否认的是，乔丹体育此前之所以能够快速占领市场份额并取得丰硕的经营劳动成果，与其通过"乔丹"商标借助了乔丹的知名度和影响力不无关系。如今，乔丹商标纠纷案已经引起了社会公众广泛的关注和讨论，即便乔丹体育还继续保留着"乔丹"系列的注册商标，但这些商标的价值已经受到了严重贬损，甚至还给企业形象带来了负面影响，即其虽然赢得了法律诉讼程序，但却失去了消费者的信任和喜爱，可谓得不偿失。由此可见，任何经营者都不应当抱有打擦边球的侥幸心态，而应脚踏实地、秉持诚实善良的原则公平地参与市场竞争。

NO.4 优衣库商标纠纷案

一、本案案情简介

本案①涉案当事人分别为优衣库商贸有限公司（以下简称优衣库公司）、优衣库商贸有限公司上海船厂路店（以下简称优衣库船厂路店）与广州市指南针会展服务有限公司（以下简称指南针公司）、广州中唯企业管理咨询服务有限公司（以下简称中唯公司）。

指南针公司成立于 2004 年 7 月 20 日，主营展览活动策划、室内装饰设计等业务。中唯公司则成立于 2005 年 4 月 27 日，主营企业管理咨询、企业形象设计、商标代理等业务。两家公司共同在第二十五类服装等商品上申请注册了"UL"商标，并于 2013 年 6 月获得了核准注册。

---

① 参见最高人民法院（2018）最高法民再 394 号民事判决书。

优衣库公司成立于 2010 年 3 月 30 日，为日本株式会社迅销（以下简称迅销公司）在中国成立的子公司，在中国多地设有专营店，主营服装、配件、装饰品等商品。优衣库船厂路店成立于 2013 年 4 月 25 日，系优衣库公司的分公司。同时，株式会社迅销对第二十五类商品上的"UNIQLO""UNIQLO""优衣库"注册商标享有专用权。

2014 年 3 月，指南针公司向优衣库公司、迅销公司发送了侵权警告函，称优衣库公司突出使用"U ULTRA LIGHT DOWN"标志侵犯了其注册商标专用权，要求其停止侵权并赔偿损失，并以侵犯注册商标专用权为由，以优衣库公司、迅销公司及作为其门店的一家分公司为被告，分别向全国多家法院提起大量诉讼。本案被告即为优衣库公司及其分公司优衣库船厂路店。

本案一审阶段，法院认为被告未经原告许可，使用了与原告注册商标相同的被诉侵权标志，并销售带有该标志的商品，属于侵害指南针公司、中唯公司注册商标专用权的行为，应停止侵权行为。但鉴于本案原告大量注册有 2600 多个商标，且曾多次实施转让商标的行为，加之其经营范围并不涉及涉案商标所指定使用的第二十五类服装等商品，中唯公司的法定代表人黄雄伟还曾明确表示希望以 800 万元的高价将涉案注册商标转让给日本株式会社迅销，可以证明原告显然不具有真实使用注册商标之目的，因此原告无权请求被告承担损害赔偿、排除妨碍、消除影响等责任。

双方当事人均不服一审判决提起上诉，二审法院驳回上诉，维持原判。优衣库公司不服向最高人民法院申请再审。

另外，本案诉讼期间，迅销公司于 2014 年 4 月 11 日向商标评审委员会对涉案注册商标提出了无效宣告请求。商标评审委员会于 2016 年 1 月 11 日裁定维持涉案商标注册。迅销公司不服该裁定起诉至北京知识产权法院，北京知识产权法院认为，指南针公司、中唯公司超出经营范围，无正当理由地、不以使用为目的地大量申请注册并囤积包括诉争商标在内的注册商标，还通过商标转让、诉讼等手段实现谋利，其行为严重扰乱了商标注册秩序，损害了公共利益，并不当占用了社会公共资源，构成《商标法》第四十一条第一款规定的"以其他不正当手段取得注册"的情形，判令商标评审委员会重新作出裁定。① 中唯公司不服上诉至北京市高级人民法院，北京市高级人民法院驳回上诉，维持了原判。2018 年 2 月 27 日，商标评审委员会重新作出裁定，对涉案注册商标宣告了无效。2018 年 8 月 6 日，商标局发布了无效宣告公告。因此，优衣库公司申请再审时，涉案注册商标已经被宣告无效。

最终，再审法院在查明涉案注册商标被宣告无效和其他相关事实的基础上，认定指南针公司和中唯公司违反了诚实信用原则，属于恶意诉讼情形，驳回了其全部诉讼请求。

另外，在与本案相关的其他以优衣库或迅销公司以及其分公司为被告的系列案件中，一审、二审法院的认定结果与本案存在一定区别。有法院不仅认为被告构成商标侵权应当承担停止侵权责任，还判令其赔偿原告经济损失 10 万元；② 也有法院认为，原告与被告使用的标识不相同也不近似，不构成商标侵权；③ 还有法院认为原告主观上存在恶意，但鉴于其注册商标尚处于有效状态，被告应当尽可能采取避让措施。④ 但在再审阶段，最高人民法院均作出了与本案同样的判决。

二、本案焦点分析

本案属于典型的缺乏真实使用意图、以谋取不正当利益为目的、具有囤积性质的商标恶意抢注情形。

首先，在本案中，指南针公司和中唯公司无正当理由地、不以使用为目的地申请注册了大量商标，证明了其申请注册商标时具有主观上的恶意，属于不以使用为目的的商标囤积行为。

在本案中，指南针公司和中唯公司申请注册的商标数量达到了 2600 多

① 参见北京知识产权法院（2016）京 73 行初 909 号行政判决书。
② 参见广东省东莞市第二人民法院（2014）东二知民初字第 241 号民事判决书。
③ 参见浙江省杭州市中级人民法院（2014）浙杭知初字第 265 号民事判决书。
④ 参见广东省中山市第一人民法院（2014）中一法知民初字第 338 号民事判决书。

个，无疑属于数量巨大的情形，远超其经营所需，同时这些注册商标所核定使用的商品或服务类别涉及了16个类别，属于在多种不同的商品或服务类别上大量申请注册商标的情形，其申请注册的商品或服务类别与自身的经营业务范围并无联系。例如，本案中所涉及的注册商标核定使用的类别是第二十五类服装等商品，而指南针公司的主营业务范围是展览活动策划、设计等服务，中唯公司的主营业务范围则是企业管理咨询、商标代理等服务，均与第二十五类中的服装等商品不存在关联。换言之，不管是从申请注册的商标总数量来看，还是从申请注册的商标指定使用的商品或服务所涉类别来看，指南针公司和中唯公司都不太可能具有真实使用这些注册商标的意图。在本案中，指南针公司和中唯公司都并不能提供相关证据材料证明其真实地使用了其所注册的涉案商标。虽然依照我国的商标撤销制度，只有连续三年不使用才可能被撤销，涉案商标的不使用期限在起诉时仍未达到法定期限，即仍然处于有效状态，但形式上的有效并不能掩盖其申请注册时缺乏真实使用意图、违反诚实信用原则这一事实。同时，指南针公司和中唯公司也并不能为其申请注册大量商标提供合理的解释和说明。事实上，大量申请注册商标并非当然属于商标恶意抢注情形，如以防御为目的而注册的防御商标和联合商标就可以视作不以使用为目的的大量申请注册的正当理由。但本案中，指南针公司和中唯公司所注册的大量商标标志之间并不相同或近似，显然不可能是出于防御目的而注册。

其次，指南针公司和中唯公司申请注册的大量商标中，有许多与他人在先使用的商标相同或近似的商标，如"拉玛尼""凡希哲""舒马仕""派宝龙"等，亦可以证明其申请注册商标时具有不良的心理状态，即可能有通过注册商标专用权谋取不正当利益的目的。

事实上，本案中指南针公司和中唯公司也的确实施了通过注册商标专用权谋取不正当利益的行为。在商标注册申请被核准后，其首先向优衣库公司和迅销公司发送了侵权警告函，要求对方停止侵权行为和赔偿损失，并以侵权指控为要挟提出以800万元的高价将商标转让给迅销公司，这种不合理的转让要求遭到拒绝后，又恶意在全国各地批量提起诉讼。此种行径正是典型的不具有真实使用目的，意图通过转让商标获得高价转让费，或通过提起侵权诉讼获得侵权赔偿的商标恶意抢注行为的客观表现，又进一步证明了指南针公司和中唯公司在申请注册涉案商标时具有主观上的恶意。其次，在本案以外，指南针公司和中唯公司已经多次实施了商标转让行为，本案审理时，中唯公司转让商标的次数已经达到了 160 余次，可见其是将商标作为商品进行买卖，以贩卖商标为业。商标应当是承载经营者商誉的载体，其之所以被确定为法律所保护的客体，也正是因为其上所承载的商誉，商誉来自经营者的经营劳动，因而商标的价值也来自经营者的经营劳动。因此，大量囤积商标却不使用商标，专门兜售商标的这种行为显然违反了诚实信用原则，不符合商标法的立法本意，扰乱了商标注册秩序，属于《商标法》应当禁止的不正当行为。

最后，在法律适用方面，由于《商标法》是在 2019 年进行第四次修改时才增加了"不以使用为目的的恶意商标注册申请，应当予以驳回"条款，因此本案审理时适用的仍然是 2013 年《商标法》。在 2013 年《商标法》中，并无专门规制商标囤积行为的具体条款。但本案中指南针公司和中唯公司不以使用为目的大量申请注册商标并且谋取不正当利益的行为明显属于违反诚实信用原则的情形，有通过法律对其予以规制的必要性。理论上，违反诚实信用原则的行为可以直接通过《商标法》第七条第一款诚实信用条款进行规制。但诚实信用原则作为一般条款，在具体裁判中单独适用需要格外慎重，因此，本案中，北京知识产权法院选择了适用《商标法》第四十一条第一款规定的"以其他不正当手段取得注册"规制商标囤积行为，以违反《商标法》第四十一条第一款为由，认定了涉案注册商标属于应当宣告无效的情形。由于商标囤积是一种较为特殊的商标恶意抢注情形，其不仅有可能侵害特定主体的在先权益，还会扰乱商标注册秩序，损害公共利益，与《商标法》第四十一条第一款规定的各项情形具有同质性，因此适用"以其他不正当手段取得注册"条款规制商标囤积行为具有其合理性和逻辑自洽性，在《商标法》对商标囤积行为规制不足和不明的情况下，这也是司法实践中规制商标囤积行为的一种较为可行的路径。当然，在 2019 年《商标法》修改以后，商标囤积行为就可以落入第四条新增条款的规制范围内，也就无须再通过诚实信用条款或"以其他不正当手段取得注册"条款来对商标囤积行为进行规制。同时，在存在其他具体条款可以适用的情形下，也不应适用诚实信用原则一般条款，而应当优先适用第四条新增条款。至于"以其他不正当手段取得注册"条款也同样不应再适用于规制商标囤积行为，因为所谓"其他"即意味为凡是符合第四条的情形都应当被排除在其所指的"不正当手段"范围外，同样应当直接适用第四条新增条款。

NO.5 AOPU 奥普商标无效宣告案

一、本案案情简介

本案涉案当事人为云南奥普伟业金属建材有限公司（以下简称云南奥普公司）、浙江现代新能源有限公司（以下简称现代新能源公司）和杭州奥普电器有限公司（以下简称杭州奥普公司）。

本案诉争商标为瑞安市奇彩贸易公司（以下简称瑞安奇彩公司）于2001年3月27日在第六类金属建筑材料等商品上申请注册的"奥普 aopu"商标，2002年3月28日，诉争商标获得核准注册。2004年12月28日，诉争商标被转让给公司法定代表人涂秀平。2009年8月7日，诉争商标又转让给了现代新能源公司。2013年6月13日，诉争商标变更为现代新能源公司和云南奥普公司共有。

本案引证商标为杭州奥普公司于1997年4月16日申请注册的"奥普"商标，引证商标于1998年6月28日获得核准注册，核定使用类别为第十一类商品，包括热气淋浴装置、浴室加热器、水净化装置、消毒设备、厨房炉灶、电器炊具、热水器等。

2009年11月6日，杭州奥普公司向商标评审委员会提出撤销诉争商标的申请，主张引证商标为驰名商标，诉争商标属于违反《商标法》第十三条第二款①的情形，应当依据《商标法》第四十一条第一款、第二款②予以撤销。

2015 年 7 月 14 日，商标评审委员会作出裁定③认为，引证商标可以被认定为驰名商标，但杭州奥普公司所提供的证据不足以证明诉争商标原所有人在申请注册之初具有攀附引证商标声誉的恶意，因此仍然需要受到五年的除斥期间限制，而诉争商标的注册时间已经超过了五年。由于诉争商标与引证商标核定使用的类别相差较大，在规范使用情况下，不易导致相关公众混淆或误认，因此不能依据《商标法》第十三条第二款和第四十一条第二款撤销诉争商标。同时，诉争商标标志本身不具有贬损意义或消极意义，亦未扰乱商标注册秩序或损害公共利益，因此也不属于"具有其他不良影响"或"以其他不正当手段取得注册"的情形，即并未违反《商标法》第十条或第四十一条第一款。因此，商标评审委员会裁定了诉争商标维持注册。

一审法院——北京知识产权法院在判决④中首先同样也确认了引证商标可以被认定为驰名商标。其次，在主观恶意的认定方面，一审法院在综合考虑了引证商标的显著性、诉争商标与引证商标的相似程度、诉争商标申请人与引证商标权利人地理位置和竞争关系以及诉争商标的使用情况等因素后，认定了诉争商标的注册申请具有恶意。同时，在商品或服务的类似程度方面，一审法院认为，诉争商标与引证商标所指定使用的商品类别原本并无关

---

① 《中华人民共和国商标法（2001 年修正）》第十三条第二款：就不相同或者不相类似商品申请注册的商标是复制、摹仿或者翻译他人已经在中国注册的驰名商标，误导公众，致使该驰名商标注册人的利益可能受到损害的，不予注册并禁止使用。

② 《中华人民共和国商标法（2001 年修正）》第四十一条：已经注册的商标，违反本法第十条、第十一条、第十二条规定的，或者是以欺骗手段或者其他不正当手段取得注册的，由商标局撤销该注册商标；其他单位或者个人可以请求商标评审委员会裁定撤销该注册商标。已经注册的商标，违反本法第十三条、第十五条、第十六条、第三十一条规定的，自商标注册之日起五年内，商标所有人或者利害关系人可以请求商标评审委员会裁定撤销该注册商标。对恶意注册的，驰名商标所有人不受五年的时间限制。

③ 参见商评字（2015）第 48255 号《关于第 1737521 号"奥普 aopu"商标无效宣告请求裁定书》。

④ 参见北京知识产权法院（2015）京知行初字第 4822 号行政判决书。

联，但创新产品集成吊顶的出现使金属建筑材料与热气淋浴装置等商品在销售渠道、消费群体方面具有了高度重合性，即新产品的出现使原本并无关联的两类商品成了具有紧密关联关系的两类商品，将诉争商标使用在具有紧密关联的商品类别上，则容易误导公众，损害驰名商标注册人的利益。综上所述，一审法院判决撤销被诉裁定，由商标评审委员会重新作出裁定。

商标评审委员会、云南奥普公司和现代新能源公司不服，上诉至北京市高级人民法院，北京市高级人民法院于 2017 年 3 月 2 日作出判决，[①] 驳回上诉，维持原判。云南奥普公司和现代新能源公司不服申请再审，最高人民法院裁定[②] 驳回了其再审申请。

二、本案焦点分析

本案中诉争商标的注册申请属于典型的跨类抢注驰名商标、意图攀附他人声誉的商标恶意抢注情形，对于如何确定驰名商标的保护范围具有重要的参考意义。

首先，本案的第一个关键问题在于引证商标的驰名认定。在本案中，除了需要综合考虑引证商标的使用情况、广告宣传情况、商品销售情况、维权记录及获奖情况等因素，还体现了一个重要的驰名商标认定原则，即应当以诉争商标申请注册的时间为认定驰名商标的基准时间。只有当引证商标在诉争商标申请注册以前就达到了驰名程度时，才能对诉争商标主张驰名商标的扩大保护和特殊保护。因此，在本案中，在认定引证商标是否达到驰名程度时，法院所纳入考量的相关证据均为有关引证商标 2001 年以前的使用情况、广告宣传情况、获奖情况、商品销售情况等可以证明其知名度的证明材料。

其次，本案的第二个关键问题在于第十一类商品上的引证商标能否获得第六类商品范围内的跨类保护。从商标评审委员会与法院认定结果的分歧中

---

① 参见北京市高级人民法院（2016）京行终 5666 号行政判决书。
② 参见最高人民法院（2017）最高法行申 2986 号行政裁定书。

可以发现，尽管已注册驰名商标可以获得在不同或不类似的商品或服务上的跨类保护，但这种跨类保护仍然需要以可能误导公众为限度。商标评审委员会认定诉争商标与引证商标所指定使用的商品或服务不类似，正是由于其认为第十一类热气淋浴装置与第五类金属建筑材料之间并无关联，不会误导相关公众对商品或服务的来源产生混淆。但商标评审委员会忽略了一点，即市场竞争状态是时刻处于动态变化中的，原本并无关联的两种商品或服务很可能由于社会经济、文化、技术等方面的发展变化而产生新的关联。同时对于已注册驰名商标的扩大保护限度并非是要求容易导致混淆，而是误导公众。因此，侵害驰名商标的商标抢注行为并不以商品或服务类似为条件，而只要商品或服务之间存在一定程度的关联关系即有误导公众、侵害驰名商标注册人利益的可能。在本案中，集成吊顶这一新产品的出现正是使热气淋浴装置和金属建筑材料产生紧密联系的社会发展新变化，使得引证商标有了突破商品或服务类似这一限制而获得跨类保护的合理基础。

再次，本案的第三个关键问题在于诉争商标的原申请人在申请注册时是否具有主观恶意。由于本案中，杭州奥普公司向商标评审委员会提出撤销请求时已经远远超出了诉争商标注册之日起五年的时间，因此即便认定了诉争商标属于侵害了引证驰名商标注册人利益的情形，也不能凭此直接撤销诉争商标，依据《商标法》的规定，只有恶意抢注的，驰名商标注册人才能不受五年除斥期间的限制。诉争商标原申请人的主观恶意需要由提出该主张的杭州奥普公司承担举证责任。同时需要注意，本案当事人云南奥普公司和现代新能源公司均非诉争商标的原申请人，其商标权是通过转让而继受取得的，而在认定是否属于恶意抢注情形时，应当以原申请人在申请注册时的主观状态为基准。在本案中，诉争商标的原申请人与杭州奥普公司同处于浙江省地域范围内，经营范围为卫生洁具、毛巾架等与浴室用品十分具有关联性的商品，且其注册诉争商标后并未在指定的金属建筑材料等商品类别上使用该商标，可推知其申请注册诉争商标时对引证商标的在先使用状态应当是知情的，并且具有攀附他人声誉的意图。另外，引证商标的显著性程度也是认定申请人是否具有主观恶意的考量因素之一。本案中的引证商标"奥普"属于固有显著性最为强烈的臆造性标志，加之诉争商标完整地包含了引证商标，与引证商标相似程度极高，同样足以认定申请人主观上具有攀附他人具有较高知名度商标的不良目的，即具有恶意。

最后，本案还涉及了法律修订所带来的新法与旧法的适用问题。本案中，诉争商标申请注册的时间为 2001 年 3 月，而《商标法》的第二次修改决定于 2001 年 10 月才通过，2001 年 12 月 1 日才施行，而在此前，1993 年的《商标法》并未规定对驰名商标采取跨类保护和特殊保护。因此，新法是否对诉争商标的申请注册行为具有溯及力至关重要。新法与旧法的适用原则是一个复杂的法律问题，既有新法优于旧法的原则，也有法不溯及既往的原则。一般而言，刑法中遵循从旧兼从轻的原则，这是因为刑法涉及人权保障问题，需要保障被告人的合法利益，而民法则主要遵循新法优于旧法的原则。同时，最高人民法院也在司法解释中体现了这一原则，明确规定了在商标法修改决定实施前发生，属于新法第十三条等条款所规定的情形，商标评审委员会在商标法修改决定施行后作出决定或裁定，当事人不服起诉的，适用新法进行审查。① 本案属于新法第十三条所规定的侵害驰名商标的情形，且商标评审委员会是在 2015 年作出的裁定，彼时新法早已施行，因此本案应当适用新法进行审查，即引证商标可以获得驰名商标的扩大保护和特殊保护。

---

① 参见《最高人民法院关于审理商标案件有关管辖和法律适用范围问题的解释（2002）》第五条。

主要参考文献

中文文献

（一）著作

1.[美] 菲利普·科特勒、凯文·莱恩·凯勒：《营销管理》，卢泰宏、高辉译，中国人民大学出版社 2009 年版。

2.[英] 洛克：《政府论（下篇)》，叶启芳、翟菊农译，商标印书馆 2011 年版。

3.[日] 田村善之：《日本知识产权法》，周超、李雨峰、李希同译，知识产权出版社 2011 年版。

4.[瑞士] F. de Saussure：《普通语言学教程》，Roy Harris 译，外国语教学与研究出版社 2001 年版。

5.丛立先等：《TPP/CPTPP 知识产权问题研究》，中国法制出版社 2020 年版。

6.杜颖：《社会进步与商标观念：商标法律制度的过去、现在和未来》，北京大学出版社 2012 年版。

7.杜颖译：《美国商标法》，知识产权出版社 2013 年版。

8.范长军译：《德国商标法：德国商标与其他标志保护法》，知识产权出版社 2013 年版。

9.冯晓青、杨立华主编：《中国商标法研究与立法实践：附百年商标法律规范》，中国政法大学出版社 2013 年版。

10. 管育鹰:《知识产权法学的新发展》,中国社会科学出版社 2013 年版。

11. 郭禾主编:《商标法教程》,知识产权出版社 2004 年版。

12. 韩德培主编:《国际私法》(第三版),高等教育出版社 2014 年版。

13. 何敏:《知识产权基本理论》,法律出版社 2011 年版。

14. 黄晖:《商标法》(第二版),法律出版社 2017 年版。

15. 黄武双、黄骥等著译:《美国商标案件金钱偿还数额的计算:原理与判例》,法律出版社 2014 年版。

16. 黄勇、岑兆琦编著:《中外反不正当竞争法经典案例评析》,中信出版社 2007 年版。

17. 江林主编:《消费者心理与行为》(第三版),中国人民大学出版社 2007 年版。

18. 康有为:《大同书》,上海古籍出版社 2009 年版。

19. 孔祥俊:《反不正当竞争法的创新性适用》,中国法制出版社 2014 年版。

20. 孔祥俊:《商标法适用的基本问题》,中国法制出版社 2014 年版。

21. 来小鹏:《知识产权法学》(第四版),中国政法大学出版社 2019 年版。

22. 范健、王建文:《商法的价值、源流及本体》(第二版),中国人民大学出版社 2007 年版。

23. 李明德:《美国知识产权法》(第二版),法律出版社 2014 年版。

24. 李扬:《商标法基本原理》,法律出版社 2018 年版。

25. 李扬译:《日本商标法》,知识产权出版社 2011 年版。

26. 李雨峰主编:《侵害商标权判定标准研究》,知识产权出版社 2016 年版。

27. 梁慧星:《中国民法典草案建议稿附理由,侵权行为编·继承编》,法律出版社 2004 年版。

28. 刘春田主编:《知识产权法学》,高等教育出版社 2019 年版。

29. 刘春田主编:《中国知识产权四十年》,知识产权出版社 2019 年版。

30. 龙卫球:《民法总论》(第二版),中国法制出版社 2002 年版。

31. 马一德:《创新驱动发展与知识产权战略研究》,北京大学出版社 2015 年版。

32. 马治国主编：《知识产权法学》，西安交通大学出版社 2004 年版。

33. 彭学龙：《商标法的符号学分析》，法律出版社 2007 年版。

34. 齐爱民：《知识产权法总论》，北京大学出版社 2014 年版。

35. 曲三强主编：《现代知识产权概论》（第三版），北京大学出版社 2015 年版。

36. 时建中主编：《三十一国竞争法典》，中国政法大学出版社 2009 年版。

37. 谭启平主编：《中国民法学》（第二版），法律出版社 2018 年版。

38. 陶鑫良、单晓光主编：《知识产权法纵论》，知识产权出版社 2004 年版。

39. 王利明主编：《民法》（第八版），中国人民大学出版社 2020 年版。

40. 王莲峰：《商业标识立法体系化研究》，北京大学出版社 2009 年版。

41. 王迁：《知识产权法教程》（第五版），中国人民大学出版社 2016 年版。

42. 王太平、邓宏光主编：《商标法》，北京大学出版社 2017 年版。

43. 王泽鉴：《民法物权 2：用益物权·占有》，中国政法大学出版社 2001 年版。

44. 吴汉东：《知识产权基础问题研究》，中国人民大学出版社 2019 年版。

45. 吴汉东主编：《知识产权法学》（第七版），北京大学出版社 2019 年版。

46. 吴汉东、陈小君主编：《民法学》，法律出版社 2013 年版。

47. 徐孟洲、孟雁北：《竞争法》（第三版），中国人民大学出版社 2018 年版。

48. 徐瑄：《知识产权的对价理论》，法律出版社 2013 年版。

49. 杨建锋：《商标注册制度——基于 TRIPs 协定下的研究》，中央编译出版社 2013 年版。

50. 余俊：《商标法律进化论》，华中科技大学出版社 2011 年版。

51. 张平：《知识产权法》，北京大学出版社 2015 年版。

52. 张玉敏：《商标注册与确权程序改革研究——追求效率与公平的统一》，知识产权出版社 2016 年版。

53. 中国社会科学院语言研究所词典编辑室编：《现代汉语词典》（第五版），商务印书馆 2010 年版。

54. 郑其斌：《论商标权的本质》，人民法院出版社 2009 年版。

55.郑友德：《知识产权与公平竞争的博弈：以多维创新为坐标》，法律出版社 2011 年版。

56.朱雪忠主编：《知识产权管理》（第二版），高等教育出版社 2016 年版。

（二）期刊论文

1.曹新明：《商标抢注之正当性研究——以"樊记"商标抢注为例》，《法治研究》2011 年第 9 期。

2.曹新明：《我国商标近似认定标准探讨》，《知识产权》2019 年第 3 期。

3.曹中强、杨敏峰：《中国企业商标海外被抢注的原因与应对》，《中华商标》2019 年第 4 期。

4.陈兵：《互联网经济下重读"竞争关系"在反不正当竞争法上的意义——以京、沪、粤法院 2000—2018 年的相关案件为引证》，《法学》2019 年第 7 期。

5.迟瑞：《商标抢注的分析及规制》，《中华商标》2012 年第 2 期。

6.丛立先：《我国〈商标法〉上的在先权利与外国人姓名权保护研究》，《知识产权》2020 年第 6 期。

7.邓宏光：《商标授权确权程序中的公共利益与不良影响：以"微信"案为例》，《知识产权》2015 年第 4 期。

8.杜颖：《在先使用的未注册商标保护论纲——兼评商标法第三次修订》，《法学家》2009 年第 3 期。

9.杜颖：《〈商标法〉第四次修改的问题面向与基本思路》，《中国发明与专利》2018 年第 8 期。

10.范亚利：《严把商标实质审查程序，遏制恶意注册》，《中华商标》2018 年第 6 期。

11.郭璐：《改革开放 40 年来中国对外贸易制度演变研究》，《价格月刊》2018 年第 10 期。

12.蒋强：《商标"恶意受让"概念的证伪》，《中华商标》2019 年第 6 期。

13.焦海涛：《不正当竞争行为认定中的实用主义批判》，《中国法学》2017 年第 1 期。

14. 孔嘉：《国际商标注册马德里体系概述及法律热点问题剖析（上）》，《中国律师》2011 年第 4 期。

15. 李春芳、彭榕：《商标囤积现象的规制》，《华南理工大学学报（社会科学版)》2019 年第 6 期。

16. 李胜利：《论〈反不正当竞争法〉中的竞争关系和经营者》，《法治研究》2013 年第 8 期。

17. 李顺德：《如何认识商标品牌战略》，《中华商标》2017 年第 8 期。

18. 李扬：《我国商标抢注法律界限之重新划定》，《法商研究》2012 年第 3 期。

19. 李永明、刘筱童：《商标法中"相关公众"的范围界定》，《浙江大学学报（人文社会科学版)》2019 年第 6 期。

20. 刘春霖：《商品化权论》，《西北大学学报（哲学社会科学版)》1999 年第 4 期。

21. 刘春田：《民法原则与商标立法》，《知识产权》2010 年第 1 期。

22. 刘铁光：《〈商标法〉中"商标使用"制度体系的解释、检讨与改造》，《法学》2017 年第 5 期。

23. 刘燕：《商标抢注行为浅析与防范》，《政法论坛》2010 年第 5 期。

24. 刘杨：《正当性与合法性概念辨析》，《法制与社会发展》2008 年第 3 期。

25. 马治国：《新时代如何更好完善中国知识产权保护体系——基于中美贸易摩擦背景的观察与思考》，《人民论坛·学术前沿》2018 年第 17 期。

26. 彭学龙：《商标法基本范畴的心理学分析》，《法学研究》2008 年第 2 期。

27. 彭学龙：《论商标权的原始取得》，《中南财经政法大学学报》2007 年第 4 期。

28. 齐亚莉：《中日防御商标比较》，《中华商标》2005 年第 5 期。

29. 盛晓伟、贾晓东等：《我国声音商标注册实质审查标准完善研究——以 QQ 提示音商标注册案为例》，《中国商论》2019 年 17 期。

30. 石冠彬：《姓名权侵权纠纷的裁判规则研究》，《当代法学》2018 年第 3 期。

31. 石梦菊：《浅析消费者品牌依恋行为》，《环渤海经济瞭望》2013 年第 6 期。

32. 孙明娟：《恶意注册的概念、类型化及应用》，《中华商标》2018 年第 3 期。

33. 田园：《商标使用在商标中的价值——"IPAD"商标案引发的思考》，《现代商贸工业》2020 年第 1 期。

34. 王国柱：《知识产权善意取得的合理性分析——兼论知识产权制度与物权制度的兼容性》，《海南大学学报（人文社会科学版）》2012 年第 4 期。

35. 王加庚：《应设立恶意诉讼赔偿制度》，《人民法院报》2004 年 7 月 20 日。

36. 王克金：《权利位阶、权利平等抑或权利边界——以权利冲突的解决为视角》，《长白学刊》2010 年第 4 期。

37. 王利明：《侵权责任法制定中的若干问题》，《当代法学》2008 年第 5 期。

38. 王莲峰、康瑞：《法律责任视角下商标恶意抢注的司法规制》，《中华商标》2018 年第 7 期。

39. 王莲峰、沈一萍：《论清理闲置注册商标制度的构建》，《知识产权》2019 年第 6 期。

40. 王太平：《知识产权的基本理念与反不正当竞争扩展保护之限度——兼评"金庸诉江南"案》，《知识产权》2018 年第 10 期。

41. 王先林：《论反不正当竞争法调整范围的扩展——我国〈反不正当竞争法〉第 2 条的完善》，《中国社会科学院研究生院学报》第 2010 年第 6 期。

42. 王晓晔：《再论反不正当竞争法与其相邻法的关系》，《竞争政策研究》2017 年第 4 期。

43. 王燕莉：《民事"利益"独立保护之司法证成》，《四川师范大学学报（社会科学版)》2019 年第 5 期。

44. 王永强：《网络商业环境中竞争关系的司法界定——基于网络不正当竞争案件的考察》，《法学》2013 年第 11 期。

45. 汪泽：《中德商标法国际研讨会综述》，《中华商标》2009 年第 12 期。

46. 吴国喆：《善意认定的属性及反推技术》，《法学研究》2007 年第 6 期。

47. 吴汉东：《形象的商品化与商品化的形象权》，《法学》2004 年第 10 期。

48. 吴汉东：《论商誉权》，《中国法学》2001 年第 3 期。

49. 魏丽丽：《商标恶意抢注规制路径探究》，《政法论丛》2020 年第 1 期。

50. 肖建华：《论恶意诉讼及其法律规制》，《中国人民大学学报》，2012 年第 4 期。

51.谢晴川：《论含国名商标的法学分类及法律规制》，《法学评论》2018 年第 4 期。

52.叶盛荣：《国际商标抢注行为的成因及对策》，《中南林业科技大学学报(社会科学版)》2009 年第 3 期。

53.易继明：《改革开放 40 年中美互动与中国知识产权制度演进》，《江西社会科学》2019 年第 6 期。

54.易继明、黄晓稣：《欧盟商标法的改革及意义》，《陕西师范大学学报（哲学社会科学版)》2016 年第 6 期。

55.张鹏：《规制商标恶意抢注规范的体系化解读》，《知识产权》2018 年第 7 期。

56.郑成思：《商品化权刍议》，《中华商标》1996 年第 2 期。

57.周丽婷：《商标恶意注册的司法规制实践》，《中华商标》2017 年第 7 期。

58.周樨平：《反不正当竞争法中竞争关系的认定及其意义——基于司法实践的考察》，《经济法论丛》2011 年第 2 期。

59.祝建军：《囤积商标牟利的司法规制——优衣库商标侵权案引发的思考》，《知识产权》2018 年第 1 期。

裁判文书

1.最高人民法院（2019）最高法民申 366 号民事裁定书。

2.最高人民法院（2016）最高法民申 1617 号民事裁定书。

3.最高人民法院（2018）最高法民再 394 号民事判决书。

4.最高人民法院（2017）最高法民再 273 号民事判决书。

5.最高人民法院（2017）最高法行申 2986 号行政裁定书。

6.最高人民法院（2018）最高法行再 32 号行政判决书。

7.最高人民法院（2016）最高法行再 15 号行政判决书。

8.最高人民法院（2016）最高法行再 20 号行政判决书。

9. 最高人民法院（2016）最高法行再 25—32 号行政判决书。

10. 最高人民法院（2015）民三终字第 2 号民事判决书。

11. 最高人民法院（2013）知行字第 97 号行政裁定书。

12. 最高人民法院（2012）知行字第 9 号行政裁定书。

13. 最高人民法院（2013）行提字第 15 号行政判决书。

14. 最高人民法院（2013）行提字第 24 号行政判决书。

15. 最高人民法院（2007）行提字第 2 号行政判决书。

16. 北京市高级人民法院（2014）高民终字第 382 号民事判决书。

17. 北京市高级人民法院（2011）高行终字第 374 号行政判决书。

18. 北京市高级人民法院（2010）高行终字第 1086 号行政判决书。

19. 北京市高级人民法院（2010）高行再终字第 53 号行政判决书。

20. 北京市高级人民法院（2020）京行终 2893 号行政判决书。

21. 北京市高级人民法院（2020）京行终 1836 号行政判决书。

22. 北京市高级人民法院（2020）京行终 1073 号行政判决书。

23. 北京市高级人民法院（2020）京行终 1573 号行政判决书。

24. 北京市高级人民法院（2019）京行终 812 号行政判决书。

25. 北京市高级人民法院（2019）京行终 2468 号行政判决书。

26. 北京市高级人民法院（2019）京行终 7230 号行政判决书。

27. 北京市高级人民法院（2019）京行终 5849 号行政判决书。

28. 北京市高级人民法院（2018）京行终 6281 号行政判决书。

29. 北京市高级人民法院（2017）京行终 2822 号行政判决书。

30. 北京市高级人民法院（2016）京行终 4802 号行政判决书。

31. 北京市高级人民法院（2016）京行终 5666 号行政判决书。

32. 北京市高级人民法院（2015）高行（知）终字第 2493 号行政判决书。

33. 北京市高级人民法院（2014）高行（知）终字第 3108 号行政判决书。

34. 北京知识产权法院（2019）京 73 行初 10730 号行政判决书。

35. 北京知识产权法院（2016）京 73 行初 1441 号行政判决书。

36. 北京知识产权法院（2016）京 73 行初 909 号行政判决书。

37.北京知识产权法院（2015）京知行初字第 4822 号行政判决书。

38.北京市第一中级人民法院（2012）一中知行初字第 1053 号行政判决书。

39.北京市第一中级人民法院（2010）一中知行初字第 2617 号行政判决书。

40.北京市第一中级人民法院（2008）一中行初字第 460 号行政判决书。

41.湖南省高级人民法院（2014）湘高法民三终字第 146 号民事判决书。

42.江苏省高级人民法院（2013）苏知民终字第 0038 号民事判决书。

43.江苏省高级人民法院（2019）苏民终 1402 号民事裁定书。

44.江苏省高级人民法院（2017）苏民终 1874 号民事判决书。

45.江苏省苏州市中院人民法院（2018）苏 05 民初 572 号民事判决书。

46.广东省高级人民法院（2016）粤民再 447 号民事判决书。

47.广东省中山市第一人民法院（2014）中一法知民初字第 338 号民事判决书。

48.广东省东莞市第二人民法院（2014）东二知民初字第 241 号民事判决书。

49.山东省高级人民法院（2015）鲁民三终字第 164 号民事判决书。

50.山东省高级人民法院（2015）鲁民提字第 72 号民事判决书。

51.山东省高级人民法院（2010）鲁民三终字第 5—2 号民事判决书。

52.山东省济南市中级人民法院（2017）鲁 01 民初 717 号民事判决书。

53.上海市浦东新区人民法院（2014）浦民三（知）初字第 68 号民事判决书。

54.上海市高级人民法院（2011）沪高民三（知）终字第 8 号民事判决书。

55.天津市高级人民法院（2012）津高民三终字第 0046 号民事判决书。

56.浙江省杭州市中级人民法院（2014）浙杭知初字第 265 号民事判决书。

57.浙江省余杭区人民法院（2017）浙 0110 民初 18627 号民事判决书。

58.福建省高级人民法院（2015）闽终字第 188 号民事判决书。

59.福建省厦门市中级人民法院（2016）闽 02 民终 3857 号民事判决书。

60.湖南省长沙市中级人民法院（2004）长中民三初字第 221 号判决书。

61.商评字（2015）第 48255 号《关于第 1737521 号"奥普 aopu"商标无

效宣告请求裁定书》。

62.连云港市市场监督管理局连市监处字〔2020〕00001 号行政处罚决定书。

外文文献

（一）著作

1.Arthur R. Miller & Michael H. Davis, *Intellectual Property: Patents, Trademarks, and Copyright in a Nutshell,* Law press, Ch.2004.

2.Barton Beebe, Thomas Cotter, Mark Lemley & Peter Menell, *Trademarks, Unfair Competition, and Business Torts*, Wolters Kluwer, 2014.

3.Catherine Colston, *Principles of Intellectual Property Law*, Cavendish Publishing Limited, 1999.

4.Daniel C. K. Chow & Edward Lee, *International Intellectual Property: Problems, Cases, and Materials*, 2nd ed, West, 2012.

5.Editorial Jurídica de Chile, *Código Civil*, Editorial Jurídica de Chile, 2017.

6.F. de Saussure, *Course in General Linguistics*, McGraw-Hill, 1966.

7.Graeme B. Dinwoodie & Mark D. Janis, *Trademark Law and Theory: A Handbook of Contemporary Research*, Edward Elgar Publishing, 2008.

8.H. L. A. Hart, *The Concept of Law, Cambridge*, Harvard University Press,1961.

9.Helen Norman, *Intellectual Property Law Direction*, Oxford University Press, 2011.

10.J. Thomas McCarthy, *McCarthy on Trademarks and Unfair Competition*, Clark Boardman Callaghan, 2004.

11.Jane C. Ginsburg, Jessica Litman & Mary L. Kevlin, *Trademark and Unfair Competition Law: Cases and Materials*, Foundation Press, 2001.

12.Janis Hovenkamp & Leslie Lemley, *IP and Antitrust: An Analysis of Antitrust Principles Applied to Intellectual Property Law*, Wolters Kluwer, 2016.

13.Ph. Le Tourneau，*Le Parasitisme*, Litec, 1998.

14.Tobias Cohen Jehoram, Constant van Nispen & Tony Huydecoper, *European Trademark Law: Community Trademark Law and Harmonized National Trademark Law*, Kluwer Law International BV, 2010.

15.Rochelle Cooper Dreyfuss & Justine Pila, *The Oxford Handbook of Intellectual Property Law*, Oxford University Press, 2018.

（二）期刊论文

1.Barton Beebe, *The Semiotic Analysis of Trademark Law, 51 UCLA Law Review*, pp.621-704（2003）.

2.Carsten Fink, Christian Helmers & Carlos J. Ponce, *Trademark Squatters: Theory and Evidence from Chile, 59 International Journal of Industrial Organization*, pp.340-371（2018）.

3.David D. Mouery, *Trademark Law and the Bottom Line-Coke is it, 2 Barry Law Review*，pp.107-146（2001）.

4.Giovanni B. Ramello, *What's in a Sign? Trademark Law and Economic Theory, 20 Journal of Economic Surveys*, pp.547-565（2006）.

5.Hughes J, *The Philosophy of Intellectual Property, 77 Georgetown Law Journal*, pp.287-365（1988）.

6.Jake Linford, *A Linguistic Justification for Protecting Generic Trademarks, 17 Yale JL & Tech*, pp.110-170（2015）.

7.Jose Barreda, *Intellectual Property Developments in the Andean Pact, 2 International Intellectual Property Law & Policy*, pp.28-1-28-18（1998）.

8.Kenneth L. Port, *Trademark Extortion: The End of Trademark Law, 65 Washington and Lee Law Review*, pp.585-635（2008）.

9.Kitsuron Sangsuvan, *Trademark Squatting, 31 Wisconsin International Law Journal*, pp.252-295（2013）.

10.Laroche Michel, Chankon Kim & Lianxi Zhou，*Brand Familiarity and*

Confidence as Determinants of Purchase Intention: An Empirical Test in a Multiple Brand Context，*37 Journal of Business Research*, pp.115-120（1996）.

11.Mark P. McKenna, *Trademark Use and the Problem of Source,2009 University of Illinois Law Review*, pp.733-828（2009）.

12.Paul Duguid, *French connections: The International Propagation of Trademarks in the Nineteenth Century, 10 Enterprise & Society*, pp.3-37（2009）.

13.Rebecca Tushnet, *Registering Disagreement: Registration in Modern American Trademark Law,130 Harvard Law Review*, pp.867-940（2017）.

14.Robert G. Bone, *Hunting Goodwill: A History of the Concept of Goodwill in Trademark Law,86 Boston University Law Review,* pp.548-553（2006）.

15.Stacey L. Dogan & Mark A. Lemley, *The Trademark Use Requirement in Dilution Cases,24 Santa Clara Computer & High Technology Law Journal*, pp.541-558（2007）.

16.Scott A McKenzie, *Global Protection of Trademark Intellectual Property Rights: A Comparison of Infringement and Remedies Available in China Versus the European Union,34 Gonzaga Law Review*, pp.529-564（1998）.

17.William M. Landes & Richard A. Posner, *The Economics of Trademark Law,78 The Trademark Reporter*, pp.267-306（1988）.

（三）裁判文书

1.Abercrombie & Fitch Co.v. Hunting World, Inc., 537F. 2d4（2d Cir.1976）.

2.American Steel Foundries v. Robertson, 269 U. S.372（1926）.

3.Barcelona. Com v. Excelentisimo Ayuntamiento, 330 F.3d 617（4th Cir.2003）.

4.Brookfield Communications v. West Coast Entertainment, 174 F.3d 1036（9th Cir.1999）.

5.Calvin Klein Industries v. BFK Hong Kong, Ltd.,714 F. Supp.78（S.D.N.Y.1989）.

6.La Societe Anonyme des Parfums LeGalion v. Jean Patou, Inc., 495 F.2d 1265（2d Cir.1974）.

7.Mishawaka Rubber & Woollen Mfg. Co. v. SS. Kresge Co., 316 U. S.203（1942）.

8.Polaroid Corporation v. Polarad Electronics Corp., 287 F.2d 492（2d Cir.1961）.

9.Scandia Down Corp. v. Euroquilt Inc., 772 F.2d 1423（7th Cir.1985）.

10.Sporty's Farm LLC v. Sportsman's Market, Inc., 202 F.3d 489（2d Cir.2000）.

11.Starbucks Corp. v. Wolfe's Borough Coffee, Inc., 588 F.3d 97（2d Cir.2009）.

12.Star Industries v. Bacardi & Company Ltd., 412 F.3d 373（2d Cir.2005）.

13.United Phosphorus, Ltd. v. Midland Fumigant, Inc., 205 F.3d 1219（10th Cir.2000）.

责任编辑：王彦波

封面设计：徐　晖

图书在版编目（CIP）数据

商标抢注研究／宁立志，叶紫薇 著 . — 北京：人民出版社，2022.10

ISBN 978 － 7 － 01 － 024686 － 4

I. ①商⋯　II. ①宁⋯②叶⋯　III. ①商标管理－研究－中国　IV. ① F760.5

中国版本图书馆 CIP 数据核字（2022）第 058073 号

商标抢注研究

SHANGBIAO QIANGZHU YANJIU

宁立志　叶紫薇 著

人 民 出 版 社 出版发行

（100706　北京市东城区隆福寺街 99 号）

北京九州迅驰传媒文化有限公司印刷　新华书店经销

2022 年 10 月第 1 版　2022 年 10 月北京第 1 次印刷

开本：710 毫米 ×1000 毫米 1/16　印张：18

字数：275 千字

ISBN 978 － 7 － 01 － 024686 － 4　定价：88.00 元

邮购地址 100706　北京市东城区隆福寺街 99 号

人民东方图书销售中心　电话（010）65250042　65289539

版权所有·侵权必究

凡购买本社图书，如有印制质量问题，我社负责调换。

服务电话：(010) 65250042